Studientexte zur Soziologie

Reihe herausgegeben vom Institut für Soziologie der FernUniversität in Hagen repräsentiert durch
D. Funcke
F. Hillebrandt
U. Vormbusch
S. M. Wilz

Hagen, Deutschland

Die „Studientexte zur Soziologie" wollen eine größere Öffentlichkeit für Themen, Theorien und Perspektiven der Soziologie interessieren. Die Reihe soll in klassische und aktuelle soziologische Diskussionen einführen und Perspektiven auf das soziale Handeln von Individuen und den Prozess der Gesellschaft eröffnen. In langjähriger Lehre erprobt, sind die Studientexte als Grundlagentexte in Universitätsseminaren, zum Selbststudium oder für eine wissenschaftliche Weiterbildung auch außerhalb einer Hochschule geeignet. Wichtige Merkmale sind eine verständliche Sprache und eine unaufdringliche, aber lenkende Didaktik, die zum eigenständigen soziologischen Denken anregt.

Reihe herausgegeben vom Institut für Soziologie der FernUniversität in Hagen, repräsentiert durch
Dorett Funcke
Frank Hillebrandt
Uwe Vormbusch
Sylvia Marlene Wilz

FernUniversität in Hagen, Deutschland

Weitere Bände in der Reihe http://www.springer.com/series/12376

Bruno Hildenbrand

Klinische Soziologie

Ein Ansatz für absurde Helden
und Helden des Absurden

2., völlig überarbeitete und erweiterte Auflage

Bruno Hildenbrand
Marburg, Deutschland

Studientexte zur Soziologie
ISBN 978-3-658-22002-0   ISBN 978-3-658-22003-7   (eBook)
https://doi.org/10.1007/978-3-658-22003-7

Die Deutsche Nationalbibliothek verzeichnet diese Publikation in der Deutschen National-bibliografie; detaillierte bibliografische Daten sind im Internet über http://dnb.d-nb.de abrufbar.

Springer VS
© Springer Fachmedien Wiesbaden GmbH, ein Teil von Springer Nature 2017, 2019
Das Werk einschließlich aller seiner Teile ist urheberrechtlich geschützt. Jede Verwertung, die nicht ausdrücklich vom Urheberrechtsgesetz zugelassen ist, bedarf der vorherigen Zustimmung des Verlags. Das gilt insbesondere für Vervielfältigungen, Bearbeitungen, Übersetzungen, Mikroverfilmungen und die Einspeicherung und Verarbeitung in elektronischen Systemen.
Die Wiedergabe von Gebrauchsnamen, Handelsnamen, Warenbezeichnungen usw. in diesem Werk berechtigt auch ohne besondere Kennzeichnung nicht zu der Annahme, dass solche Namen im Sinne der Warenzeichen- und Markenschutz-Gesetzgebung als frei zu betrachten wären und daher von jedermann benutzt werden dürften.
Der Verlag, die Autoren und die Herausgeber gehen davon aus, dass die Angaben und Informationen in diesem Werk zum Zeitpunkt der Veröffentlichung vollständig und korrekt sind. Weder der Verlag noch die Autoren oder die Herausgeber übernehmen, ausdrücklich oder implizit, Gewähr für den Inhalt des Werkes, etwaige Fehler oder Äußerungen. Der Verlag bleibt im Hinblick auf geografische Zuordnungen und Gebietsbezeichnungen in veröffentlichten Karten und Institutionsadressen neutral.

Verantwortlich im Verlag: Cori Antonia Mackrodt

Springer VS ist ein Imprint der eingetragenen Gesellschaft Springer Fachmedien Wiesbaden GmbH und ist ein Teil von Springer Nature
Die Anschrift der Gesellschaft ist: Abraham-Lincoln-Str. 46, 65189 Wiesbaden, Germany

Inhalt

Aus dem Poesiealbum der Klinischen Soziologie 1

I Klinische Soziologie: Philosophische und sozialwissenschaftliche Grundlagen

1 Vorwort 5
  1.1 Klinische Soziologie: Eine Herausforderung für die akademische Soziologie 6
  1.2 Wozu ist die Soziologie gut? Aus Sicht von Studierenden im letzten Semester eines Bachelorstudiengangs Soziologie 8
  1.3 Wissenschaft als Beruf: Eine Grundlegung der Klinischen Soziologie bei Max Weber 10
    1.3.1 Wissenschaft als Beruf: Ein notwendiger, aber nicht hinreichender Orientierungsrahmen für eine Klinische Soziologie 13
    1.3.2 Klinische Soziologie und ihr Bezug zum Alltagsleben 16
    1.3.3 Theorie, Technik, Praxis: Anmerkungen zur wachsenden Lebensweltvergessenheit in der Medizin und im Alltag 18
  1.4 Sozialfiguren öffentlich-soziologischer Präsenz 27
    1.4.1 Der Experte 28
    1.4.2 Der Gesellschaftskritiker 29
    1.4.3 Der Intellektuelle 30
    1.4.4 Der Fachwissenschaftler hat, was gesellschaftliche Fragen betrifft, Kompetenz in den Grenzen seiner Wissenschaft 35
    1.4.5 Zusammenfassung 36

2 Epochen von Versuchen, die Soziologie anzuwenden 39
   2.1 Dänemark und Preußen 39
   2.2 Deutsche Soziologie vor 1945: Beiträge aus dem Exil 42
      2.2.1 Das Frankfurter Institut für Sozialforschung als Ignorant
           der praktischen Urteilskraft 42
      2.2.2 Die University in Exile: Die Rehabilitation der
           praktischen Urteilskraft 44
      2.2.3 Claude Lévi-Strauss an der New School for Social
           Research: Anmerkungen zum schwierigen Verhältnis
           von Phänomenologie und Strukturalismus 49
   2.3 „Angewandte Soziologie" unter Abzug der Urteilskraft.
      Versuche um 1970, Soziologie anzuwenden 56
   2.4 Reflexion statt praktische Urteilskraft:
      Klinische Soziologie in Frankreich und Deutschland in den
      1980er Jahren 63
      2.4.1 Ulrich Oevermann: Klinische Soziologie als
           stellvertretende Deutung 63
      2.4.2 Bernd Dewe: Klinische Soziologie als beratende
           Rekonstruktion 76
      2.4.3 Pierre Bourdieu: Klinische Soziologie als
           innerwissenschaftliche Veranstaltung 77
   2.5 Soziologie in Deutschland 2016 83
   2.6 Fazit 85

3 Klinische Soziologie: Die US-amerikanische Perspektive 87
   3.1 Louis Wirth 87
      3.1.1 Wirth als Klinischer Soziologe 90
      3.1.2 Wirths Konzept einer Klinischen Soziologie, kritisch
           und aus heutiger Sicht betrachtet 95
      3.1.3 Die Clinical Sociological Association 96
   3.2 Die Sackgasse der „bridging concepts" (Gouldner) und deren
      Auflösung in der an der Phänomenologie orientierten Soziologie
      (Schütz) und im Pragmatismus (Glaser und Strauss): Vorzüge der
      dänischen gegenüber der preußischen Lösung 104
   3.3 Die Stunde der Klinischen Soziologie schlägt in Zeiten des
      Übergangs. Der Klinische Soziologe legt selbst Hand an
      und besichtigt im historischen Rückblick das Ergebnis 109

4 Zusammenfassung 129

II Klinische Soziologie in der Praxis

5 Feldforschung als Schule für die Entwicklung zum Klinischen Soziologen 133
   5.1 Montagmorgen in einem Institut für Soziologie in Deutschland ... 133
   5.2 Ein beliebiger Vormittag im Department of Sociology, Berkeley, Cal. 134
   5.3 Der Gruß: kulturelle Variationen 134
   5.4 Der Soziologe zieht hinaus in die Welt 135
   5.5 Schritte auf dem Weg vom theoretischen Soziologen zum Klinischen Soziologen 137
   5.6 Feldforscher und Klinische Soziologen als „marginal men" 139
   5.7 Eine nicht-cartesianische Biografieforschung als Ansatz für die Klinische Soziologie 144

6 Auf wessen Seite steht der Klinische Soziologe? 157
   6.1 Die Opferlastigkeit soziologischer Menschenbilder 157
   6.2 Die Frage „Auf wessen Seite stehen wir?" ist falsch gestellt 159

III Der Klinische Soziologe als absurder Held

7 Der dornige Weg des Klinischen Soziologen 173
   7.1 Ein Test auf die Tragfähigkeit meines Konzepts einer Klinischen Soziologie 173
   7.2 Chronische Krankheit, Krise und biografische Bewältigung 174

8 Der Klinische Soziologe als absurder Held 189
   8.1 Der Klinische Soziologe als Held des Absurden 195

9 Integratives Diagramm 199

Literaturverzeichnis 201

Abbildungsverzeichnis

Abb. 1 Institutionengeschichte, Drogenkarriere, Deliktgeschichte,
        Symptomgeschichte Sascha Kucharczyk 148
Abb. 2 Genogramm der Familie Kucharczyk 155
Abb. 3 Krankheitsbewältigung als Prozess 178
Abb. 4 Maultier am Karren 190
Abb. 5 Marginal Man und Klinischer Soziologe 204

Aus dem Poesiealbum der Klinischen Soziologie

„Es bildet ein Talent sich in der Stille, sich ein Charakter im Strom der Welt."
J.W. Goethe, *Torquato Tasso*, 1. Aufzug, 2. Auftritt

„Die Welt ist nicht da, um von uns erkannt zu werden, sondern uns in ihr zu bilden."
Georg Christoph Lichtenberg, *Aphorismen* 1789–1793

„Ob wir in der Welt was schaffen, oder nur die Welt begaffen, das tut, das tut was dazu".
Das Bürgerlied, aus dem Vormärz, um 1845

„Der Plan folgt dem Gelände, nicht das Gelände den Plan."
Sebastien Le Pretre de Vauban, wie zitiert auf einer Gedenktafel in Mont-Louis, der von ihm geplanten Festungssiedlung, P.-O., France

„Wer das Leben verstehen will, muss sich am Leben beteiligen.
Wir sagen aber auch, wer sich am Leben beteiligen will, muss es verstehen."
Viktor von Weizsäcker, *Der Gestaltkreis*, 1973, S. 257.

„Einzig engagiert ist der Künstler, der zwar keineswegs den Kampf ablehnt, wohl aber sich weigert, sich den regulären Truppen anzuschließen, d. h. der Franktireur." (Freischärler B. H.)
(*Der Künstler und seine Zeit*, Vortrag an der Universität Uppsala 1957, in: Albert Camus, *Fragen der Zeit*, Rowohlt 1960, S. 289).

I
Klinische Soziologie: Philosophische und sozialwissenschaftliche Grundlagen

Vorwort 1

„Ein Studium im Fachbereich Literaturwissenschaften führt bekanntermaßen zu so ziemlich gar nichts außer – für die begabtesten Studenten – zu einer Hochschulkarriere im Fachbereich Literaturwissenschaften. Wir haben es hier im Grunde mit einem recht ulkigen System zu tun, das kein anderes Ziel hat, als sich selbst zu erhalten" (Houellebecq 2016, S. 13.) Dieser Satz könnte so auch über die Soziologie im Großen und Ganzen geäußert werden. Jedoch stimmt die Fortsetzung für die Soziologie nicht: „Über 95 % Ausschuss nimmt man in Kauf" (ebd., S. 16). Houellebecq selbst hat Agrarwissenschaft studiert. Mittlerweile fristet er seinen Lebensunterhalt als Schriftsteller. Damit gehört er zu dem von ihm selbst so bezeichneten „Ausschuss" – ein Begriff, den man gerne vermeiden möchte. Außerdem kommt man immer wieder zu erstaunlichen Ergebnissen, wenn man der Frage nachgeht, wo Absolventen eines Studiums der Soziologie, die nicht selbst wieder in den soziologischen akademischen Kreislauf eingespeist werden, verbleiben.

Viele von ihnen tauchen wieder auf in Politik, in den Medien, in Verbänden, vorzugsweise in Wohlfahrtsverbänden oder bei der Bertelsmann-Stiftung, tragen dort zur „kulturellen Hegemonie der Soziologie" (Mai 2017, S. 7) bei, und je nachdem, wie und wo sie Soziologie studiert haben, haben sie weder während des Studiums noch später in ihrer beruflichen Praxis einen gesellschaftlich Handelnden gesehen, über den sie so ausführlich Auskunft zu geben verstehen.

In diesem Text verfolge ich ein anderes Konzept. Mein Ziel ist es, Soziologen[1] von Anfang an die Soziologie aus der Perspektive von gesellschaftlich Handelnden nahe zu bringen. Im ersten Teil lokalisiere ich die Klinische Soziologie in der theoretischen soziologischen Diskussion und bemühe mich, überall, wo es möglich ist, Beispiele aus meiner Praxis als Klinischer Soziologe einzustreuen. Wer die Geduld nicht aufbringen und gleich zur Sache kommen will, kann mit Teil zwei beginnen.

---

1   Vgl. Fußnote 2.

© Springer Fachmedien Wiesbaden GmbH, ein Teil von Springer Nature 2019
B. Hildenbrand, *Klinische Soziologie*, Studientexte zur Soziologie,
https://doi.org/10.1007/978-3-658-22003-7_1

Er wird dort auf ungeklärt scheinende Voraussetzungen stoßen, die dann entsprechend im ersten Teil nachzulesen sind.

Im zweiten Teil konzentriere ich mich also auf meine Praxis als Klinischer Soziologe. Dabei beschränke ich mich auf meine eigenen Erfahrungen, die ich kenne und für die ich entsprechend einstehen kann.

Diese eigenen Erfahrungen stammen aus meiner Berufstätigkeit in psychiatrischen Einrichtungen vor und nach der Promotion. Erste Erfahrungen im Umgang mit Sozialbehörden hatte ich bereits erwerben können, als ich mit meinem Kommilitonen Rupprecht Thorbecke anfangs der 1970er Jahre den Konstanzer Universitätskindergarten gründete. Rupprecht ging später in die Neurologie, von seinen Erfahrungen dort habe ich manches gelernt. Weitere Erfahrungen in Klinischer Soziologie verschaffte mir die Mitarbeit im Ausbildungsinstitut für systemische Therapie und Beratung in Meilen/Zürich, von wo aus sich andere Wege eröffneten: Darunter in die landwirtschaftliche Betriebsberatung. Als Fachleiter für Arbeit mit psychisch Kranken und Suchtkranken an der Berufsakademie Villingen-Schwenningen hatte ich Zugang zu einer Vielzahl von Einrichtungen für psychisch Kranke weit über Baden-Württemberg hinaus, bis in die Schweiz und nach Frankreich. Ich werde in diesem Teil auf diese Erfahrungen in dem Umfang eingehen, wie es erforderlich ist, um wesentliche Merkmale der Tätigkeit eines Klinischen Soziologen zu umreißen und auf den Punkt zu bringen. Wer mehr darüber wissen will, kann die Texte lesen, die ich zu diesen Erfahrungen geschrieben habe: Es ging immer um das Grenzgängertum zwischen einer inner- und außeruniversitären Perspektive, vor allem um die Aufgabe, meinen wissenschaftlichen Auftrag als Soziologe durch Erfahrungen in der gesellschaftlichen Praxis mit empirischem Material zu unterfüttern. Diese Settings habe ich immer als mein Labor betrachtet, als Orte der Erfahrung für Theoriebildung und Lehre.

Diese Berufsbiografie, wie ich sie hier vorstelle, ist nicht wiederholbar. Die Zeiten haben sich geändert. Jedoch vermute ich, dass außerhalb der Psychiatrie und in Bereichen, die mit dem Sozialwesen nichts zu tun haben, genügend Tätigkeitsfelder für Klinische Soziologen übriggeblieben sind.

1.1 Klinische Soziologie: Eine Herausforderung für die akademische Soziologie

Manche Soziologen schreiben nur für andere Soziologen. Das nennt man dann einen selbstbezüglichen Diskurs. Getretener Quark wird breit, nicht stark, pflegte Goethe in Anlehnung an eine fernöstliche Weisheit dazu zu sagen. Am Quarktreten will ich mich nicht beteiligen, weitere Teilnehmer am allgemeinen Geschnatter benötigt die Soziologie nicht.

Andere schreiben für ein allgemeines Publikum und bedienen sich dabei gern des pastoralen „Wir". So machen sie sich an jedermann heran, täuschen Teilhabe vor und werden unter der Hand zu Wanderpredigern und Produzenten von Besinnungsliteratur.

Wieder andere schreiben parteiisch im Wortsinne. Im Kontext der Soziologie heißt das notorisch: Den linken Zeitgeist bedienen. So weiß dann jeder, zu welchem Rudel der Schreibende gehört, das reduziert die Komplexität. In seinem Rudel fühlt sich jeder wohl. Wenn man sich als Soziologe in seinem Rudel (zu) wohl fühlt, sollte man „aufstehen und den häuslichen Herd verlassen". Denn Theoriegebäude sind „ein schlechter Heimatersatz" (Bahrdt 1994, S. 195). Kurz: ich halte mich für einen rudelfreien Soziologen und bemühe mich, ein solcher zu bleiben. Das Rudel der Klinischen Soziologen ist so unscheinbar geworden, dass die Chancen gut stehen, diesen Vorsatz in die Tat umzusetzenzu können.

Um nichts von alledem (Selbstbezüglichkeit, Predigertum, die eigenen edlen Gedanken regelmäßig zur Schau stellen9 geht es hier: Ich will den Möglichkeiten nachgehen, die die Soziologie bereithält, um an den Alltag heranzurücken und dort aktiv zu werden. Nicht, um die Welt zu verbessern; das können andere – meist verbal – besser. Die hier zu backenden Brötchen sind deutlich kleiner.

Ich stelle mir vor, dass es mit einem angemessenen, vor allem bescheidenen soziologischen Blick möglich sein müsste, im Austausch mit Alltagshandelnden an der Glättung der unvermeidlichen Unebenheiten, die allenthalben menschliches Leben (allein und mit anderen) irritieren und beim Verfolgen von Handlungsentwürfen an den Rand des Scheiterns bringen, zu assistieren – mehr nicht. Das ist Arbeit im Kleinen, nicht an den großen Systemen. Ein Mandat, Vorschriften für ein gutes Leben zu verteilen, habe ich als Klinischer Soziologe nicht. Dafür sind andere Berufe da.

Dieser Buch ist durchzogen von Beispielen, die zeigen, wie ich als Soziologe das mir begegnende Alltagsleben verstehend zu durchdringen versuche und der Frage nachgehe, welcher soziologisch informierte Beitrag zu leisten wäre, damit die Dinge besser laufen. In den genannten Beispielen führen diese Fragen mitunter auch zu Antworten.

Jedoch (um einen Landwirt zu zitieren, dem so manches im Leben danebenging, ohne dass ihm das anzulasten wäre): „Irgendwas macht man ja im Leben, auch wenn es keinen Sinn hat." So kann es leicht geschehen, dass der Klinische Soziologe zum absurden Helden und zum Helden des Absurden wird. Sisyphos, von der Warte des Albert Camus aus gesehen, weiß, was zu tun ist.

1.2 Wozu ist die Soziologie gut? Aus Sicht von Studierenden im letzten Semester eines Bachelorstudiengangs Soziologie

Mein letztes Seminar am Institut für Soziologie der Friedrich-Schiller-Universität Jena galt dem Thema Klinische Soziologie. Die Teilnehmer[2] sollten sich in einer Gruppenarbeit vorstellen, sie müssten ihrer Großmutter erklären, was Soziologie sei und wofür sie gut sei.

Die meisten Studierenden an diesem Institut stammen aus dem ländlichen Umfeld Jenas, nicht selten sind sie die ersten ihrer Familie, die eine Universität

---

2   Üblicherweise stehen an dieser Stelle Bekenntnisse bzw. Anweisungen der folgenden Art: „Wo im Folgenden das weibliche Geschlecht gemeint ist, ist das männliche mitzulesen, und umgekehrt." Inzwischen lehnt aber die aktuellste Strömung des Feminismus, der Xenofeminismus, die Existenz von Geschlechtern überhaupt ab bzw. fordert: „Lasst Hunderte von Geschlechtern blühen."
Solange diese Frage nicht geklärt ist, kann man von mir keine „geschlechtergerechte Sprache" erwarten. Gerechtigkeit gibt es ohnehin nur im Himmel, darauf hat bereits Emile Zola hingewiesen: „Da der liebe Gott tot war, mußte die Gerechtigkeit das Glück der Menschen sichern, indem sie die Gleichheit und Brüderlichkeit herrschen ließ" (Zola 1983, S. 185f.). Dass daraus bis jetzt nichts geworden ist, ist bekannt. Kurzum: Es gibt derzeit keine Lösung für die Frage, wie man sprachlich einer Hundertschaft von Geschlechtern gerecht werden kann. Man könnte gegen den Xenofeminismus auch einwenden, mit einer „geschlechtergerechten" Sprache im heutigen Verständnis wäre immerhin ein Anfang gemacht. Aber dann hat man immer noch nicht jene Menschen erfasst, die sich gerade in einem Transgender-Prozess befinden. Jeder Leser möge selbst entscheiden, wie er/sie verfahren will, und selbst bestimmen, wie er angesprochen werden will. In Zeiten des Individualismus sollte dies keine unüberwindbare Hürde darstellen. Gabriele Sorgo von der Universität Klagenfurt weist mich darauf hin, dass sich die Gleichberechtigung der Geschlechter noch nicht überall herumgesprochen habe, weshalb es vorerst noch sinnvoll sei, an einer geschlechtergerechten Sprache festzuhalten. Ich stimme ihr zu, aber nicht um den Preis der Sprachverhunzung. – Ergänzung aus aktuellem Anlass: Inzwischen hat das Bundesverfassungsgericht die Existenz eines dritten Geschlechts festgestellt. Leider sind die VertreterInnen der strengen Observanz in Sachen gerechter Sprache dem noch nicht nachgekommen, auch die sonst so eilfertigen Vertreter schwächeln. Es gibt noch keine Vorschläge, die dem Richterspruch gerecht würden. Man ist derzeit mit einem wichtigeren Thema befasst: Die Nationalhymne muss dringend geschlechtergerecht umformuliert werden. Wir haben jetzt kein Vaterland mehr, sondern ein Heimatland (man kann ja in Berlin nicht wissen, dass der Ausdruck Heimatland im Alemannischen auch als Kraftausdruck benutzt werden kann). Aber ich will nicht nur meckern, sondern auch einen konstruktiven Beitrag zu dieser Debatte leisten: Man könnte auch, insofern man die Sprachverhunzung nicht scheut, schreiben: Vertreter, Vertreterinnen und Vertreteranen. Neuerdings soll ein Asteriks der Gerechtigkeit Genüge tun.

1.2 Wozu ist die Soziologie gut?

besuchen. Entsprechend erklärungsbedürftig dürfte in der Familie die Wahl des Faches Soziologie sein. Mit einem Studium im Fach Maschinenbau würden die Eltern/die Großmutter mutmaßlich mehr anfangen können, vielleicht verwechseln sie auch die Soziologie mit dem Sozialismus. - Diese Vermutung ist nicht zu weit hergeholt: Es hat nach der Wende eine Weile gedauert, bis die Mitglieder des Senats dieser Universität durchwegs verstanden, dass Soziologie nicht unbedingt etwas mit Sozialismus zu tun haben muss.

Ich bildete vier Gruppen, in denen die gestellte Aufgabe bearbeitet werden sollte. Jede Gruppe hatte eine Stunde Zeit, die gestellten Fragen zu diskutieren und ihre Ergebnisse auf einem Flip-Chart-Bogen festzuhalten.

Bevor ich nun die Antworten der Studierenden zur Kenntnis gebe, gilt es zu berücksichtigen, welche Erfahrungen sie mitbringen. Zum Standardprogramm des Bachelorstudiengangs gehörten damals zwei Einführungsveranstaltungen: Die eine zur Mikrosoziologie, die andere zur Makrosoziologie. Meine Gruppenarbeit hatte gewissermaßen als Nebenergebnis eine Einschätzung, was Studierenden in vier Semestern an soziologischer Identität zu vermitteln ist.

Die Ergebnisse sind ernüchternd. Drei der vier Gruppen beginnen mit einer Tautologie und stellen fest, dass die Soziologie eine Wissenschaft sei. Jedoch schwanken die Studierenden zwischen gesellschafts- und handlungstheoretischen Ansätzen, in konventioneller Sprache zwischen Makro- und Mikrosoziologie.[3] Nach vier Semestern Soziologiestudium wird man kaum mehr erwarten dürfen, woran sich zeigt, dass die Vorstellungen von Bildungsbürokraten, in vier Semestern sei ein Soziologiestudium mit Berufsqualifizierung zu vermitteln, in die Irre gehen.

Wenn es aber um die Frage geht, wozu die Soziologie gut sein soll, sind sich die Arbeitsgruppen einig in Vorstellungen aus dem Genre der Weltverbesserung.

---

3   Diese Unterscheidung ist, je nach theoretischer Grundlegung der Soziologie, die man verfolgt, unsinnig. Ich selbst bot durchweg die Vorlesung: Mikrosoziologie an. Das entsprach auch der Denomination meiner Professur. Dort diskutierte ich zu Beginn ausführlich den soziologischen Klassiker: Peter Berger und Thomas Luckmann, Die gesellschaftliche Konstruktion der Wirklichkeit (1971). Wer dieses Buch studiert hat, wird in der Unterscheidung zwischen Mikro- und Makrosoziologie keinen soziologischen Erkenntniswert mehr erkennen können.

1.3 Wissenschaft als Beruf: Eine Grundlegung der Klinischen Soziologie bei Max Weber

Alle diese Studierenden haben Gelegenheit gehabt, in meiner einführenden Vorlesung meinen Vorschlag aufzugreifen, in der vorlesungsfreien Zeit gründlich den Vortrag von Max Weber „Wissenschaft als Beruf" zu lesen und zu diskutieren.

Ich beziehe mich nun ausführlich auf die wesentlichen Inhalte dieses Vortrags[4] und gehe auf dessen Kerngedanken ein, denen sich jeder Ansatz einer Klinischen Soziologie stellen muss, auch wenn wir heute in einer anderen Zeit leben:[5]

> „Dass Wissenschaft heute ein *fachlich* betriebener ‚Beruf' ist im Dienst der Selbstbestimmung und der Erkenntnis tatsächlicher Zusammenhänge, und nicht eine Heilsgüter und Offenbarungen spendende Gnadengabe von Sehern, Propheten oder ein Bestandteil des Nachdenkens von Weisen und Philosophen über den *Sinn* der Welt – das freilich ist eine unentrinnbare Gegebenheit unserer historischen Situation, aus der wir, wenn wir uns selbst treu bleiben, nicht herauskommen können. Und wenn nun wieder Tolstoj in Ihnen aufsteht und fragt: ‚wer beantwortet, da es die Wissenschaft nicht tut, die Frage: was sollen wir denn tun? Und: wie sollen wir unser Leben einrichten?' (…) dann ist zu sagen: nur ein Prophet oder ein Heiland (in damaliger Sprache: Jesus Christus – B. H.). Wenn der nicht da ist oder wenn seiner Verkündigung nicht mehr geglaubt wird, dann werden Sie ihn ganz gewiss nicht dadurch auf die Erde zwingen, dass Tausende von Professoren als staatlich besoldete oder privilegierte kleine Propheten in ihren Hörsälen ihm seine Rolle abzunehmen versuchen" (Weber 1995, S. 40).

Weber spricht hier vor Studierenden und muss nicht zum Thema machen, dass die bürokratische Herrschaft moderner Staaten einer Rationalisierung bedarf, die durch Wissenschaften gewährleistet wird. Was die Studierenden betrifft, muss der Soziologe heute nicht mehr als Kathederprophet auftreten (auch wenn manch einer von dieser Möglichkeit reichlich Gebrauch macht); dafür bieten ihm Feuilletons und Talkshows angemessene Podien, und wem das nicht reicht, kann sich immer noch im Namen der SED-Erbengemeinschaft, die unter dem Namen „Linkspartei" auftritt, als Bundespräsidentenkandidat aufstellen lassen. - In den erwähnten Feuilletons und Talkshows erwartet die Öffentlichkeit von der Soziologie Sinngebung.

---

[4] Zum lebensgeschichtlichen und historischen Kontext vgl. Marianne Weber (1989), S. 608-612. Max Weber hielt den Vortrag 1919 aufgrund der Einladung von Studenten, also nach dem Ende des Ersten Weltkriegs und unter dem Eindruck der Münchner Räterepublik.

[5] Ich zitiere nach der Reclam Ausgabe, Stuttgart 1995. Diese Fassung ist identisch mit der in den „Gesammelten Aufsätzen zur Wissenschaftslehre", UTB 1492, S. 582-613, enthaltenen Fassung.

1.3 Wissenschaft als Beruf: Eine Grundlegung bei Max Weber

Im Unterschied zu den Zeiten Max Webers ist die Konkurrenz für die Soziologie allerdings größer geworden. Die Psychologie und die Kulturwissenschaften beginnen, der Soziologie den Rang abzulaufen. Es gilt jedoch heute immer noch, wie schon zu Max Webers Zeiten, dass der Soziologe auf Grundlage seiner wissenschaftlichen Erkenntnis etwas zu sagen hat:

> „Er kann Ihnen ferner natürlich sagen: wenn Sie den und den Zweck wollen, dann müssen Sie die und die Nebenfolgen, die dann erfahrungsgemäß eintreten, mit in Kauf nehmen" (ebd. 1995, S. 38)[6].

Der Soziologe kann also

> „den Einzelnen nötigen, oder wenigstens ihm dabei helfen, sich selbst Rechenschaft zu geben über den letzten Sinn seines eigenen Tuns." (ebd. 1995, S. 39).

Max Weber schließt mit den Worten, dass wir als Wissenschaftler:

> „an unsere(r) Arbeit gehen und der ‚Forderung des Tages' gerecht werden (sollen) – menschlich sowohl wie beruflich. Die aber ist schlicht und einfach, wenn jeder den Dämon findet und ihm gehorcht, der *seines* Lebens Fäden hält".

Dieser Satz klingt zunächst einmal kryptisch, nicht jedermann ist mit Nietzsche vertraut (im letzten Abschnitt dieses Buchs werde ich darauf zurückkommen). Karl Jaspers, Webers Heidelberger Kollege, hat diesen Satz wie folgt aufgeschlüsselt:

> „Das Wagnis der Blamage, dass Sicheinsetzen selbst auf die Gefahr des Lächerlichwerdens, um dort, wo die Welt herantritt, die Substanz des Seins zu retten, war der Ausdruck eines geschichtlich gegenwärtigen Verantwortungsbewusstseins. Es muss geschehen, was hier und jetzt wahr ist. Das Gehenlassen, das Unerheblich- und Kleinfinden der Dinge ist der Weg zum Nichtsein, zum inneren Zerbrechen der Welt" (Jaspers 1988, S. 106)[7].

---

6 Jürgen Habermas bezeichnet dies als das „dezisionistische" Modell. Inzwischen habe sich das Abhängigkeitsverhältnis des Fachmanns vom Politiker umgekehrt. Das wäre dann das „technokratische" Modell. „Die neuen Verfahren, die die Rationalisierung der Herrschaft auf ihrer zweiten Stufe charakterisieren, bringen nämlich die mit der Entscheidung praktischer Fragen verknüpfte Problematik keineswegs ohne Rest zum Verschwinden" (Habermas 1970, S. 123).

7 Wenn wir einmal von Jaspers' existenzphilosophisch aufgeladener Deutung dieses Zitats absehen (auch das Thema Wahrheit wird heute anders diskutiert, und schon Max Weber wies in diesem Vortrag darauf hin, dass wissenschaftliche Tätigkeit nicht geeignet sei, stabile Wahrheiten hervorzubringen): „Warum betreibt man etwas, das in der Wirklichkeit nie zu Ende kommt und kommen kann?" (Weber 1995, S. 17), bleibt

Deshalb muss man an die Arbeit gehen, denn „nur auf dem Boden ganz harter Arbeit bereitet sich normalerweise der Einfall vor" (Weber 1995, S. 13).

Und schließlich setzt Weber an das Ende seines Vortrags ein Zitat aus dem Buch Jesaja, eines Propheten (Jesaja 21.7-22.2), das sich auf die Situation der Israeliten in Ägypten, eine Situation der Nacht, bezieht:

> „Es kommt ein Ruf aus Se_ir in Edom: Wächter, wie lang noch die Nacht? Der Wächter spricht: es kommt der Morgen, aber noch ist es Nacht. Wenn ihr fragen wollt, kommt ein andermal wieder" (Weber 1995, S. 45).

Gesellschaftstheoretiker und sonstige Zeit-Diagnostiker, besonders Propheten aller Art (auch Katastrophenpropheten) sollten sich dies zur Mahnung nehmen. Denn Prognosen und Prophetien unterscheiden sich dadurch, dass

> „langfristige Prophetien aus bedingten wissenschaftlichen Prognosen nur dann abgeleitet werden können, wenn sie sich auf Systeme beziehen, die als isoliert, stationär und zyklisch beschrieben werden können. Solche Systeme sind jedoch in der Natur sehr selten; und die moderne Gesellschaft gehört sicherlich nicht dazu" (Popper 1968, S. 117).

Klinische Soziologen allerdings wären schlecht beraten, würden sie den Fragenden so schroff abweisen, wie der Wächter bei Jesaja das tut. Sie können ja froh sein, wenn überhaupt jemand kommt und nach Orientierung fragt. Der Klinische Soziologe würde die Frage zum Anlass nehmen, um mit dem Fragenden in eine Interaktion einzutreten. Das wäre auch durch die Version einer späteren als der von Weber benutzten Bibelübersetzung (Zürcher Bibel 2007) gedeckt, wo es heißt: „Wollt ihr fragen, so fragt! Kommt wieder!"

---

immer noch genug übrig, welches rechtfertigt, Jaspers überhaupt zu zitieren: Auch der Wissenschaftler, selbst wenn er endgültige Wahrheiten nicht zustande bringen kann, ist gehalten, alles auf eine Karte zu setzen und seine Tätigkeit bitter ernst zu nehmen. Er soll seinen Beruf unermüdlich betreiben und nicht resignieren, wenn es schwierig wird, vgl. Gadamer (1993), S. 12ff. Der Wissenschaftler ist also notwendig und unausweichlich in der Situation des Sisyphos. Ich werde darauf zurückkommen.

1.3.1 Wissenschaft als Beruf: Ein notwendiger, aber nicht hinreichender Orientierungsrahmen für eine Klinische Soziologie

Max Weber hat in besagtem Vortrag elementare Linien für das Selbstverständnis von Wissenschaftlern gezogen, aber – und das ist ihm nicht zu verdenken – er ist einigen seiner Gedanken nicht auf den Grund gegangen. Woher will man beispielsweise als Soziologe wissen, was die erwünschten und nicht erwünschten Folgen eines Handelns sind? Dazu müsste man den Kontext dieses Handelns kennen und näher bestimmen können, was aus Sicht des Handelnden und in seinem Milieu (seinem Handlungsfeld) als erwünscht bzw. nicht erwünscht gilt, kurz: was *relevant* ist, und zu welchem *Zeitpunkt* dies der Fall ist. Weber hat zwar auf einem *empirischen* Zugang zur sozialen Wirklichkeit bestanden, jedoch konzentrierte sich dieser Zugang auf Beobachtungen, auf das Erstellen von Statistiken und auf das Nachdenken über die so erhaltenen Daten. Dabei ist viel herausgekommen, man denke nur an Webers Studie über die ostelbischen Landarbeiter und über die Psychophysik der industriellen Arbeit. Es ist jedoch nicht bekannt, dass Max Weber mit den Akteuren, die ihn interessiert haben, gesprochen hat, um sich nach deren Sicht der Dinge zu erkundigen. Es scheint, als habe ihm der reflexive Zugriff genügt. Diese Vorgehensweise, verbunden mit entsprechenden Methoden der empirischen Sozialforschung, kam erst nach dem Zweiten Weltkrieg auf, dann erst standen die erforderlichen technischen Hilfsmittel zur Verfügung (Bergmann 1985). Falls aber Max Weber doch mit den Subjekten seiner Untersuchungen kommuniziert hat, hat er darüber nicht berichtet.

Die Kritik an Max Weber soll hier nicht weiter vertieft werden, das für die vorliegenden Zwecke Nötige ist gesagt.

Zu einem anderen Gesichtspunkt: Max Weber vertieft nicht die Frage, wie es mit dem Spezialistentum im Erkennen menschlicher Lebenslagen aussieht. Sein Thema ist, dass der moderne Staat auf das bürokratisch organisierte Fachmenschentum angewiesen ist. In dieser Hinsicht haben sich in der Neuzeit Professionen, zunächst auch die „Freien Berufe" genannt, ausgebildet, aber zu den Zeiten, als „Wissenschaft als Beruf" entworfen und vorgetragen wurde, war von einer Professionalisierungstheorie, mit deren Details ich mich hier nur am Rande und in dem Maße, wie das erforderlich ist, beschäftigen will, noch nicht die Rede. Weber spricht von Beruf und schließt damit an das alteuropäische Verständnis des Berufsgedankens seit Luther an.

Mit dem Bezug auf Karl Jaspers (vgl. Fußnote 7) habe ich den Scheinwerfer auf einen Ort gerichtet: auf Heidelberg, den ein bestimmter *genius loci* auszeichnet (mehr dazu bei Kaube 2014, 15. Kap.). Max Weber hat in Heidelberg ab 1882 studiert und dort Verwandtenkontakte gepflegt. Im Wintersemester 1884/1885 hat er in Berlin weiterstudiert und sein Studium in Göttingen 1885 beendet. Im Sommer 1897 wurde er auf den Heidelberger Lehrstuhl des Ökonomen Karl Knies berufen. Unterbrochen durch eine seelische Erkrankung[8], die viele Jahre währte und die er teils durch Reisen linderte, während der er als Privatgelehrter tätig war, nachdem man ihn von seinen Pflichten als Hochschullehrer entbunden hatte, nimmt er 1919 einen Ruf nach München an, wo er 1920 stirbt. Einen Ruf nach Berlin hatte er schon früher ausgeschlagen; denn es lag ihm daran, von der in Baden herrschenden liberalen Gesinnung zu profitieren – über deren sozialstrukturellen Grundlagen er sich andernorts, in einem Vortrag über die ländliche Arbeitsverfassung (Weber 1988, S. 444), gleich zu Beginn abfällig äußert.

Karl Jaspers wechselte zur Zeit des Todes von Max Weber krankheitsbedingt von der Psychiatrie zur Philosophie. Solange Weber in Heidelberg lebte, bestand enger Kontakt zwischen Weber und Jaspers.

In diesem wissenschaftlichen Milieu entstand auch die anthropologische Medizin[9]. Dieses Etikett bezieht sich nicht nur wörtlich auf „Wissenschaft vom Menschen", sondern auch auf eine „dem Menschen gemäße Wissenschaft" (Blankenburg 1978, S. 17).

> „Dem Menschen gemäß" heißt dabei zweierlei: „1. Das im Sinne einer ärztlichen Ethik gegenüber dem Menschen zu Ver-antwortende und zugleich 2. das dem Gegenstand ‚Mensch' methodologisch Ent-sprechende" (Blankenburg 1978, S. 17).

Wer in den letzten Jahren die Entwicklung der Medizin als Beobachter oder als Patient verfolgt hat, wird feststellen müssen, dass in der „modernen Medizin" die Kerngedanken einer anthropologischen Orientierung verloren gegangen sind. Auch das, was heute als Psychosomatik bezeichnet wird, hat vielfach mit dem, was die Gründer intendierten, nur noch wenig zu tun. Der Gegenstand Mensch verschwindet heute hinter der Logik der großen Zahl, und die präferierten methodischen Zugänge massenstatistisch angelegter Korrelationsstudien werden dem konkreten Individuum, das einen Arzt aufsucht, nicht gerecht. Naturwissenschaftliche Zugänge haben heute die Oberhand gewonnen. Biografische Betrachtungsweisen, die Karl Jaspers in seiner „Allgemeinen Psychopathologie" (1973) bereits im dritten Kapi-

---

8 Eine psychiatrisch kenntnisreiche Analyse der Erkrankung von Max Weber auf Grundlage seiner Krankenakten haben Jörg und Sabine Frommer 1993 vorgelegt. In den derzeit vorliegenden Biografien zu Max Weber wird diese Literatur nicht berücksichtigt. Das ist schade, denn sie gibt Aufschluss über manche Merkwürdigkeiten im Verhalten von Max Weber.

9 Wie dieser thematische Schwenk motiviert ist, wird gleich verständlich werden.

tel vorschlägt, müssen hinter den bildgebenden Verfahren und dem dominanten Erklärungsparadigma Genetik zurückstehen.

Ein Beispiel: Als Soziologe in der von Wolfgang Blankenburg geleiteten psychiatrischen Klinik der Philipps-Universität Marburg arbeitete ich auf einer psychiatrischen Aufnahmestation. Von neu aufgenommenen Patienten wurde routinemäßig ein Blutbild erstellt, der Stationspfleger verbrachte seinen Vormittag damit, auf einem Formblatt alle Werte zu markieren, die einer vorgegebenen Norm nicht entsprachen. Von einer „individuellen Norm" im Unterschied zur „absoluten Norm" (Blankenburg 1980) war hier nicht die Rede. Bis ein an der anthropologischen Medizin geschulter Arzt die Stationsleitung übernahm. Nun galt: Bevor ein Blutbild angefordert werden konnte, musste der entsprechende Assistenzarzt begründen, warum er die dort enthaltenen Informationen für wichtig hielt, und er musste angeben, welche Ergebnisse er aufgrund seiner bisherigen Begegnungen mit dem Patienten erwartete. Das sind komplexe Ansprüche, die voraussetzen, dass der Arzt dem Patienten im Sinne Martin Bubers „begegnet" (Hildenbrand 2017a), ihn anschaut oder anfasst.[10]

Ihren Platz fand die anthropologische Medizin in der Psychosomatik (Viktor von Weizsäcker 1973; Dieter Wyss 1987) wie auch in der Psychiatrie (Hubertus Tellenbach 1976; Walter von Baeyer 1978; Alfred Kraus 1978; Wolfgang Blankenburg 1971; Ludwig Binswanger 1957). Ab 1946 lehrte Viktor v. Weizsäcker das Fach psychosomatische Medizin an der Universität Heidelberg, er hat die biografische Orientierung auf Krankheit und Gesundheit, die bei Karl Jaspers schon anzutreffen war, weiterentwickelt (Janz 1999). In seinem Aufsatz über „Krankengeschichte" schreibt v. Weizsäcker: Die Krankengeschichte

> „ist nicht die Beschreibung des Krankhaften, das objektiv passiert ist – nicht Nosografie – sondern sie ist die Betroffenheit des Lebens selbst in dem Kranksein; dieses Leben selbst kann immer nur das Leben *dieses wirklichen Menschen* sein" (von Weizsäcker 1999, S. 177, Hervorh. i. O.).

Die anthropologische Medizin hat infolgedessen eine natürliche Affinität zur Soziologie. Das ist auch der Grund dafür, dass Wolfgang Blankenburg bei seinem Ruf nach Marburg eine Arztstelle mit einem Soziologen (mit mir) besetzte und darum bemüht war, an dieser Klinik soziologische Forschung – nicht irgendeine, sondern eine phänomenologisch orientierte, mehr dazu weiter unten in diesem

---

10 Ein Medizinerwitz heute lautet: „Schreiten wir zum Äußersten. Fassen wir den Patienten an".

Kapitel, zu etablieren[11]. Und umgekehrt kann der Soziologe von der Zugangsweise zu Patienten, die die anthropologische Psychiatrie kennzeichnet, viel lernen – falls der soziologische Blick von Peter Berger und Thomas Luckmann[12] angeleitet ist.

„Krankheit und soziale Lage" war damals das vorherrschende Thema der Medizinsoziologie in Marburg. Um dieses Thema zu bearbeiten, war es nicht nötig, Patienten zu sehen - das änderte sich mit einem Forschungsprojekt von Hans-Joachim Giegel über das Gesundheitsverständnis von Industriearbeitern (Giegel, Frank und Billerbeck 1998).

Mit Max Weber, Karl Jaspers und Viktor von Weizsäcker und auch mit Wolfgang Blankenburg habe ich den Blick auf das Heidelberger Wissenschaftsmilieu gerichtet. Später, wenn es um Grundlagenfragen angewandter Forschung geht, soll ein anderer Philosoph, dessen Werk untrennbar mit Heidelberg verbunden ist, zur Sprache kommen: Hans Georg Gadamer.

1.3.2 Klinische Soziologie und ihr Bezug zum Alltagsleben

Die Sozialwissenschaften haben die sozio-historische Realität des Alltagslebens zum Gegenstand. Daraus entsteht ein erkenntnistheoretisches Problem: Sie dürfen nicht blind sein gegenüber der Seinsweise ihres eigenen Gegenstands, in welchem sie sich selbst alltäglich orientieren, sondern benötigen einen reflexiven Zugriff darauf. Das heißt:

---

11 Ich nahm Blankenburgs Einladung, mit ihm, Peter Matthiessen, Klaus Brücher sowie dem Psychologen Ulrich Ertel an die Marburger Universitätspsychiatrie zu gehen, gerne an, später kam eine sowohl in Medizin als auch in Soziologie promovierte Kollegin, Monika Begemann, dazu. Ich war zu dieser Zeit bereits mit Blankenburgs Arbeit über den „Verlust der natürlichen Selbstverständlichkeit" (1971) vertraut und habe als Student in Konstanz bei einem Schüler von Ludwig Binswanger, Roland Kuhn, an der psychiatrischen Klinik Münsterlingen im Thurgau an Fallkolloquien teilnehmen können. Im Rahmen des Forschungsprojekts „Soziale Relevanz und biografische Struktur", geleitet von Thomas Luckmann und Richard Grathoff und gefördert von der Fritz-Thyssen-Stiftung", hatte ich ab 1974 Gelegenheit, mit dem Direktor des psychiatrischen Landeskrankenhauses Reichenau, Helmut Siedow, der von Karl Jaspers in den Fächern Philosophie und Psychiatrie promoviert worden war, zusammenzuarbeiten. - Ich erwähne dies, um deutlich zu machen, dass mein Weg in die Klinische Soziologie ein privilegierter, von den Zeitverhältnissen besonders begünstigter war.

12 Vgl. das von der Deutschen Forschungsgemeinschaft geförderte Projekt „Familiensituation und alltagsweltliche Orientierung Schizophrener", Marburg 1981-1984. (Hildenbrand 1991).

"Eine Wissenschaft, die die sozialen Konstruktionen sozialer Wirklichkeit beschreibt und erklärt, muss in der Lage sein, ein Programm der Formalisierung (und einer Meßtheorie, vgl. Cicourel 1970) zu entwickeln, das den konstitutiven Strukturen des Alltagslebens angemessen ist" (Luckmann 1980, S. 33).

Dieses Zitat leitet über zu der Frage, wie sich Alltag und Lebenswelt zueinander verhalten. Die Antwort: Beide liegen kategorial auf unterschiedlichen Ebenen.

Der Begriff „Alltag" bezieht sich auf Zusammenhänge, die in interaktiven Prozessen erzeugt, also *konstruiert* werden. Der Begriff „Lebenswelt", der von Edmund Husserl herkommt, befasst sich mit den *konstitutiven* Strukturen des Alltagslebens (Luckmann 1980, S. 33). Wer also Alltag mit Lebenswelt vermischt, muss die kategoriale Vermischung erklären.

Die Formalisierung, um auf Luckmann zurückzukommen, heißt „Strukturen der Lebenswelt" (Schütz und Luckmann 1984), die aus der Phänomenologie der Lebenswelt generiert worden sind.

Andere, brauchbare Ansätze sehe ich nicht. Henri Lefebvres „Kritik des Alltagslebens" (1977) ist schon deshalb problematisch, weil dort Marx'sche Kategorien weitab jeder Konstitutionsanalyse durchdekliniert werden. Interessanter ist da schon der Ansatz von Agnes Heller (1978). Ihr wird nachgesagt, dass sie das Dilemma zwischen einer marxistischen Gesellschaftstheorie und der modernen Phänomenologie überwinde, es ihr aber an einem Bezug zur empirischen Sozialwissenschaft mangele (Hans Joas in seiner Einleitung zum vorliegenden Band, S. 19). Was auch immer das Dilemma sei: Es ist Agnes Heller gelungen, „zu einer materialistischen Definition des Alltagslebens zu kommen" (Heller 1978, S. 13), und wer immer dieses Bezugs bedarf, ist bei Agnes Heller gut bedient. Woran es bei Lefebvre und Heller fehlt, ist der von marxistischen Dogmatismen unverstellte Blick auf die Lebenswelt, und die Frage, was dort los ist, wird verschattet. Diesem Dilemma zu entkommen, hilft das Studium der Arbeiten von Alfred Schütz und seinen Nachfolgern.

Bevor ich aber den Stellenwert der Arbeiten von Alfred Schütz und seinen Schülern bzw. damaligen Kollegen in der Soziologie heute erörtere, ist es mir zunächst ein Anliegen, zurückzukommen auf die eingangs referierte Gruppenarbeit von Bachelorstudierenden im vierten Semester. Sie hatten die Frage zu bearbeiten „Wozu ist die Soziologie gut?" Die gegebenen Antworten legen nahe, dass die Studierenden mit der Soziologie die Aufgabe der Weltverbesserung verbinden. Man könnte nun also fragen: Was haben diese Studierenden in den vorangegangenen Semestern gelernt? Ein Blick in das Profil dieses Instituts zeigt, dass die dringenden Anliegen der Lehrenden die Themen Kapitalismuskritik, Prekariat, Gerechtigkeit und Ähnliches sind. Dozenten, die solche Themen in einer Haltung der Gesellschaftskritik anbieten, haben leichtes Spiel bei Studierenden, denen die Kritik ein Anliegen ist. Das ist auch lebensaltersspezifisch angemessen.

Einem Bonmot zufolge gilt: „wer mit 20 kein Kommunist ist, hat kein Herz, wer mit 30 immer noch einer ist, hat keinen Verstand"[13]. Ein Soziologe, der das linke Register bedient, hat also bei seinen Studierenden, die ihm – mit Ausnahmen - im Herzmodus gegenübersitzen, einen guten Stand.

1.3.3 Theorie, Technik, Praxis: Anmerkungen zur wachsenden Lebensweltvergessenheit in der Medizin und im Alltag

Mein Bezug ist ein Aufsatz Hans Georg Gadamers mit dem Titel „Theorie, Technik, Praxis", in dem dieser unter Rückgriff auf Aristoteles tragfähige Vorschläge zur Klärung der anstehenden Fragen entwickelt.[14]

Fragen zum Verhältnis von Theorie, Technik und Praxis werden in der antiken Philosophie zum Thema gemacht. Aristoteles und Platon haben Überlegungen angestellt, die Hans-Georg Gadamer zu einschlägigen Überlegungen inspiriert haben, wobei ihm besonders entgegenkommt, dass das ärztliche Handeln ein Thema war, das bei Aristoteles und Platon als Orientierungsrahmen für die Abhandlung des infrage stehenden Verhältnisses von Wissenschaft und Praxis eine herausragende Rolle gespielt hat. Vielleicht ist es aber auch genau andersherum: Weil die Vorbilder Aristoteles und Platon das ärztliche Handeln im Visier hatten, war es für Gadamer ein Ansporn, sich mit dieser Frage unter zeitgenössischen Bedingungen auseinanderzusetzen.

Gadamer nennt sein einschlägiges Buch: Über die Verborgenheit der Gesundheit. Dahinter steht der Gedanke (ausgeführt in einem anderen, ebenfalls in diesem Buch enthaltenen Beitrag: Apologie der Heilkunst, dass es im aristotelischen Begriff der Techne um ein Wissen geht, das zu einem Herstellen führt. Das aber komme, so Gadamer, im ärztlichen Handeln nicht vor. Denn die Aufgabe des Arztes bestehe nicht darin, ein Werk zu erzeugen,

---

13   : Dieses Bonmot wird vielen Urhebern zugeschrieben: Die einen nennen den französischen Politiker Daladier, die anderen Winston Churchill. Eine belastbare Referenz konnte nicht ausfindig gemacht werden. - Keinen Verstand haben heißt, zu vermeiden, danach zu fragen, was von einem Gesellschaftsentwurf zu halten ist, der zu einem Kasernenhof-Kommunismus führt und zudem, soll er gelingen, den „Neuen Menschen" (Hondrich 2001) voraussetzt. Es würde auch genaues Hinsehen genügen.

14   Dieser Aufsatz ist u. a. erschienen: als erster Aufsatz in einem Band mit dem Titel „Über die Verborgenheit der Gesundheit", in dem Gadamer 1993 seine Aufsätze und Vorträge zu Fragestellungen der Heilkunst zusammenstellt, sowie in Bd. 4 seiner Gesammelten Werke, UTB 2115, 1987, S. 243-266.

„das durch Kunst hergestellt und künstlich ist" (1993, S. 51).

Die Gesundheit soll wiederhergestellt, der Körper soll zum Schweigen gebracht werden. Wenn der Körper wieder schweigt, ist alles in Ordnung. Das ist das Werk. Das allerdings ist nicht mehr das wesentliche Thema der Medizin seit dem 18. Jahrhundert. Die wesentlichen Leistungen der modernen Medizin bestehen nicht in der Beseitigung akuter Krankheiten ohne Rest, sondern in der Transformation akuter Erkrankungen in chronische Erkrankungen. Die Herstellungsleistung besteht darin, eine Krankheit, die in ihrem akuten Verlauf früher zum Tod geführt hätte, so abzuwenden, dass der Patient überlebt, aber um den Preis, dass er fortan als chronisch Kranker leben und über lange Zeit auf ärztliche Hilfe angewiesen sein wird.

Zurück zum Text: Für die in diesem Buch folgenden Ausführungen sollen die Gedanken des Philosophen Hans-Georg Gadamer zusätzlich zu den Ausführungen des Soziologen Max Weber als Orientierungsrahmen dienen.[15] Es lohnt sich also, sie gründlich zu studieren, was ich auch schon in Bezug auf „Wissenschaft als Beruf" empfohlen habe.[16]

Nun referiere ich den erwähnten Beitrag: *Theorie, Technik, Praxis* (Gadamer 1993, S. 11-49) und ergänze ihn um Beispiele, die kursiv kenntlich gemacht werden. Danach werde ich ihn diskutieren:

Gadamer beginnt mit der folgenden Feststellung: Mit der Verbreitung eines neuen Erfahrungsbegriffs seit dem 17. Jahrhundert gilt Erfahrung als das, was kontrollierbar ist. An dieser Erfahrung lassen sich Gesetzmäßigkeiten bestätigen oder widerlegen. So wird die moderne Naturwissenschaft ein auf Machen gerichtetes Wissen, eine wissende Beherrschung der Natur, d.h. sie wird zur Technik bzw. zur Technokratie.

Das Vorgehen der Naturwissenschaften besteht darin, auf allen Gebieten eine Abstraktion zu vollbringen, die einzelne Kausalbeziehungen isoliert. Sie muss damit die unvermeidliche Partikularität ihrer Kompetenz in Kauf nehmen. Technik, so

---

15 Auch in der Soziologie wird Gadamer zur Kenntnis genommen: Jürgen Habermas charakterisiert Gadamer als einen Philosophen, der stets um das Schlagen von Brücken bemüht gewesen sei, und er schreibt: „Demgegenüber will Gadamer die Legitimität eines Verstehens zur Geltung bringen, das dem objektivierenden Denken voraus liegt und die Erfahrungsweisen der kommunikativen Alltagspraxis mit der Erfahrung der Kunst, der Philosophie, der Geisteswissenschaften und der Historie verbindet" (Habermas 1991a, S. 396). Ergänzend sei erwähnt, dass Habermas zwischen 1961 und 1964 als außerordentlicher Professor durch Vermittlung Gadamers Philosophie in Heidelberg lehrte.

16 Zu Gadamers philosophischer Selbstverortung vgl. ders., Gesammelte Werke Bd. 10 Tübingen 1995 (UTB 2115).

verstanden, ist gerade nicht Praxis. Ein früherer, aristotelischer Begriff von *Techne* bezeichnet anderes: *Es sind die von der Natur offen gelassenen Möglichkeiten weiterer Formung auszufüllen* (Gadamer 1993, S. 18). Das ist gerade nicht Technik im heutigen Sinne. Technik bezeichnet heute demnach die „lautlose Form, in der immer weitere Gebiete des menschlichen Lebens technischer Beherrschung unterworfen werden und rationale Automatismen an die Stelle der persönlichen Entscheidung des einzelnen und der Gruppe treten" (Gadamer 1993, S. 21). Soziologen erkennen hier Max Webers „Gehäuse der Hörigkeit" wieder.

Andererseits lehnt es Gadamer ab, einen unüberbrückbaren Gegensatz zwischen Wissenschaft und Lebenspraxis/Alltag zu konstruieren: Sich theoretisch (in anderen Worten: reflexiv) verhalten zu können sei Teil der Grundverfassung der menschlichen Praxis. Dazu gehören die wissende Beherrschung ursächlicher Zusammenhänge, die das eigene Verhalten planvoll zu leiten imstande ist, die bewusste Einordnung in ein System der Zwecke sowie das Sichtbarmachen von Sachverhalten und Sachzusammenhängen in der Sprache. Die Frage ist aber dann, wie Wissenschaft und praktisches Handeln zusammengeführt werden können. Während Technik ein Wissen verkörpert, das unabhängig von der Situation des Handelns tradiert werden kann und somit aus dem praktischen Handlungszusammenhang herauslösbar ist, aber in der jeweils neuen Situation des menschlichen Handelns zur Anwendung kommen soll, hält Gadamer an folgendem fest (und damit kommt Gadamer zu dem hier bedeutsamen Punkt, der es rechtfertigt, die langatmigen Ausführungen zum Thema Technik zu referieren):

> „Es ist die Aufgabe der Urteilskraft (und nicht wieder eines Lehrens und Lernens), daß man in einer gegebenen Situation den Anwendungsfall einer allgemeinen Regel erkennt" (Gadamer 1993, S. 31).

Allerdings weicht Gadamer in diesem Zusammenhang von seinem Prinzip ab, als Philosoph den Gedanken zu entwickeln, und wirft einen Blick auf die professionssoziologischen Arbeiten von Eliot Freidson (1970). Freidson befasst sich in Kapitel 16 seines Buchs mit den Grenzen professionellen Wissens und stellt fest, „dass die Praktizierung, Ausübung und Anwendung von Fachwissen analytisch von dem Fachwissen oder Wissen selbst sich unterscheidet" (ebd. S. 280). Die Verbindung zwischen Fachwissen und praktischem professionellem Wissen liegt diesem Autor zufolge in der Fähigkeit, das Handeln in eine soziale Beziehung (die Beziehung zwischen Arzt und Patient) einzubetten. Das erfordere ein „Urteilsvermögen" (ebd. S. 287) oder durch Praxis erworbene „Weisheit" (ebd. S. 287).

1.3 Wissenschaft als Beruf: Eine Grundlegung bei Max Weber

So weit hat Gadamer nichts gegen die Ausführungen Freidsons einzuwenden, denn sie weichen von seinen eigenen Vorstellungen kaum ab. Einen Abstand zu diesem Autor sieht Gadamer dennoch, wenn er einwendet:

> „Freidson sieht darin (in der Weisheit – B. H.) nichts als das autoritäre Gehabe des Experten, der sich vor der Einrede des Laien abschirmt. Das ist freilich eine sehr einseitige Perspektive, die einen Maßstab von objektiver Wissenschaft ins Extrem steigert. Aber die an den sozialpolitischen Ansprüchen des Experten geübte Kritik kann auch im Falle solcher Berufung auf ‚wisdom' gesund sein. Sie verteidigt das Ideal der freien Gesellschaft. In ihr hat der Bürger in der Tat Anspruch darauf, nicht durch die Autorität des Experten entmündigt zu werden"[17] (Gadamer 1993, S. 34).

Kurz und knapp: Für Gadamer ist die Frage der praktischen Urteilskraft eine interaktive Leistung.[18] Die Entwicklung in der praktischen Medizin hat sich wesentlich dramatischer ereignet, als der Autor das 1972 vorhersehen konnte. Die einschlägigen Stichworte lauten: evidenzbasierte Medizin, Leitlinienpolitik, Manualisierung. Es handelt sich dabei jeweils um Standardisierungsbemühungen, auf die zutrifft, was Gadamer (1993) auf S. 33 schreibt:

> „Je stärker der Anwendungsbereich rationalisiert wird, desto mehr fällt die eigentliche Übung der Urteilskraft und damit die im eigentlichen Sinne praktische Erfahrung aus."

So leicht lässt sich allerdings die ärztliche Kunst nicht aushebeln. Von erfahrenen Ärzten kann man hören, dass sie zunächst auf der Grundlage ihrer praktischen Urteilskraft eine Situation einschätzen und erst im Nachhinein ein Manual oder eine Leitlinie heranziehen.

---

17 Das ist eine typische Argumentationsfigur Gadamers. Jedem Einwand lässt er eine Überlegung folgen, ob der Gegner in der Argumentation nicht doch auch Recht haben könnte. Gadamer spielt in diesem Text im Übrigen auf einen damals sehr populären Text an: Ivan Illich, Entmündigung durch Experten, Original: Disabling Professions von 1977, dt. Übers. 1979. Zur Figur des Experten heute vgl. Merkur Jg. 66, Heft 9/10, 2012.

18 Ich hatte Gelegenheit, 1975 beim Sommerkurs „Phänomenologie und Marxismus" in Dubrovnik Gadamer kennen zu lernen. Der Fritz-Thyssen-Stiftung sei an dieser Stelle für ihre Unterstützung gedankt. Auch wenn ich damals, nachdem ich gerade bei Thomas Luckmann einen ersten soziologischen Abschluss gemacht hatte und von ihm als Doktorand angenommen worden war, noch zu grün hinter den Ohren war, um aus dieser Begegnung den bestmöglichen Gewinn zu ziehen, habe ich doch erleben können, dass dieser Philosoph nicht nur vom Verstehen sprach, sondern die im Verstehen beschlossene Zuwendung zum Studierenden, also Fragenden, als akademischer Lehrer auch lebte. Als zweite wichtige Begegnung auf diesem Sommerkurs sei die mit Bernhard Waldenfels erwähnt.

In seiner Kritik an Freidson ist Gadamer nur zum Teil zuzustimmen. Zwar verteidigt Letzterer zu Recht die ärztliche Profession gegen die Einrede des Soziologen. Über die praktische Urteilskraft des Arztes lässt Gadamer nichts kommen, und es gefällt ihm nicht, dass Freidson diese geringschätzt. Aus heutiger Sicht allerdings gibt die Entwicklung eher Freidson als Gadamer recht: Die in den medizinischen Fächern dominante naturwissenschaftliche Perspektive überlagert die aristotelische Komponente der *praktischen Urteilskraft* in dem Maße, wie die geisteswissenschaftliche Bildung im Medizinstudium vernachlässigt wird.

Dazu ein Beispiel: Im Rahmen eines auf Transfer angelegten Forschungsprojekts zur Verbesserung von Kooperationsstrukturen im Kinderschutz[19] arbeiteten wir zunächst mit einem Jugendamt einerseits, andererseits mit einer Chirurgin zusammen, die sich selbst die Aufgabe gestellt hat, Einschätzungen bei Kindeswohlgefährdung durch eine medizinische Expertise zu ergänzen. Dabei lehnt sie ein soziologisches Deutungsangebot, welches die hinter dem Fall liegenden Familienstrukturen einerseits, die durch medizinische Aktivitäten in Gang gesetzten Etikettierungsprozesse bei abweichendem Verhalten andererseits thematisiert, schroff ab, und gleichzeitig wünscht sie nicht, beobachtet zu werden (ich werde auf dieses Beispiel zurückkommen). Gleichwohl gelingt es dieser Ärztin, den vorliegenden Fall im Hinblick auf seine interaktive Gestaltung einzuschätzen. Wir sehen hier eine aus dem Ruder gelaufene Allmachtsvorstellung nach dem Prinzip „le roi règne par lui-même". Dagegen ist grundsätzlich nichts einzuwenden. Denn ebenso, wie der Polizist vom Sozialarbeiter sich dadurch unterscheidet, dass er in einer kritischen Situation niemanden mehr rufen kann (Bittner 1972), ist der Arzt der letzte in der Krisenbewältigungskette. Wer in einer solchen Situation nicht Allmachtsvorstellungen entwickelt, wird es schwer haben, die im ärztlichen Alltag gegebenen Herausforderungen zu bewältigen.

Dieses Beispiel zeigt, dass ein Klinischer Soziologe, der als solcher in seiner Deutungskompetenz nicht anerkannt wird, einpacken kann, und der Weg zum absurden Helden ist kurz (dazu Näheres im letzten Abschnitt dieses Buchs). Nicht ums Wunder begann meine Entwicklung zum Klinischen Soziologen in einem geisteswissenschaftlich gefärbten Kontext, nämlich bei Psychiatern der 1970er Jahre, und hätte ich nicht Soziologen als Lehrer gehabt, die diesem Kontext Bedeutung zusprachen, wäre aus der Sache nichts geworden.[20]

---

19 Ich verzichte auf weitere Angaben aus Anonymisierungsgründen.
20 Es ist zumindest meine Einschätzung, dass aus meinem Ansatz einer Klinischen Soziologie, zumindest was dessen Praxis anbelangt, etwas geworden ist, wenn auch die abschließende Einschätzung dem Leser überlassen bleibt.

Von Gadamer zur Soziologie: In der Professionalisierungstheorie in der Tradition von Ulrich Oevermann (Oevermann 1996) steht für den Begriff „praktische Urteilskraft" ein anderer: „Habitus". Von diesem ist sowohl bei Oevermann wie auch bei seinen zahlreichen Epigonen viel die Rede, ohne dass sich jemand die Mühe machen würde, am Material zu zeigen, worum es sich dabei handelt. Phänomene des Habitus zeigen sich im Alltag eher stillschweigend. Um sie zu identifizieren, muss man ins Feld gehen und beobachten. In Texten schlägt sich der Habitus unter Umständen ebenfalls nieder, aber das Material muss im Feld auch erhoben werden.[21] Da die ärztliche Profession zu Recht als Leitprofession gilt, gebe ich nun ein Beispiel aus diesem Bereich. Es veranschaulicht das Wirken der praktischen Urteilskraft in der ärztlichen Kunst:

An einem Sonntagnachmittag entwickelte eine Mitbewohnerin in unserer WG sonderbare Symptome. Sie schien in Panik zu sein und atmete heftig, ihre Finger krümmten sich. Der Partner dieser Mitbewohnerin rief den diensthabenden Notarzt an.

Am Nachmittag erschien ein älterer, freundlicher Herr, schaute sich die Sache an, stellte wenige Fragen und gab der Patientin eine Spritze. Sofort trat Besserung ein. Dabei ließ er es aber nicht bewenden. Er wandte sich an den Partner der Patientin und trug ihm auf, für sie eine Suppe zu kochen.

Das tat er, und weil es um die Vorräte in der WG nicht gut bestellt war und am Sonntag Besseres auch nicht beschafft werden konnte, musste eine Tütensuppe genügen. Von der guten Qualität dieser Suppe spricht das Paar (sie sind noch zusammen) heute noch, die Geschichte hat Eingang in ihre Familiengeschichte gefunden.

Was sagt dieses Beispiel über die spezifisch ärztliche praktische Urteilskraft aus?

Mit einem Blick überschaut der Arzt die Situation. Er sieht einen durch Hyperventilation erzeugten körperlichen Zustand, er sieht aber auch einen sozialen Zustand, nämlich eine Paarbeziehung, von der er annimmt, dass sie der Festigung bedarf. Dieses zusammengenommen ist schon Ausdruck praktischer Urteilskraft.

Zugleich beseitigt dieser Arzt mit einer naturwissenschaftlich begründeten Maßnahme (Spritze) einen akuten Zustand, und er stellt etwas her: ein Werk, indem er die Paarbeziehung ins Spiel bringt.

In einer Situation des Handlungsdrucks (mit anderen Worten: in einer Notfallsituation) zieht dieser Arzt sich nicht in seine Bibliothek zurück, um der Sache in aller Ruhe auf den Grund zu gehen. Er fertigt auch keinen Überblick über die

---

21 Eine methodische Nebenbemerkung: Ein hermeneutisches Diktum sagt: Text ist, was der Fall ist. Aber nicht alles, was der Fall ist, ist auch Text (Soeffner 2004, S. 152ff.). Richtig ist aber auch: Dass alles in sozialen Wirklichkeiten Gegebene zur Sprache drängt und damit zu Text wird.

Familiengeschichte seiner Patientin an. Er führt auch kein Interview über die Paarbeziehung durch. Er trifft seine Entscheidungen im Vertrauen darauf, sie im Nachhinein als vernünftige begründen zu können. Das ist das Wirken der praktischen Urteilskraft (Habitus), über die dieser Arzt durch kontinuierlich reflektierte Erfahrung verfügt.

Der Arzt handelt und belehrt bzw. erklärt nicht. Die Paarbeziehung thematisiert er indirekt durch eine problemlos umsetzbare Anweisung.

Die ärztliche Intervention erfolgt in einem Guss, eine Überweisung in eine psychosomatische Behandlung oder in eine Paartherapie, wie das heute möglicherweise der Fall wäre, zieht er nicht in Betracht.

Fazit: Solche Begegnungen, wie hier berichtet, sind Sternstunden der Professionalität, und zugleich beschreiben sie die Herausforderung, vor der jeder Klinische Soziologe steht. In seinem Studium hat kein Soziologe je Gelegenheit, zu lernen, wie man in Situationen der Not die richtigen Entscheidungen trifft. Das gilt auch für Medizinstudenten. Jedoch sieht das Medizinstudium frühzeitig schon Erfahrungen in praktischen Handlungszusammenhängen (in Form der Famulatur) und durch die klinischen Semester vor.

Die Bildung praktischer Erfahrung in der Medizin wird auch dadurch begünstigt, dass der Arztberuf eine hohe Selbstrekrutierungsrate aufweist. Das heißt, dass Medizinstudenten vielfach aus einer Arztfamilie stammen, in der bereits im Familienalltag das Anforderungsprofil an einen praktischen Arzt erlebt werden kann. Daher kommen viele Medizinstudierende bereits mit Vorwissen an die Universität. Das alles fehlt dem Soziologiestudenten, es sei denn, er kommt aus einer professionellen Familie oder hat Gelegenheit, an Lehrforschungsprojekten, die nicht nur innerhalb, sondern auch außerhalb der Universität stattfinden, teilzunehmen. Diese sind allerdings der „Reform" des Soziologiestudiums weitgehend zum Opfer gefallen.[22]

Zurück zu Gadamer: Der Ausbildung praktischer Urteilskraft stehe, so Gadamer, der moderne Wissenschaftsbetrieb entgegen. Dessen Verhältnis zwischen theoretischem Wissen und praktischem Handeln umreißt er wie folgt: Je rationaler die Organisationsformen des Lebens gestaltet werden, desto weniger wird vernünftiges Urteil im Einzelnen geübt und geschult. Anders formuliert: Wem das Entscheiden

---

22 Mein diesbezüglich ertragreichstes Lehrforschungsprojekt trug den Titel „Notfallkommunikation". Es fand statt an der Notaufnahme der Klinik der Friedrich-Schiller-Universität Jena in Zusammenarbeit mit einer Oberärztin (Bernadett Erdmann) dieser Institution. Schwerpunkt des Lehrforschungsprojekts war teilnehmende Beobachtung.

durch immer neue Vorschriften abgenommen wird, verlernt, selber solche Entscheidungen vernünftig zu treffen.[23]

Diese Entwicklung umfasst nicht nur Bereiche professionellen Handelns, sondern durchdringt auch den Alltag: Gadamer spricht in diesem Zusammenhang vom „Aberglauben an die Wissenschaft". Dazu ein Beispiel: In der Süddeutschen Zeitung (SZ) gibt es die fast täglich erscheinende Rubrik „Wissen", die regelmäßig Zeugnis von diesem Aberglauben ablegt. So ist am 15.12.2016 dort in einem Artikel über Fitness-Apps zu lesen:

„Die Leute checken ihre Smartphones durchschnittlich 46 mal am Tag", sagt Kardiologe Ashley. „Aus medizinischer Sicht können wir diese enge Bindung nutzen, um die körperliche Aktivität, die Herzfrequenz und vieles mehr zu erfassen". So stellten die Mediziner beispielsweise fest, dass Menschen, die vergleichsweise früh zu Bett gingen und früh aufstanden, durchschnittlich fitter waren als Nachteulen und Langschläfer (da muss man erst einmal drauf kommen, will heißen: Auch dem gesunden Menschenverstand wäre zuzutrauen, solche Zusammenhänge zu erkennen, dazu benötigt man keine Mediziner – B. H.). Außerdem zeige die Analyse, dass „Wochenend-Kämpfer" sich etwas Gutes tun. Wer seine sportlichen Aktivitäten hauptsächlich auf den Samstag und Sonntag legt und sich dabei ordentlich verausgabt, gehört ebenfalls zur gesünderen Gruppe."

Schön und gut. Über den Einzelfall sagen solche Befunde jedoch nichts aus, weshalb man sich als Leser fragt, was sie in dieser Zeitung zu suchen haben. Jemand kann mit dem Rennrad am Wochenende 100 km und mehr durch hügeliges Gelände mit einem Schnitt von 25 km/h fahren und dennoch einen Herzinfarkt erleiden. In der ihm eigenen Ironie hat Niklas Luhmann dazu geschrieben: „Man jagt sich Tag für Tag durch den Wald, um gesund zu bleiben, und stürzt schließlich mit dem Flugzeug ab" (Luhmann 2003, S. 39). Dass solche Wahrscheinlichkeitsrechnungen im Alltag irrelevant sind, hat vor über 100 Jahren der Psychologe William James bereits erkannt, indem er die einfache Beobachtung mitteilte, dass die Wahrscheinlichkeit, dass einem bei einem Spaziergang durch Manhattan ein Blumentopf auf den Kopf falle, denkbar gering sei. Jedoch nütze diese Information in dem Augenblick nichts, in dem einem ein Blumentopf auf den Kopf falle.

Langer Rede kurzer Sinn: Angesichts der Entwicklung der „modernen" Medizin und ihres gesellschaftlichen Umfelds erscheint die Stimme Gadamers als die eines Rufers in der Wüste. Ärzte, die die Grundsätze einer anthropologischen Medizin verinnerlicht haben, sind selten. Wie man auf den Jahrestagungen der Viktor v.

---

23 Die weite Verbreitung von Navigationssystemen und skurrile Beispiele davon, wie das Vertrauen in solche Systeme zu Irrfahrten (ggfls. ins Wasser, wenn das System eine Brücke mit einer Fähre verwechselt) sind augenfällige Beispiele für diese These.

Weizsäcker-Gesellschaft sehen kann, haben deren Teilnehmer das Pensionsalter teils weit überschritten, junge Gesichter sind selten zu sehen.

Für den Soziologen, sofern er an einer alltagsweltlichen bzw. lebensweltlichen Erdung seiner Wissenschaft orientiert ist, bieten die Ausführungen von Gadamer eine erhebliche Orientierung.

Was leistet also eine Aneignung von Wissen über den Menschen für das Wissen des Menschen von sich selbst? Was kann es bewirken? Zentral ist für Gadamer, dass es sich bei den Geisteswissenschaften um eine ganz andere Art von Belehrung handelt als bei den Naturwissenschaften. Der Unterschied liegt im Menschenbild:

> „Ein ‚richtiges' Menschenbild, das ist vor allem ein durch Naturwissenschaft, Verhaltensforschung, Ethnologie wie durch die Vielfalt geschichtlicher Erfahrung entdogmatisiertes Menschenbild. Es wird die klare normative Profilierung schuldig bleiben, auf die sich die wissenschaftliche Anwendung auf die Praxis, etwa im Sinne des ‚*social engineering*' (soziale Neuordnung), stützen möchte. Aber es ist ein kritisches Maß, das das Handeln des Menschen vor vorschnellen Wertungen und Abwertungen befreit und seinen Zivilisationsweg an sein Ziel erinnern hilft, der – sich selbst überlassen – weniger und weniger ein Weg zur Beförderung der Humanität zu werden droht. So, und nur so, dient die Wissenschaft über den Menschen dem Wissen des Menschen von sich selbst und damit der Praxis" (Gadamer 1993, S. 49).

Während Naturwissenschaften *angewandt* werden können, handelt es sich bei den Wissenschaften vom Menschen um eine andere Aufgabe (ich komme auf ein bereits aufgeführtes Zitat zurück):

> „Es ist die Aufgabe der Urteilskraft (und nicht wieder eines Lehrens und Lernens), dass man in einer gegebenen Situation den Anwendungsfall einer allgemeinen Regel erkennt" (Gadamer 1993, S. 31).

Dem entgegen steht aber die zunehmende Rationalisierung der Lebenswelt:

> „Je rationaler die Organisationsformen des Lebens gestaltet werden, desto weniger vernünftiges Urteil wird im einzelnen geübt und geschult" (Gadamer 1993, S. 32).

Soweit Gadamer. Eine Inspektion der Vorstellungen von Max Weber zu „Wissenschaft als Beruf" und von Hans-Georg Gadamer zum Verhältnis von Theorie, Technik und Praxis hat für die Frage, wozu Wissenschaft, speziell die Soziologie, gut sein soll, folgende Ergebnisse gebracht: Ich beginne mit dem Verweis auf einen Widerspruch:

Während die Lebenspraxis Entscheidungen im Einzelfall verlangt, ist die Wissenschaft auf das Allgemeine gerichtet und wesentlich unabgeschlossen.

Das Wissen vom Alltag kann nicht aus seinen lebenspraktischen Zusammenhängen gelöst werden. Daher liegt der Fokus auf dem Einzelfall.

Die Überbrückung der Lücke zwischen wissenschaftlichem Wissen und lebenspraktischem Wissen erfordert Übersetzungsleistungen, deren Kennzeichen die *praktische Urteilskraft* ist.

Ich komme zurück zu den Studierenden, die noch im letzten Semester eines Bachelorstudiengangs die Soziologie für eine Veranstaltung der Weltverbesserung halten. Die Frage ist, welche Möglichkeiten diese Studierenden bisher gehabt haben, über ihre Dozenten im Institut und in der Literatur hinaus Soziologen in der Öffentlichkeit wahrzunehmen. Das setzt allerdings voraus, dass ihr Horizont über die Angebote in „sozialen" Netzwerken und die Rezeption von TV-Privatsendern hinausgeht.

Soziologen treten in der medialen Öffentlichkeit, meist in öffentlich-rechtlichen Sendern, in folgender Gestalt auf: Als Experten, als Gesellschaftskritiker, als Intellektuelle, aber nicht als Klinische Soziologen. Diese wirken im Verborgenen.

1.4 Sozialfiguren öffentlich-soziologischer Präsenz

Ich habe den Rundumblick über die philosophischen und wissenschaftlichen Grundlagen einer Klinischen Soziologie abgeschlossen, bei dem ich den Fokus eingrenzte auf die Verstehende Soziologie (Max Weber) und auf die Hermeneutik (Hans-Georg Gadamer). Zurückkommen will ich jetzt auf die eingangs berichtete Gruppenarbeit, in welcher es um die Frage ging, wozu die Soziologie gut sei. Das Ergebnis steuerte darauf zu, dass die Soziologie etwas mit Weltverbesserung zu tun habe. Gesetzt den Fall, dass dies nicht die einzige Botschaft ist, die am Institut für Soziologie an der Friedrich-Schiller-Universität in Jena während des Bachelorstudiengangs dieser Studierenden zu hören ist, dann muss immer noch in Betracht gezogen werden, dass diese Studierenden in den Medien auf Sozialfiguren öffentlich soziologischer Präsenz stießen. Von diesen konnten sie sich ein Bild von der Soziologie machen, das im Verlauf des Studiums ihre Vorstellungen über Soziologie bekräftigte oder destruierte. Damit will ich mich nun im Folgenden befassen.

1.4.1 Der Experte

Immer, wenn die Politik nicht mehr weiter weiß, ertönt der Ruf nach den Experten, nach einer Expertokratie, die auch als Technokratie bezeichnet wird.

Der Ruf nach einer Herrschaft der Experten erklang, als der italienische Ministerpräsident Matteo Renzi mit seiner Regierung im Jahr 2016 scheiterte, und erneut 2018. Eine aus Experten bestehende Regierung sollte Neuwahlen verhindern. Besonders neu ist dieser Ruf nicht, Platon (2010) formulierte Ähnliches um 370 v. Chr. in seiner Politeia (5. Buch 473st.).

Soziologen definieren sich selten als Experten, und auch die Medien rufen Soziologen eher nicht auf, wenn es um eine Expertenmeinung geht. Denn wofür sollte ein Soziologe ein Experte sein? Wo liegt seine Expertise? Ein Soziologe, der sich ernsthaft mit seinem Fach auseinandergesetzt hat, also die Debatte um den Werturteilsstreit seit Max Weber kennt, wird sich hüten, sich in das Geschäft des Politikers einzumischen. Es sei denn, es ist sein Anliegen, eine bestimmte politische Ideologie mit Argumenten zu vergolden, die als soziologische Fachwissen ausgegeben werden. Fazit: Ein Soziologe ist nicht gut beraten, wenn er eine Selbstdefinition als Experte anstrebt.[24] Forschungsaufträgen von Ministerien sollte er tunlichst aus dem Wege gehen. Gleichwohl war in den 1970er Jahren, der Blütezeit der Soziologie nach dem Zweiten Weltkrieg, das *social engineering* (weiter oben als Technokratie bezeichnet) eine weithin für angemessen gehaltene Form politischer Planung (Etzelmüller 2010; Hildenbrand 2015a). Um konkreter zu werden:

Stellen Sie sich vor, in einer Talkshow wird Donald Trumps Wahlsieg verhandelt. Ein in der Runde anwesender Psychologe, Soziologe oder sonstiger Weltdeuter wird nach dem Persönlichkeitsprofil des künftigen amerikanischen Präsidenten gefragt. – Halten Sie nun einen Moment inne, bevor Sie weiter lesen: Was wird er antworten? Er wird genau das sagen, was in seinen Kreisen von ihm erwartet wird, und er wird seine Aussage wortreich begründen.

Es geht aber auch anders:

Eine Journalistin der SZ stellte eben diese Frage dem Experten für Narzissmus, schwere Persönlichkeits- und Borderlinestörungen, Otto F. Kernberg. Dieser antwortete: Sein Berufsethos verbiete ihm, über Personen, die er nicht selbst untersucht habe, Diagnosen zu stellen, und habe er sie untersucht, dann könne er selbstverständlich nichts sagen. Dann aber sagt er doch etwas und formuliert eine belastbare Prognose, die man in ein paar Jahren wird überprüfen können: „Er

---

24 Vgl. Merkur Sonderheft „Macht und Ohnmacht der Experten", 2012, Jg. 66, Heft 9/10, speziell den Beitrag von Jürgen Kaube, S. 857-865, sowie Habermas/Luhmann 1971.

1.4 Sozialfiguren öffentlich-soziologischer Präsenz

(Trump) ist sich selbst wichtig, aber das ist nicht mit einer Ideologie verbunden, und das ist beruhigend." Er, Kernberg, stehe dem, was komme, gelassen gegenüber. Selbstverständlich hat Kernberg bei der Wahl zwischen Pest (Trump) und Cholera (Clinton) sich für die Cholera entschieden, er lebt schließlich in New York (SZ 8.12.2016, 16.1.2017).[25]

Hut ab vor dem alten Herrn. Andere würden unter dem Druck des Selbstinszenierungsmediums Zeitungsinterview umständlich erklären, warum man keine Ferndiagnose stellen könne, und dann eine eben solche aus der Tasche zaubern. Jedoch lässt das Medium Tageszeitung dafür keinen Raum, und der Kernberg ist dafür auch zu klug.

1.4.2 Der Gesellschaftskritiker

Im Jahr 1976 interessierte sich der bereits in Fußnote 9 erwähnte ärztliche Direktor des Psychiatrischen Landeskrankenhauses Reichenau (bei Konstanz), Helmut Siedow, für die Diskussion, die sich um Michel Foucaults Werk „Wahnsinn und Gesellschaft" herum entwickelt hatte. Siedow nahm gerne das Angebot eines an der Universität Konstanz lehrenden Historikers an, dessen Name hier unerwähnt bleiben soll, gemeinsam ein Seminar zu „Wahnsinn und Gesellschaft" (Foucault 1973) an der Universität zu veranstalten. Dieses Seminar endete im Desaster. Der Historiker brandmarkte mit Verweis auf Foucault unentwegt die Psychiatrie, die vergangene wie die gegenwärtige, als Zwangsapparat. Den anwesenden Psychiater prangerte er exemplarisch als Mitbeteiligten am Unrecht, das den Menschen in dieser Anstalt angetan wird, an. Näheres von den Vorgängen in dieser Einrichtung wusste er nicht, ob er sie je aufgesucht und die dortigen Stationen betreten hat, ist unbekannt, jedenfalls ließen seine Einlassungen nicht auf konkrete Kenntnisse schließen. Dass es dort nicht mit rechten Dingen zugehen könne, hatte er bereits bei Foucault gelesen, und auch die Vernichtung psychisch Kranker als „lebensunwertes Leben" im Nationalsozialismus war ihm bekannt. Wenn er genauer hingeschaut hätte, hätte er die alltägliche Verletzung von Menschenrechten im Zusammenhang mit der Zwangsunterbringung, wie sie auch in dieser Einrichtung Usus war, beob-

---

25 Heute, zwei Jahre später, nach der Aufkündigung des Atomvertrags mit dem Iran, wird deutlich, dass dieser Mann den Verstand eines Dreijährigen hat. Um darauf zu kommen, braucht man nicht das Fachwissen eines Nazismus Experten, es reicht der übliche wache Alltagsverstand des „gut informierten Bürgers" (Schütz 1972).

achten können.[26] Siedow jedoch wollte aus dem Seminar einen Gewinn für seine Bemühungen um eine bessere psychiatrische Praxis ziehen. Dieses Vorhaben ist am gesellschaftskritischen Impetus des aufgeklärten Historikers gescheitert. Vielleicht wäre es besser gewesen, gemeinsam den Film „Einer flog übers Kuckucksnest", der 1975 in die Kinos kam, anzuschauen und zu diskutieren. Dann hätte man wenigstens eine solide Materialbasis gehabt.

Dieses Seminar scheiterte an einem Missverständnis: Der Psychiater hatte erwartet, auf einen Intellektuellen zu treffen, und gekommen war ein Gesellschaftskritiker. Dem Gesellschaftskritiker ist nichts heilig. Aus seiner hohen Warte des gesellschaftlichen Über- und Durchblicks reißt er den Akteuren ihre angebliche Maske herunter, zerstört Mythen, lässt keinen Stein auf dem anderen. Mit der Gesellschaft selbst hat er nichts zu schaffen, er kennt sie nur vom Weg ins universitäre Büro und zurück. Der erwähnte Historiker hat sich eng an Michel Foucault orientiert, ohne aber über dessen fachliche Größe zu verfügen. Foucault hat (damals) die Aufgabe des Intellektuellen vor allem drin gesehen, die gesellschaftlichen Machtverhältnisse „zu analysieren und in Frage zu stellen" (Marti 1988, S. 152). Ob es richtig ist, dass Foucault vor allem mit „blindem (prinzipienlosem) Um-Sich-Schlagen oder dem Amoklaufen" befasst war, wie Manfred Frank (1984, S. 238) schreibt, mag dahingestellt sein. Sein Epigone hat sich jedenfalls genau so verhalten. Erreicht hat er damit nichts, außer dass er das Vertrauen des Psychiaters beschädigt hat.

1.4.3 Der Intellektuelle

1987 erschien das Buch „Engagement und Distanzierung" von Norbert Elias (Elias 1987). Das zweite Kapitel in diesem Buch ist einer Erzählung von Edgar Allan Poe gewidmet, die den Titel „die Fischer im Malstrom" trägt. Zur 1. Tagung für „angewandte" Soziologie mit dem Thema „Geplanter sozialer Wandel" in Bochum 1981, ausgerichtet vom Berufsverband Deutscher Soziologen (heute: Deutscher Soziologinnen und Soziologen) steuerte Elias den Eröffnungsvortrag bei, den er „Engagement und Distanzierung" nannte. Er entwickelte er seine Ausführungen anhand des Beispiels der erwähnten Erzählung von Poe. Gemäß meinem persönlichen Gedächtnis diente diese Erzählung von Elias dazu, die Position des Soziologen in der Gesellschaft zu bestimmen.

---

26 Er hätte aber auch sehen können, wie an Fastnacht der Klinikdirektor im Festsaal des Krankenhauses mit Patientinnen tanzte und dabei seinen Doktorhut trug. Selten wurde mir die Präsenz des Irrsinns im Alltag so deutlich wie bei dieser Veranstaltung.

1.4 Sozialfiguren öffentlich-soziologischer Präsenz

Jedoch geht es Elias in dem erwähnten Buch nicht um Soziologen, sondern um die Bestimmung des Verhältnisses von Emotion und rationaler Analyse. Dieses Verhältnis definiert er in Anlehnung an den Anthropologen Gregory Bateson als „double bind" (Bateson u. a. 1969), also als Verstrickung.

In Bezug auf die Fischer im Mahlstrom legt Elias folgende Zusammenfassung vor. Thema sind drei Fischer, die in den Mahlstrom (Moskenstraumen), das ist eine gefährliche Strömung bei den Lofoten, geraten.

„Während die Fischer langsam in den Abgrund des Strudels gezogen wurden, trieben sie noch einige Zeitlang mit anderen Wrackstücken die Wände seines enger werdenden Trichters entlang. Zuerst waren beide Brüder – der Jüngste war bereits im Sturm untergegangen – zu sehr von Furcht überwältigt, um klar denken und genau beobachten zu können, was um sie herum geschah. Nach einer Weile jedoch, so erzählt uns Poe, vermochte einer der Brüder seine Furcht abzuschütteln. Während der ältere, durch die nahende Katastrophe gelähmt, hilflos im Boot kauerte, fasste sich der jüngere Mann und begann, mit einer gewissen Neugierde um sich zu schauen. Nun, als er alles mit größerer Ruhe zusammen sah, beinahe als ob er nicht davon betroffen wäre, bemerkte er gewisse Regelmäßigkeiten in den Bewegungen der Trümmer, die zusammen mit dem Boot in Kreisen herumgetrieben wurden. Kurz: durch Beobachten und Überlegen kam er zu einer ‚Idee'; ein zusammenhängendes Bild des Prozesses, in den er verwickelt war, eine Theorie begann in seinem Denken Gestalt anzunehmen" (Elias 1987. S. 79).

Nun zum Fazit auf der nächsten Seite:

Der um sich schauende jüngere Fischer, der in den Worten von Elias in theoriebildender Absicht unterwegs ist, „begann, kühler zu denken; und indem er zurücktrat, seine Furcht kontrollierte und sich selbst gleichsam aus größerer Distanz als Menschen betrachtete, der mit anderen, mit wilden Naturgewalten, eine bestimmte Konstellation bildete, brachte er es fertig, seine Gedanken von sich weg auf die Situation zu lenken, in der er gefangen war. Nun erkannte er die Elemente in dem unkontrollierbaren Prozess, die er benutzen konnte, um dessen Verlaufsbeurteilung für sein eigenes Überleben zu kontrollieren (…) Das Niveau der Selbstkontrolle und das Niveau der Prozesskontrolle waren in dieser Situation, wie man sehen kann, interdependent und komplementär."

Der um sich schauende Fischer beobachtet, dass zylindrische Gegenstände, zum Beispiel ein Fass, nicht nach unten gezogen werden, sondern nach oben tendieren. An dieses Fass klammert er sich, und er wird gerettet.

Von einem Intellektuellen, wie wir ihn heute als Sozialfigur[27] kennen, ist der dritte Fischer weit entfernt; er redet nicht, sondern beobachtet und handelt. Auf die Frage Brechts: „Wie handelt man, wenn man dem glaubt, was Ihr sagt" aus dem Gedicht „Der Zweifler" (Brecht GW 9, S. 587f.) hätte er eine Antwort. So ungefähr stelle ich mir den Klinischen Soziologen vor, der zwar nicht regelmäßig unmittelbar in einer Lebensgefahr verstrickt ist, der aber, wenn er gerufen wird (falls das überhaupt vorkommt), in eine Krisensituation gerät, wo er der Einzige ist, der von außen kommt, also nicht in die Situation verstrickt ist, aber leicht verstrickt werden kann. Zunächst kann er sich zurücklehnen und beobachten, um die angemessenen Schlüsse zu ziehen.

Das Risiko der emotionalen Verstrickung begegnete mir in der Regel bei der Beratung von Bauernfamilien in Situationen einer Bestandskrise, meist bei Fragen der Hofübergabe, wo es nicht einfach ist, sich vor einer Verstrickung zu schützen, es sei denn, man begibt sich konsequent in eine reflexive Perspektive, darf dabei aber nicht die ablaufenden emotionalen Prozesse übersehen (da Landwirte meist nicht die Meister der Wahrnehmung oder der Äußerung von Emotionalem sind, sehen wir einmal von Bäuerinnen und deren Töchtern ab, ist es hilfreich, ablaufende emotionale Prozesse zu thematisieren).

Ein Beispiel: Ein Landwirt und seine beiden Söhne wandten sich an mich, als die Frage der Hofübergabe anstand. Während des Gesprächs mit mir versanken die drei regelmäßig in einen Strudel von gegenseitigen Vorwürfen. Einmal traf ich die drei nach einem besonders turbulent verlaufenen Gespräch noch vor dem Haus an. Sie besprachen in aller Ruhe die Arbeitsteilung am bevorstehenden Wochenende und hatten nicht damit gerechnet, dass ich zu ihnen noch einmal dazu stoßen würde. Daraufhin brach ich die Beratung ab und schlug eine halbjährige Pause vor. Nach Abschluss dieser Pause fand der Landwirt eine Lösung: Er hatte inzwischen einen Auszubildenden angestellt, dem er bei Bewährung seinen Hof anvertrauen wollte.

---

27 Intellektuelle, wenn sie nicht gerade in der Türkei leben, müssen heute nichts mehr riskieren, anders als der von mir als Musterintellektueller geschätzte Albert Camus, der trotz schwerer Krankheit im Widerstand in Frankreich engagiert war, indem er verantwortlich eine Zeitschrift herausgab und Theaterstücke inszenierte, die dem Vichy-Regime einen Spiegel vorhielten (Camus 1960). Dafür, dass er der Sowjetunion (Moskauer Prozesse) skeptisch gegenüberstand, wurde er von Sartre und Entourage verunglimpft. Näheres bei Onfray 2015, S. 240ff. Gegen das Konzept einer „littérature engagée" und damit gegen Sartre formulierte 1957 Camus vor Studenten in Uppsala: „Einzig engagiert ist der Künstler, der zwar keineswegs den Kampf ablehnt, wohl aber sich weigert, sich den regulären Truppen anzuschließen, das heißt der Franktireur (Freischärler, B. H.) (Camus 1960, S. 289)."

1.4 Sozialfiguren öffentlich-soziologischer Präsenz

Taugen die Fischer im Mahlstrom als Beispiel für den zeitgenössischen Intellektuellen? In zweierlei Hinsicht nicht: 1. Der Intellektuelle heute ist nicht *in* der Situation, er steht außerhalb. Wenn ein gut besoldeter Hochschullehrer sich zum Intellektuellen aufschwingt und zum Sprachrohr für die Entrechteten, Armen und Unterdrückten macht, dann ist das nur peinlich, und es müsste ihm das Wort im Halse stecken bleiben, wenn er auch nur eine Sekunde lang über seine Situation nachdächte. 2. Der beobachtende Fischer handelt. Das tut ein Intellektueller gemeinhin nicht, er redet über Handeln, predigt Wasser und trinkt Wein.

Wenn ich darüber nachdenke, welchen Soziologen ich hier als Musterbeispiel eines Intellektuellen aufführen könnte, fällt mir keiner ein. Mein Referenz-Intellektueller ist Hans Magnus Enzensberger, der im Anschluss an eine Moskaureise in den 1960er Jahren Folgendes zu Papier brachte (vgl. Fußnote 13):

„Einfach vortrefflich
All diese großen Pläne:
Das Goldene Zeitalter
das Reich Gottes auf Erden
das Absterben des Staates.
Durchaus einleuchtend.
Wenn nur die Leute nicht wären!
Immer und überall stören die Leute.
Alles bringen sie durcheinander.
Wenn es um die Befreiung der Menschheit geht
laufen sie zum Friseur.
Statt begeistert hinter der Vorhut herzutrippeln
sagen sie: Jetzt wär ein Bier gut
Statt um die gerechte Sache
kämpfen sie mit Krampfadern und Masern"
(Enzensberger 2014, S. 240)

Enzensberger ist kein Soziologe, sondern ein Literat. Aber er hat einen soziologischen Blick, der nicht nur im Gedicht oben, sondern auch in seinem Band „Ach Europa" (1987) zum Ausdruck kommt. In dem hier wiedergegebenen Gedicht spricht Enzensberger alle Reizthemen der damaligen Zeit an: Es geht um Weltverbesserungen. Da die zugrundeliegenden theoretischen Konzepte das menschliche Maß ignorierten, war ständig die Rede vom Neuen Menschen. Für die verbesserte Welt war der real existierende Mensch nicht gemacht. Da die Züchtung eines neuen Menschen, also ein Eingriff in die Gattung, wenig Aussicht auf Erfolg versprach, sollte zunächst die Pädagogik die Sache richten, weshalb sich jede Diktatur zunächst der Lehrer bemächtigt. Aber auch das ist – siehe DDR – danebengegangen. Zum Glück hat der Alltagsmensch Wichtigeres zu tun, als ständig die Welt zu verbessern.[28]

Mehr auf der Seite der Weltverbesserer stand lange Zeit ein anderer großer Intellektueller, den Deutschland in diesem Jahrhundert vorzuweisen hat: Wolf Biermann (2016). Als strenggläubiger Kommunist hat er lange Zeit der DDR das Leben schwergemacht, bis er schließlich doch noch auf die Idee kam, dass er auf das falsche Pferd gesetzt hatte. Jedoch verfügte er, wie sein Kollege auf der anderen Seite der Mauer, Enzensberger, über die Freiheit der Weltwahrnehmung. Daher muss er hier erwähnt werden. Jedenfalls zeigt seine Autobiografie, dass man nicht unbedingt Soziologe sein muss, um Strukturen eines Gemeinwesens zu erkennen, es reicht, man hält sich von Ideologien fern, die als Gesellschaftstheorie verkauft werden.

Die Sozialfigur des Intellektuellen beschäftigt allerdings, trotz der zahlreich bekannten Fehlurteile, die denkende Klasse. Gemäß aktuellen Definitionen ist der Intellektuelle „durch die Überschreitung der eigenen Zuständigkeit definiert", er kümmert sich wie der Politclown Jean Paul Sartre „um Dinge, die ihn nichts angehen" (Bock 2012, S. 868f.).[29] Der Intellektuelle kann sich über alles und jedes aufregen, dafür wird er bezahlt. In diesem Klima entstehen dann erfolgreiche Bücher wie „Empört Euch" (Stéphane Hessel 2010). Recht hat er, gibt doch der gegenwärtige Zustand der Welt jeden Tag Anlass zur Empörung: Mal funktioniert die Comptermaus nicht, mal verkauft der Bäcker trockenes Brot, etc.

Das Geschick des Intellektuellen besteht darin, den Fokus zu finden, der ihm möglichst viel öffentliche Aufmerksamkeit und Gefolgschaft verschafft: Sich derzeit über die Umweltzerstörung in Indonesien zu empören ist ein solcher Hingucker: Jedermann benutzt Palmöl, es geht gegen Konzerne, wenn auch nur gegen lokale, und auch der Klimawandel kann in Anspruch genommen werden.

Die Krise ist die Blütezeit intellektueller Höchstleistungen. Insofern ist der Intellektuelle ein Gewinner der Krise, und gibt es keine Krise, dann muss er schweigen oder eine erfinden.[30]

Ähnlich skizziert Dieter Thomä die Rolle des Intellektuellen. Auch er sieht dessen Bedeutung vor allem in Krisenzeiten, und auch er sieht den Intellektuellen in einer zwiespältigen Situation: Einerseits blickt er aus kritischer Distanz auf den Zeitgeist, andererseits ist er den gesellschaftlichen Akteuren nah. Der Intellektuelle

---

28 Vgl. auch Enzensbergers Essay „Der radikale Verlierer" in: Spiegel Spezial 6/2006 Seite 90-95.
29 Sartres zahlreiche auf Naivität und Wunschdenken beruhenden Fehleinschätzungen sind bekannt. Vgl. Claude Lanzmann 2010, S. 515, für eine kleine Liste.
30 Wie eine alte Wetterregel sagt: Sankt Mattheis bricht's Eis, hat er keins, macht er eins.

"darf sich nicht von seinen Zeitgenossen abschnüren, er darf ihnen aber auch nicht nach dem Munde reden. In Gedankenwelten allein kann der Intellektuelle nicht überleben, ebenso wenig aber dann, wenn seine Beiträge alles Fremde, Sperrige verlieren" (Dieter Thomä, Neue Zürcher Zeitung (NZZ) Nr. 87, 14./15.4.2001).

Axel Honneth wird im Unterschied zu Dieter Thomäe konkreter, wenn es um die Ausgestaltung der widersprüchlichen Einheit von Nähe des Intellektuellen zur Gesellschaft einerseits, kritischer Distanz zu ihr andererseits geht. Aufgabe des Intellektuellen sei es, seine Diagnosen an den politischen Konsens im demokratischen Willensbildungsprozess zu binden und ein Gespür für das politisch Machbare zu entwickeln (Honneth, NZZ 9./10.3.2002). Dabei benötigt er, so Michael Walzer, Mitleid, Leidenschaft, Mut und ein gutes Auge (Walzer, NZZ 2./3.12.2000).

1.4.4 Der Fachwissenschaftler hat, was gesellschaftliche Fragen betrifft, Kompetenz in den Grenzen seiner Wissenschaft

Claude Lévi-Strauss (1908-2009), französischer Anthropologe und Soziologe in der Linie Emile Durkheim – Marcel Mauss, zeitweise bezeichnete sich Pierre Bourdieu als sein Schüler, bis es aufgrund von Differenzen über den strukturalistischen Ansatz von Claude Lévi-Strauss zum Bruch kam (Bourdieu 2002, Seite 50), hat sich verschiedentlich zur Bedeutung des Intellektuellen in der Welt geäußert. Ich komme auf diesen Wissenschaftler im nächsten Kapitel, unter 2.2.3, zurück. Jedenfalls lief seine Stellungnahme auf folgende Position hinaus:

„Wenn das Nachdenken des Intellektuellen der Welt und ihren Problemen gilt, dann verstehe ich, dass er Stellung bezieht. Wenn sein Nachdenken aber anderen Fragen, anderen Problemen gilt, so weiß ich nicht, wann er die Muße findet, über die Probleme der Welt mit der gleichen Sorgfalt und den gleichen Skrupeln nachzudenken, die er auf die Lösung der anderen verwendet" (Lévi-Strauss 1987, S. 383).

Tatsächlich hat sich Claude Lévi-Strauss zur Welt geäußert und sich dabei innerhalb der von ihm selbst gezogenen Linien gehalten. Für die UNESCO verfasste er die Studie „Rasse und Geschichte" (Lévi-Strauss 1992, S. 363ff.). Didier Eribon teilt dazu mit, es handle sich dabei um den „Klassiker des Antirassismus", der sogar in den Gymnasien gelesen werde (Lévi-Strauss und Eribon 1996 S. 215). Weitere Texte zu gesellschaftlichen Fragen behandeln die Themen Beschneidung, heterologe Insemination, Ehen gleichgeschlechtlicher Paare, künstliche Befruchtung, Rinderwahnsinn.

Für den Soziologen als Gesellschaftswissenschaftler, der qua Definition „die ganze Welt" zum Thema hat, bereitet diese Position gewisse Schwierigkeiten der Beschränkung. Wenn die ganze Welt sein Gegenstand ist, wird der Soziologe rasch zu einer Instanz, die zu allem etwas zu sagen hat, aufgrund der Breite seines Ansatzes und der Beschaffenheit seines Gegenstandes aber nicht in die Tiefe gehen kann, sondern an der Oberfläche bleiben muss. Denn die Welt ist zu komplex geworden, um ein Spezialist in allen ihren Dimensionen zu sein. Der Industriesoziologe, der sich für kompetent in Sachen Familien hält, macht sich einfach nur lächerlich.

Quer durch diese Positionen hindurch bleibt das Diktum Max Webers, dass dort, wo es um Wertentscheidungen geht, der demokratische Prozess gefragt ist, dem die Wissenschaft weder die Aufgabe noch die Verantwortung abnehmen kann.

1.4.5 Zusammenfassung

Mit keiner der hier diskutierten Sozialfiguren öffentlich-soziologischer Präsenz hat der Klinische Soziologe im hier unterbreiteten Verständnis etwas gemein. Er kann in die Nähe des Intellektuellen kommen, wenn er ungefähr dem von Norbert Elias beschriebenen Typus folgt. Ich werde weiter unten einen Intellektuellen, Pierre Bourdieu, vorstellen, der einmal als Klinischer Soziologe aufgetreten ist, aber dankenswerterweise seine Karten aufgedeckt hat, an denen man erkennen kann, dass damit kein Staat zu machen ist.

Kurzum: Je schärfer die Grenzen gezogen werden zwischen verschiedenen Ansätzen, soziologisches Denken für die gesellschaftliche Praxis fruchtbar zu machen, desto deutlicher kommt auch heraus, wer was zu welchem Behuf tut und wozu das gut sein soll.

Man kann die Frage, wozu soziologisches Denken gut sein soll, auch ignorieren. Das hat immerhin den Vorteil, dass sich das Denken zweckfrei entwickeln kann, ein Umstand, der ihm beste Bedingungen des Gedeihens beschert. Aber jeder Jeck ist anders: Manches, dessen man im freien Blick auf die Gesellschaft gewahr wird, kann einem auf die Nerven gehen, und man gibt keine Ruhe, bis man herausgefunden hat, wie es bessergehen könnte, und wie man das geschehen lassen könnte. Oder man folgt gleich den Pragmatisten und ihrem Credo: „Willst du erkennen, lerne zu handeln."[31]

---

31 Eine Überprüfung dieses Satzes in Wikipedia zeigt, dass sich Paul Watzlawick dessen bemächtigt hat. Damit gerät man nun in ganz schlechte Gesellschaft. Ich werde darauf zurückkommen, lege aber Wert darauf, auf Watzlawick, dessen loser Umgang mit Wissen anderer legendär ist, nicht festgenagelt zu werden.

1.4 Sozialfiguren öffentlich-soziologischer Präsenz

Bedenkenswert bleibt, was Thomas Luckmann mir ins Stammbuch geschrieben hat, als er das Vorwort zu meiner Dissertation schrieb:

> „Mit dem Erklären und erst recht mit den Vorschriften für die Praxis wollen wir hingegen vorsichtig verfahren. Vielleicht verscherzen wir uns auf diese Weise nicht ganz die Möglichkeit, die Praxis vernünftig zu beeinflussen" (Luckmann 1983, S. 13).

Entscheidend ist das Wort „vorsichtig"; ich lese das so, dass das Konzept einer Klinischen Soziologie (wovon bei Luckmann nirgendwo die Rede ist) mit der nötigen Sorgfalt und Zurückhaltung zu entwickeln ist. Aber das gilt für jede wissenschaftliche Tätigkeit.

Epochen von Versuchen, die Soziologie anzuwenden

2.1 Dänemark und Preußen

Wie ich zu dieser Kapitelüberschrift komme, bedarf der Erläuterung: Albert Camus trug in sein Tagebuch ein: „Kierkegaard stieß Hegel gegenüber eine furchtbare Drohung aus: ihm einen jungen Mann zu schicken, der ihn um Ratschläge bittet." Camus will damit, so Michel Onfray, sagen, „dass es zwei Arten gibt, Philosoph zu sein". Die eine Art ist die Kierkegaards:
Sie ermöglicht

> „jedem, der seinem Leben einen Sinn geben will, die Konstruktion einer Identität, einer Existenz, eines Selbst (…). Damit wird die Philosophie existenziell: Sie betrifft jene Techniken, mit denen man zu einer Existenz gelangt, die diesen Namen auch verdient. So funktionierte die gesamte antike Philosophie. Sobald ein antiker Philosoph einen bestimmten Gedanken entwickelte, nutzte er ihn als Lebenskompass, als Orientierung inmitten des Chaos, dem er sich bislang ausgesetzt sah. Insofern konnte er etwa einem jungen Mann gute Ratschläge zur Konstruktion der eigenen Subjektivität geben. *Das Leben wird zum Werk, gar zum nicht reproduzierbaren Kunstwerk*" (Onfray 2015, S. 15f.).

Ganz anders bei Hegel:

> „Die zweite Art des Philosophierens, wie sie der preußische Philosoph praktizierte, beschäftigt sich mit den Möglichkeitsbedingungen des Denkens, den Modalitäten der Erkenntnis. Sie will die Vielfalt und Pluralität der Welt, aber auch deren Lebenskraft und Blüte auf eine Handvoll Begriffe reduzieren, die systematische Kategorien bilden. *Die ungeordnete Wirklichkeit soll sich der Herrschaft der Begriffe beugen. Alles, was sich bewegt oder fliegt, wird fixiert, wird gleich einem Schmetterling mit Neologismen auf eine Theorieebene gespießt.* Hat der Philosoph diese rein geistige Handlung vollzogen, tritt er einen Schritt zurück und betrachtet sein Konstrukt. Zwar hat er ein riesiges Schloss erbaut, doch es erweist sich als unbewohnbar. Ein junger Mann kann

mit einer derartigen Begeisterung für bloße Worte nichts anfangen, sie entfernt ihn höchstens von den Dingen selbst" (Onfray 2015, S. 16, Hervorh. B. H.).

Ich zitiere Onfray, den Begründer der Volksuniversität in Caen. Damit ist er ein Erwachsenenbildner, der Max Horkheimer die Zornesröte ins Gesicht treibt, weil Reformer Systemerhalter und keine Systemzerstörer seien, wie Helmuth Plessner erwähnt (siehe weiter unten). Onfray schlägt einen Grundgedanken an, der für meine folgenden Ausführungen maßgeblich ist.

Jedoch: Der Klinische Soziologe ist kein Philosoph, er will auch niemandem den Weg zeigen, er ist allenfalls ein Mäeut; seine Aufgabe ist es nicht, die Weisheit zu gebären, sondern der Weisheit zur Geburt zu verhelfen. Dazu weiter unten mehr. Infolgedessen kann Onfrays Beispiel hier nur als nützliche Metapher dienen. Allerdings zeigt die Sichtung der Literatur, dass es bei der Klärung der Frage des Verhältnisses von Theorie und Praxis ohne Philosophie nicht geht, deshalb der Ausflug in die Philosophie hier und auf den folgenden Seiten.

Onfrays Anliegen ist es, die dänische (Kierkegaard) von der preußischen (Hegel) Denkweise zu unterscheiden (vgl. Onfray 2015, 15ff.).

Ungeprüft will ich jedoch die starken Thesen von Onfray nicht stehen lassen, denn mitunter stellt er unhaltbare Behauptungen auf, zum Beispiel die, Maurice Merleau-Ponty sei sich mit Sartre über die Einschätzung der Moskauer Prozesse einig gewesen, was Unsinn ist, denn immerhin hat Merleau-Ponty die beiden Bände „Humanismus und Terror" (1968) verfasst. Es gilt, wie immer, zu den Quellen zu gehen. Hegel beispielsweise schreibt in der „Phänomenologie des Geistes":

> „Will daher der Mensch nicht untergehen, so muss er die Welt als eine selbständige, im Wesentlichen *fertige* anerkennen, die von derselben ihm gestellten Bedingungen annehmen und ihrer Sprödigkeit dasjenige abringen, was er für sich selber haben will. Zu dieser Fügsamkeit glaubt sich der Mensch in der Regel nur aus *Not* verstehen zu müssen. In Wahrheit aber muss diese Einheit mit der Welt nicht als ein Verhältnis der Not, sondern als das vernünftige Verhältnis erkannt werden. Das Vernünftige, Göttliche besitzt die absolute Macht, sich zu verwirklichen, und hat sich von jeher vollbracht; es ist nicht so ohnmächtig, dass es erst auf den Beginn seiner Verwirklichung warten müsste. Die Welt ist diese Verwirklichung der göttlichen Vernunft; nur auf ihrer Oberfläche herrscht das Spiel vernunftloser Zufälle" (Hegel 1845, S. 99ff.).

Nachdem Hegel rücksichtslos das Subjekt den Strukturen unterworfen hat, muss Habermas einen erheblichen argumentativen Aufwand treiben, um das Subjekt aus diesem Strudel wieder hervorzuholen (Habermas 1986, ab S. 43). Er kommt aber erst einmal auch nicht weiter und schreibt:

„Der einzelne Wille, den Hegel den subjektiven nennt, ist in die Ordnung der Institutionen ganz eingebunden und überhaupt nur insofern gerechtfertigt, als diese selbst es sind" (D. Henrich, zitiert in Habermas 1986, S. 53).

Demgegenüber gesteht Marx den Menschen (ein paar Jahre nach der „Deutschen Ideologie") wenigstens zu, dass sie ihre eigene Geschichte machen, wenn auch unter vorgefundenen Umständen (Marx 1964, S. 226).

Dass die preußische Vorgehensweise für mich nicht infrage kommt, ist weiter oben deutlich geworden. Das Hegel-Zitat sollte auch nur dazu dienen, die mitunter radikal vorgetragenen Thesen des Michel Onfray zu überprüfen.

Diese Überprüfung setze ich fort anhand einer Studie von Karl Löwith, der ab 1949 an der *New School for Social Research in New York* lehrte und aus dem japanischen Exil folgende Studie mitbrachte: „Von Hegel zu Nietzsche", die er im weiteren Verlauf aktualisierte. Hinsichtlich des Titels war der Autor offenbar unentschlossen, denn er bietet zusätzlich zwei Untertitel an: „Der revolutionäre Bruch im Denken des 19. Jahrhunderts" sowie: „Marx und Kierkegaard". Mich interessiert hier, wie Löwith Kierkegaards Hegelkritik einschätzt.

Kierkegaard ist demnach nicht damit einverstanden, allgemeine Systeme dem Menschen gegenüberzustellen; Hegels System des Geistes und Marx' System der Menschheit hätten jeweils vergessen, „was es heißt, Mensch zu sein. Nicht Mensch überhaupt, sondern was es heißt, dass du und ich und er, jeder für sich, Menschen sind" (Löwith 1941, S. 342). An dieser Stelle ergreift Löwith selbst das Wort:

„In Hegels Lehre vom Begriff ist die Einzelheit zwar auch als das einzig wirkliche postuliert, aber in der gleichgültigen Vermittlung mit dem Besonderen und Allgemeinen. Die einzelne Wirklichkeit bedeutet ihm die in sich reflektierte, besondere Bestimmtheit des Allgemeinen, der einzelne Mensch als eine besondere Bestimmtheit des allgemeinen Menschseins, dessen Wesen der Geist ist. Diese Allgemeinheit des Menschseins, das Allgemein-Menschliche, hat Kierkegaard zwar nicht verneint, *aber nur vom Einzelnen aus für realisierbar gehalten,* (Hervorh. von mir, B. H.) wogegen ihm das Allgemeine des Geistes (Hegel) oder der Menschheit (Marx) existenziell wesenlos schien" (Löwith 1941, S. 165).[32]

---

32 Über etliche Jahre arbeitete ich mit einem Hegel-Gläubigen zusammen. Für ihn war die Welt klar begrifflich sortiert, Abweichungen ließ er nicht gelten. War man zum Beispiel bei einer Genogramm-Analyse mit der Situation eines abwesenden Vaters in der sozialisatorischen Triade konfrontiert und nahm man dies nicht zum Anlass, den weiteren Verlauf des zu untersuchenden Falles anders als unausweichlich problematisch zu interpretieren, konnte er sehr böse werden, bis hin zur Beleidigung aller ihm nicht folgenden Kollegen, vor allem, wenn sie weiblich waren. Diese Haltung hatte sich bei ihm auch in den Alltag hinein verinnerlicht: Wurde man auf der Autobahn von einem PKW mit dem Kennzeichen FDS überholt, war er felsenfest der Überzeugung, es

Mit dieser Gegenüberstellung von Preußen (Hegel) und Dänemark (Kierkegaard) ist auch der Leitfaden skizziert, an dem entlang ich mein Konzept einer Klinischen Soziologie entwickle: Es geht um Strukturen, die von handelnden Individuen hervorgebracht werden, die sich objektivieren und insofern individuelles Handeln rahmen. Um den Weltgeist geht es nicht.

2.2 Deutsche Soziologie vor 1945: Beiträge aus dem Exil

2.2.1 Das Frankfurter Institut für Sozialforschung als Ignorant der praktischen Urteilskraft

Bei der Erwähnung des Frankfurter Instituts für Sozialforschung kann ich mich kurz fassen, weil es mir auf anderes ankommt. Interessierte werden überdies in anderen Schriften Besseres finden, als ich hier zu leisten imstande bin (Stefan Müller-Doohm 2003, Monika Plessner 1995).

Das Frankfurter Institut für Sozialforschung, zunächst in New York, dann in Kalifornien angesiedelt, wählte den Ausgang von Hegel und Marx und gelangte auf diese Weise direkt zur makrosozialen Perspektive (Habermas 1987a). Zurück in Frankfurt, wurde die bereits in den USA entwickelte Kritische Theorie zum Stichwortgeber der so genannten Studentenbewegung.

Bezogen auf den hier verhandelten Zeitraum hat Jürgen Habermas zu den „Schwierigkeiten beim Versuch, Theorie und Praxis zu vermitteln", Stellung genommen. Dort heißt es:

„Mit der Reflexion ihres Entstehungs- und der Antizipation ihres Verwendungszusammenhangs begreift sich die Theorie selbst als ein notwendiges katalysatorisches Moment desselben gesellschaftlichen Lebenszusammenhangs, den sie analysiert; und zwar analysiert sie ihn als einen integralen Zwangszusammenhang unter dem Gesichtspunkt seiner möglichen Aufhebung" (Habermas 1971, S. 9.).

Genau betrachtet dreht sich bei diesem Autor die Theorie im Kreis; sie erreicht die Praxis nicht.

---

handle sich um einen Vertreter der Firma Grohe aus Schramberg. Er konnte sich nicht vorstellen, dass andere Bewohner des Landkreises Freudenstadt auf die Idee kämen, ihren Landkreis zu verlassen. Auf eine Überprüfung seiner Behauptung ließ er sich nicht ein. Das ist *Urteil ohne Erfahrung*, überhaupt eine Spezialität der auf Begriffe fixierten Preußen. Dafür sprechen sie gerne *über* Erfahrung.

Mit einem Gewerkschaftssekretär ließe sich eine Diskussion auf der Grundlage dieses Satzes vermutlich nicht führen.[33]

Darüber hinaus dementiert sich diese Theorie zum Verhältnis von Theorie und Praxis ständig selbst, und zwar vom Sprachduktus her: Der Text erschließt sich selbst dem in der Rezeption soziologischer Texte geübten Leser nicht auf Anhieb, obwohl (angeblich) Kommunikation und Verstehen ein zentrales theoretisches Anliegen des Autors sind. Schon gar nicht erschließt er sich einem Gewerkschaftsfunktionär. Das aber ist auch nicht die Zielgruppe von Habermas, er spricht zu den Seinen.

Am Ende der Auflistung von Schwierigkeiten, Theorie und Praxis zu vermitteln, wird der Autor doch noch konkret. Er teilt „Historisches zur Organisationsfrage" (Habermas 1971, 37ff.) mit: Es geht um die Parteiorganisation der europäischen Arbeiterbewegung. Hier dient die Theorie

> „primär dazu, ihre Adressaten über die Stellung aufzuklären, die sie in einem antagonistischen Gesellschaftssystem einnehmen, und über die Interessen, die ihnen in dieser Lage objektiv als ihre eigenen bewusst werden können" (Habermas 1971, 38).

Zur Auffassung von Habermas, Soziologie als Parteienforschung zu betreiben, möchte ich mich nicht äußern. Hinweisen will ich allerdings auf die Aufgabe, die Habermas der Soziologie zuschreibt, nämlich gesellschaftliche Akteure aufzuklären (zu belehren?).

Die so genannte Studentenbewegung, die historisch meist mit dem Jahr 1968 verbunden und mit wachsendem zeitlichem Abstand zunehmend verklärt wird, hat solche Überlegungen als Steilvorlage dankbar aufgegriffen. In einer Resolution des Studentenparlaments der Freien Universität Berlin heißt es:

---

33 Anfangs der 1970er Jahre bemühte sich die Universität Konstanz, dem Zeitgeist entsprechend, um einen Kooperationsvertrag mit dem örtlichen Deutschen Gewerkschaftsbund. Dessen damaliger Vorsitzender Erwin Reisacher forderte nach einer Veranstaltung zum 1. Mai (ca. 1974) die Anwesenden zu einem Seeuferspaziergang auf, direkt durch die Gärten der privaten Seegrundstücke. Auch er kannte sich damit aus, was der Zeitgeist forderte. Damit hat er für die Entwicklung eines revolutionären Bewusstseins in der Konstanzer Bevölkerung mehr geleistet als so mancher Frankfurter Rhetor. Ein Seeuferweg ist dort schon seit den frühen 1980er Jahren Selbstverständlichkeit. Erwin Reisacher formulierte im Vorgriff auf den Abschluss der Kooperationsverhandlungen mit der Universität Konstanz: Wenn es erst einmal so weit sei, sei mit Forschungen wie solchen des Prof. Preisendanz über den Witz Schluss. Dann würde nur noch gesellschaftsdienlich geforscht. Reisacher muss da etwas missverstanden haben, aber im Gegensatz zum Großtheoretiker aus Frankfurt (damals Starnberg) war er ein Praktiker, der es verstand, Ideen in Taten zu gießen.

> „Es scheint fast, als käme der Appell, dass die deutsche Universität nicht ein zweites Mal am Scheitern der Demokratie und an der Entmenschlichung der Gesellschaft schuldig werden darf, schon zu spät. Die Universitäten können deswegen keinen Augenblick mehr zögern, die gesellschaftlich-politischen Aufgaben der universitären Wissenschaften zu definieren und die politische Praxis der Universität zu bestimmen" (zitiert nach Lefèvre1971, 7).

Vorgänge an der Berliner Humboldt-Universität heutzutage (2017) deuten darauf hin, dass die Saat aufgegangen ist. Der nach einer Stasi-Affäre als Berliner Staatssekretär zurückgetretene Andrej Holm wollte seine Tätigkeit nach seinem Rücktritt von diesem Amt an der Humboldt-Universität wieder aufnehmen, was ihm aber zunächst verwehrt wurde, weil er seinen Arbeitgeber unzutreffend über seine Stasi-Mitarbeit unterrichtet habe.

Daraufhin besetzten Studierende das sozialwissenschaftliche Institut, um ihre Solidarität mit dem Entlassenen, dessen Arbeitsschwerpunkt in der Gentrifizierungsforschung zusammen mit dem darin enthaltenen Kritikpotenzial namentlich am Kapitalismus ihnen besonders nahelag, zu bekunden. Eine der besetzenden Studentinnen diktiert einer Journalistin der SZ folgendes: „Wir machen doch nur das, was uns beigebracht wurde, das ist geilste Praxiserfahrung" (SZ 10.2.2017). Einen Tag später nimmt die Universität ihre Kündigung zurück und ersetzt diese durch eine Abmahnung (SZ 11.2.2017).

Aus diesem Vorgang schließe ich: Kapitalismuskritik wird in Berlin an der Humboldt-Universität, also im Kernland der Preußen, höher eingeschätzt als die Wahrung von Menschenrechten, wenn es konkret wird.

2.2.2 Die University in Exile: Die Rehabilitation der praktischen Urteilskraft

Die von Alvin Johnson gegründete *University in Exile* in New York bot den Lehrern von Thomas Luckmann und Peter L. Berger Arbeitsmöglichkeiten. Zunächst waren diese Lehrer Alfred Schütz, Carl Mayer, Karl Löwith, nach Schütz' Tod Aron Gurwitsch. Die New School als organisatorisches Dach der *University in Exile* war von Beginn an eine Einrichtung der Erwachsenenbildung mit starken Bezügen zum Pragmatismus der Chicagoer Schule (John Dewey 1995; Menand 2001).[34]

---

34 Zum Verhältnis von Frankfurter Schule und New School berichtet Monika Plessner. Es geht um die Zeit, in der ihr Mann Helmuth Plessner Theodor W. Adorno am Frankfurter Institut vertreten sollte, weil Adorno ein Jahr in Kalifornien verbringen musste, um seinen Status als amerikanischer Bürger zu erhalten. Monika Plessner sollte Gretel

2.2 Deutsche Soziologie vor 1945: Beiträge aus dem Exil

Die *New School for Social Research* ist

„im vollen Wortsinn die Gründung eines Einzelnen; sie verdankt sich der Idee und der Kraft Alvin Johnsons, der damit als Amerikaner in sehr persönlicher Weise auf politische Ereignisse in Deutschland reagierte und deren Folgen milderte. Zusammen mit einigen liberalen Columbia-Kollegen (James Robinson, Charles Beard, Thorstein Veblen) hatte er 1919 die New School for Social Research gegründet mit dem Ziel, durch Aufklärung und Bildung von Erwachsenen den antidemokratischen Tendenzen im öffentlichen Bewusstsein, wie sie in der Zeitschrift dieser Gruppe, The New Republic, beschrieben und analysiert wurden, entgegenzuwirken" (Sprondel 1981, S. 183).

Die *New School* entstand aus folgenden Gründen:

„Die allgemeine intellektuelle Unzufriedenheit erstreckte sich auch auf bestehende akademische Institutionen. Obwohl die amerikanischen Sozialwissenschaften sich immer stark an Gegenwartsproblemen orientiert hatten, erschienen sie den Zeitkritikern unzulänglich für die Aufgaben, die sich in dieser besonderen Nachkriegssituation dieser ‚neuen Welt' stellten. In einem Kreis progressiv-liberaler Intellektueller, Universitätsprofessoren, emanzipierter, sozial-politisch interessierter Frauen der New Yorker Gesellschaft entstand in Gesprächen und Diskussionen der Plan einer neuen, freien, experimentellen Hochschule. Als Vorbild schwebte ihnen vage die London School of Economics vor, eine sozialwissenschaftliche Fakultät, auf sozialistischen Grundlagen entstanden, u.a. mit dem Ziel, eine Labour Elite auszubilden. Bei allen Unterschieden waren sie sich jedoch darin einig, dass sie eine für Amerika neuartige Hochschule zur Weiterbildung von Erwachsenen gründen wollten.
Es sollten vor allem im Berufsleben stehende Männer und Frauen angesprochen werden, die mit dem an der Hochschule erworbenen Wissen in Wirtschaft, Politik, Erziehungswesen und Kunst das öffentliche Leben und die zukünftige Entwicklung Amerikas beeinflussen sollten. In *Alvin Johnsons*[35] Worten: ‚The education of the educated is a vital national interest'" (zitiert nach Benita Luckmann 1981, S. 432).

Ein Zufallsfund macht deutlich, welchen Stellenwert die New School seinerzeit hatte: Kurz vor ihrem Tod veröffentlichte Harper Lee den Roman „Go set a watchman". Dort erklärt die Protagonistin ihren Schulkameradinnen, weshalb sie zu Gunsten

---

Adorno vertreten. Monika Plessner bringt als Argument gegen dieses Ansinnen vor, dass sie keine Soziologin sei. Sie sei Erwachsenenbildnerin. Horkheimer warnt sie: „Bitte erzählen Sie im Institut nicht, dass Sie aus der Erwachsenenbildung kommen." Sie wundert sich darüber, dass man dort etwas gegen die Erwachsenenbildung habe, und wird von ihrem Mann Helmuth wie folgt aufgeklärt: „Erwachsenenbildung ist Reformismus. Und den hasst er (Horkheimer) genauso glühend wie den Stalinismus" (Plessner 1995, S. 59-61).

35 Für ein berührendes Portrait von Alvin Johnson vgl. M. Plessner (1995), „Pioneer's Progress", S. 100-110, ebenso B. Luckmann (1981, S. 427f.).

New Yorks ihren Heimatstaat Alabama verlassen habe. Gefragt, wie New York denn sei, antwortet sie: „New York hat alle Antworten. Die Leute gehen zu YHMA (hebräische Vereinigung junger Männer), zur English Speaking Union (in New York in der 39. Straße, also unweit der New School gelegen, die in der 42. Straße beheimatet ist, mit ähnlichen Zielsetzungen wie die New School – B. H.), zur Carnegie Hall, zur New School for Social Research, und finden dort die Antworten" (übers. von B. H., Lee 2015, S. 177).

Die *New School* stellte in der Nazizeit den institutionellen und legalen Rahmen für die Einwanderung einer beträchtlichen Anzahl intellektueller und akademischer Fachleute, die aus Deutschland – aber auch aus Italien, Spanien, Österreich und Frankreich – aufgrund der nationalsozialistischen Rassengesetze flüchten mussten.

> „Das Angebot eines zweijährigen Vertrags mit der *New School* berechtigte die Empfänger zu einem Visum, das nicht den Bestimmungen der Einwanderungsquoten der Vereinigten Staaten unterlag. Ein amerikanisches Visum bedeutete für viele den Unterschied zwischen Leben und Tod (…) Die *University in Exile* wurde zur *Graduate Faculty* der *New School*" (Benita Luckmann 1981, S. 438).

Auf Grundlage der Phänomenologie ging man dort u. a. folgenden Fragen nach:

> „Ist der Zusammenhang von Leben und Welt ein gesellschaftlicher, ist die Gesellschaft als Klassen- und Schichtstruktur, als Gesamt von Wissens- und Verhaltensmustern erklärungsmächtig für das Problem menschlicher, humaner Ordnung? (…) Die Freiheit des Handelnden geht in den Mechanismen der manipulierbaren Ordnungen verloren. *Daher muß der Zusammenhang selbst zum Problem werden*" (Schütz/Gurwitsch, Briefwechsel, 1985, Ausführungen des Herausgebers Richard Grathoff S. 132, Hervorh. von B. H.)[36].

Die phänomenologische Fassung dieses Problems bringt eine überraschende, fast arbeitsteilige Abstimmung zwischen Schütz und Gurwitsch. Der Zusammenhang wird als Ordnungszusammenhang von Bewusstsein und Lebenswelt aufgefasst, wobei der Forschungsakzent einerseits auf dem Bewusstsein (als Bewusstseins*feld*: Gurwitsch) und andererseits auf der Lebenswelt (Schütz) liegen kann.

Im kollektiven Gedächtnis der Bundesrepublik Deutschland ist die University in Exile nicht mit einer wie auch immer gearteten Studentenrevolte assoziiert.[37] Auf der anderen Seite des Atlantiks sah das allerdings anders aus:

---

36 Zur Situation des Instituts für Sozialforschung im Exil vgl. Plessner 1995, Habermas (1987a), an der University in Exile Habermas (1987b), Sprondel (1981).

37 Im Gegenteil: Thomas Luckmann nahm einen Ruf an die neugegründete Universität Konstanz an, um dem Frankfurter „Zirkus" (Luckmann, dazu unten) zu entkommen.

2.2 Deutsche Soziologie vor 1945: Beiträge aus dem Exil

Als Thomas Luckmann in einem Gespräch zum Thema „Identität und Interdisziplinarität" gefragt wird, wie es denn zu dem Titel „Die gesellschaftliche Konstruktion der Wirklichkeit" gekommen sei, erzählt er folgende Anekdote:

> „Zu Peter Berger kam 1965 in der Zeit der so genannten Studentenrevolution – also des Zirkusses, des damaligen – in sein Büro im Brooklyn College, oder vielleicht auch woanders, einmal ein studentischer Schlägertyp und schüttelte ihm die Hand. Peter Berger hat gedacht, jetzt verprügelt er ihn. Aber nein, der Student hat sich bedankt, dass er ein so schönes theoretisches Gerüst für die studentischen Revolutionen bekam, die die Welt verändert haben" (Luckmann et al. 2015, S. 428f.).

Ein unüberbrückbarer Widerspruch zwischen dem Institut für Sozialforschung und der University in Exile, wie man von Max Horkheimer aus vermuten könnte, lässt sich nicht begründen. Als Zeuge dafür sei Jürgen Habermas aufgerufen, der sich selbst als Mitglied der Nachfolgegeneration der Generation um Horkheimer, Adorno und Marcuse bezeichnet. Er schreibt über seinen Aufenthalt an der New School im Winter 1967/68:

> „Sicherlich ist es nicht überraschend, dass ich im Bereich der Gesellschaftstheorie am meisten von Alfred Schütz und von Hannah Arendt gelernt habe. Lassen Sie mich drei Leistungen von grundlegender Bedeutung erwähnen: die Rekonstruktion eines aristotelischen Begriffs der ‚Praxis' für die politische Theorie, die Einführung eines Husserlschen Begriffs der ‚Lebenswelt' in die Gesellschaftstheorie und die Wiederentdeckung von Kants *Kritik der Urteilskraft* für eine Theorie der Rationalität" (Habermas 1991b, S. 404).

Aus diesen Ausführungen sollte hervorgehen, dass eine Klinische Soziologie, die sich auf eine lebensweltliche Grundlage beruft, aus den Arbeiten an der *University in Exile* mehr Gewinn ziehen kann als aus denen am *Institut für Sozialforschung*, was nicht zuletzt seine Gründe in der Grundverfassung der *New School* als einer Einrichtung der Erwachsenenbildung hat (vgl. Fußnote 33). Dazu hole ich etwas weiter aus:

Über „die gesellschaftliche Konstruktion der Wirklichkeit", verfasst von Peter Berger und Thomas Luckmann,[38] sind die an der *University in Exile* entwickelten Überlegungen in die deutsche Soziologie eingegangen.

Berger und Thomas Luckmann schreiben dort:

---

38 Deren Werk „die gesellschaftliche Konstruktion der Wirklichkeit" ist zum Klassiker der Soziologie geworden und gab nachdem Aufkommen des so genannten Radikalen Konstruktivismus vielfach zu Missverständnissen Anlass, zuletzt bei B. Kraus. Zur Titelfindung vgl. Luckmann u. a. 2015, S. 427ff.; vgl. auch Hildenbrand 2017b.

"Gesellschaftsordnung (ist) ein Produkt des Menschen (…).Sie besteht einzig und allein als ein Produkt menschlichen Tuns. Will man ihre empirischen Erscheinungen nicht hoffnungslos verdunkeln, so kann ihr kein anderer und ontologischer Status zugesprochen werden. Sowohl nach ihrer Genese (Gesellschaftsordnung ist das Resultat vergangenen menschlichen Tuns) als auch in ihrer Präsenz in jedem Augenblick (sie besteht nur und solange menschliche Aktivität nicht davon abläßt, sie zu produzieren) ist Gesellschaftsordnung als solche ein Produkt des Menschen" (Berger/Luckmann 1971, S. 55).

Es ist in der Soziologie üblich, zu unterscheiden zwischen einer Betrachtung der Gesellschaft als Ergebnis einer Hervorbringung und dem Prozess der Hervorbringung selbst. Ersteres heißt dann Makrosoziologie, Letzteres Mikrosoziologie. Um ein (zu) einfaches Bild zu gebrauchen: Im ersten Falle wird ein Weitwinkelobjektiv, im zweiten Fall ein Zoom aufgesetzt. Die Unterscheidung zwischen einer Mikrosoziologie und einer Makrosoziologie, wie sie den Aufbau soziologischer Institute bestimmt, ist unsinnig, wie das Zitat oben zeigt und früher in diesem Buch bereits erwähnt wurde.

Dass durch diese Trennung eine Distanz zu den Akteuren eröffnet wird, fällt nicht jedem Soziologen auf. Falls aber doch, dann ist es ihm ein Bedürfnis, die Distanz durch rituelle Beschwörungsformeln zu schließen. Die dazugehörenden Begriffe lauten: Anerkennung, Solidarität, Gerechtigkeit etc.

Ein gutes, weil abschreckendes Beispiel dafür ist die Prekaritätsforschung. Dort wird viel über die „Prekären und Überflüssigen" geschrieben, ohne dass diese Personen selbst zu Wort kommen (Castel und Dörre 2009). Falls aber doch, ist das methodisch wenig überzeugend (vgl. Bourdieu u. a. 1997) verantwortlich. Ich selber habe dazu eine Alternative vorgelegt (Hildenbrand 2013).[39]

Letztlich ist es eine Frage der individuellen Wahl, wie man sich als Soziologe in seiner Wissenschaft einrichten will. Der eine bevorzugt größtmögliche Distanz zu den Akteuren und wendet sich den Aggregaten zu, die er über Statistiken und computergestützte Umfragen studieren kann. In beiden Fällen muss er die Universität nicht verlassen. Dem anderen ist diese Vorgehensweise zu weit von den Akteuren entfernt; er will wissen, *was in der Gesellschaft „los" ist* (Goffman), oder aber, *wie Gesellschaft möglich ist* (Simmel). Beide Zugangsweisen der Soziologie werden benötigt, und im Idealfall sind sie miteinander verschränkt.

---

39 Die Fälle, die mir vorliegen und die soziologischerseits dem Prekariat zugerechnet werden, lassen bei mir dringende Zweifel aufkommen, ob die Soziologen, die von ihrem geschützten Arbeitsplatz aus über „das Prekariat" schreiben, in der Lage wären, ihr Leben unter prekären Bedingungen zu fristen.

2.2.3 Claude Lévi-Strauss an der New School for Social Research: Anmerkungen zum schwierigen Verhältnis von Phänomenologie und Strukturalismus

1941 nahm Claude Lévi-Strauss eine Einladung an die New School an. Diese Einladung erfolgte

> „im Rahmen des Plans der Rockefeller-Stiftung zur Rettung europäischer Gelehrter, die von der deutschen Besatzung bedroht waren" (Lévi-Strauss 1978, S. 15).

Dass Lévi-Strauss sich um Kontakt zu den bereits anwesenden, an der Phänomenologie orientierten Philosophen und Soziologen (Alfred Schütz, Werner Marx, vgl. Benita Luckmann 1988) bemühen würde, war nicht zu erwarten, denn zur Phänomenologie hatte er bereits eine klare Haltung entwickelt, die er sich wohl im Umgang mit dem jahrgangsgleichen Jean Paul Sartre gebildet hat: „Die Phänomenologie stieß mich ab, insofern sie eine Kontinuität zwischen der Erfahrung und dem Realen postuliert" (1978, S. 51, vgl. auch Lévi-Strauss, 1973, Kap. IX). Selbst der an sozialen Problemen orientierte Pragmatismus Chicagoer Provenienz fand vor seinem strengen Blick keine Gnade. Er zieht der „amerikanischen Philosophie à la James und Dewey"[40], die schon seit langem aus der Mode gekommen sei, (nach dem Krieg allerdings eine Renaissance erlebte – B. H.), seine anthropologischen Lehrer Lowie, Kroeber und Boas vor (1978, S. 53).

Lévi-Strauss hat sein Buch „Traurige Tropen", dem diese Zitate entstammen, erst 1955 geschrieben. Er sieht also keinen Anlass, seine Vorurteile, die bei der Ankunft in New York 1941 bestanden, 14 Jahre später zu korrigieren. Für den weiteren Fortgang meiner Darstellung wird diese Feststellung noch eine Bedeutung haben, wenn es um die Freundschaft zwischen Claude Lévi-Strauss und dem Phänomenologen Maurice Merleau-Ponty geht, die 1930 begann und nach der Rückkehr von Lévi-Strauss nach Paris 1948 Fahrt aufnahm (Lévi-Strauss 1986, S. 28).

Womit befasste sich Lévi-Strauss in New York? Seine Biografin (Loyer 2017) gibt dazu ausführlich Auskunft. Zunächst berichtet sie auf der Basis von Briefen, die Lévi-Strauss an seine Eltern schickte (sie konnten sich während der deutschen Besatzung in Südfrankreich vor Verfolgung schützen). Er teilt seinen Eltern mit, dass er an der New School umbenannt worden sei in „Prof. Claude L. Strauss"[41]. Das

---

40 Hier zu erwähnen, dass William James zur damaligen Zeit vor allem von der Psychologie in Anspruch genommen wurde und heute noch wird, auch das erste psychologische Laboratorium der USA begründete, ist schon fast beckmesserisch.
41 Eine damals übliche Praxis in den USA im Umgang mit Immigranten, vgl. Hildenbrand (2018, Kap. „Wenn die Obrigkeit die Sache selbst in die Hand nimmt"). Lévi-Strauss'

war kurz nach seiner Ankunft, so dass man kaum von ihm erwarten konnte, dass er wisse, was es mit der Firma Lévi-Strauss auf sich hat, die damals Arbeitshosen produzierte, welche dazumal noch nicht zum Ausweis einer Jugendkultur (James Dean!) geworden waren. Lèvi-Strauss war der Ansicht, es handle sich um ein Unternehmen, das Regenmäntel herstellt.

Er findet ein Künstleratelier in der Nähe der New School, in dem er wohnt, und vertieft sich in seine ethnologische Arbeit, in das Erlernen der englischen Sprache und in die Aneignung der akademischen Kultur in den USA (Loyer 2017, S. 361). Sprache und Kultur nähert er sich über das exzessive Anschauen amerikanischer Filme. Auch schreibt er seinen ersten Artikel in englischer Sprache. Die Kreise, in denen er sich bewegt, sind Surrealisten aus Frankreich, zudem lernt er Roman Jakobson, den Sprachwissenschaftler und entscheidenden Impulsgeber des Strukturalismus, kennen (Holenstein 1975). Sein vorwiegender Aufenthalts- und Arbeitsort im Zusammenhang mit dem Studium der „Elementaren Strukturen der Verwandtschaft" (Lèvi-Strauss 1981) ist eine öffentliche Bibliothek. Sehr beschäftigt hat ihn auch die Gründung einer französischen Kulturinitiative aus dem Widerstand gegen die deutsche Besatzung Frankreichs heraus: Er gründet die *Ecole libre des hautes Etudes (ELHE)* (Loyer 2017, S. 382ff.). Dort lehrt er Ethnologie, allerdings war die Zahl seiner Schüler begrenzt, nämlich einstellig (Loyer 2017, S. 383). Auch de Saussure und Jakobson können als Dozenten gewonnen werden. Während die *Graduate Faculty an der New School* einen Schwerpunkt bei deutschen Exilanten hat (Benita Luckmann 1988), bildet sich mit dem ELHE eine französische Alternative. Interessant in diesem Zusammenhang ist, dass sich dort mit Alexandre Koyré ein Husserl-Schüler unter den Lehrkräften befindet. Er ist es auch, der den Kontakt zwischen Jakobson und Lévi-Strauss herstellt.

Während Lévi-Strauss Orte der Verankerung in den USA findet, kehrt er nach der Befreiung Frankreichs trotz vorliegender attraktiver Angebote, in den USA zu bleiben, nach Paris zurück, allerdings erst 1948.

Dieses Kapitel habe ich eingeführt mit einem Zitat, das die Skepsis von Claude Lévi-Strauss gegenüber der Phänomenologie ausdrückt. Umso mehr überrascht, dass Maurice Merleau-Ponty, ein bekannter Phänomenologe, sich darum bemüht, ihn an das Collège de France zu holen, dem er zur damaligen Zeit selbst angehört[42]. In

---

Biografin übertreibt, wenn sie diesen Vorgang unter Berufung auf Theodor W. Adorno als eine „brutale Nötigung" etikettiert (Loyer 201, S. 353), die zu einer „Beschädigung der Identität" führe. Solchen Unfug kann man sich am Schreibtisch ausdenken, zielführender ist allerdings der Blick in die Wirklichkeit, indem man beispielsweise die Betroffenen selbst hört.

42 In einem Artikel über Maurice Merleau-Ponty spricht Claude Lévi-Strauss von einer „ebenso offenen wie späten Freundschaft", und er ergänzt, „dass er mich zu einer er-

2.2 Deutsche Soziologie vor 1945: Beiträge aus dem Exil

einem ursprünglich 1957 erschienenen Aufsatz „Von Mauss zu Lévi-Strauss" geht es jedoch kaum um letztgenannten, allerdings um die Bedeutung des Strukturalismus von Roman Jakobson für die Phänomenologie. Dort heißt es auch, Marcel Mauss habe sich eher mit einem intuitiven Einblick in das Soziale begnügt, „als dass er daraus eine Theorie gemacht hätte" (Merleau-Ponty 1959/1986, S. 15).

Ich interpretiere das so: Man kann einen (wie auch immer gearteten) Einblick in das Soziale nehmen, sollte dann aber unbedingt eine Theorie daraus machen. „Zu den Sachen selbst", wie Edmund Husserl das als Grundlage der Phänomenologie gefordert hat, geht für Merleau-Ponty in dem Maße in Ordnung, als man sich dabei nicht bei der Theoriebildung aufhalten lässt.

Doch inzwischen verfügen wir mit der Grounded Theory über ein Verfahren, den Bruch zwischen den Sachen und der Theorie in der Weise zu vermeiden, dass die Theorie „in den Daten gegründet", also mit diesen untrennbar verkoppelt sind (Glaser & Strauss 1973, Strauss 1994).

Merleau-Ponty war Theoretiker. Dennoch verdanken wir ihm wunderbare Einsichten in das soziale Miteinander (vgl. 1984, S. 69-114). Aufgrund dessen sehe ich wenig Sinn darin, die Ethnographie (also das Reale) und die Theorie gegeneinander auszuspielen, wenn auch Weltkenntnis dem Theoretiker nicht schaden kann[43], während umgekehrt dem Ethnographen bzw. dem Sozialforscher wie auch dem Klinischen Soziologen die Aneignung geeigneter, sensibilisierender Theoriebestände sicher nicht ausgeredet werden soll. Erste Adressen dafür sind Alfred Schütz und Maurice Merleau-Ponty.

Aus Sicht der phänomenologisch orientierten Soziologie ändert sich der Blickwinkel: Während Lévi-Strauss als Leiter des *Laboratoire d'anthropologie sociale* von seinen Mitarbeitern unbedingt Erfahrung in Feldforschung erwartet (Loyer 1917, S. 664), stellt sich die Thematik für den Soziologen, der an der Phänomenologie und an der Klinischen Soziologie gleichermaßen orientiert ist, anders dar:

In Anlehnung an Alfred Schütz, damals New School, und seinen Schüler Harold Garfinkel (Bergmann und Hildenbrand 2017) entwickelt sich die Soziologie als eine

---

neuten Bewerbung am Collège de France überredete, (…) Dass er deren Erfolg sicherte, indem er mehrere Monate, die er seiner eigenen Arbeit hätte widmen können, für meine Ernennung warb". Das Zahlenbeispiel am Beginn der Antrittsvorlesung von Claude Levi-Strauss am Collège de France soll eine verdeckte Hommage an Maurice Merleau-Ponty darstellen, die jedoch nur von Merleau-Ponty habe erkannt werden können (Lévi-Strauss 1992, S. 11f.). Beide sind im selben Jahr, nämlich 1908, geboren.

43 Es gibt Sozialtheoretiker, die unbeirrt an ihrer theoretisch ersonnenen Hypothese festhalten, die Beschleunigung in der Moderne führe zu mehr Depressionen, ohne je einen klinisch Depressiven gesehen zu haben, vgl. Kap. 1.3.4. Und die Epigonen plappern das unkritisch nach.

Soziologie des Alltags. Der Soziologe des Alltags, auch der Klinische Soziologe, denn er hat es vor allem mit Gegebenheiten des Alltäglichen zu tun, unterscheidet sich vom Ethnologen: Während der Ethnologe reisen muss, um zu seinem Feld zu gelangen, befindet sich der Soziologe des Alltags immer im Feld. Er muss, wenn er Bus fährt, nur Augen und Ohren öffnen. Er wird feststellen, dass in der Großstadt Paris, in der Georg Simmel und allgemeiner Annahme zufolge die Anonymität regiert, Fahrgäste den Busfahrer grüßen, wenn sie den Bus betreten, dieser auch den Gruß erwidert, während in der Mittelstadt Marburg beides selten der Fall ist.

Was sich auf den ersten Blick als einfache Aufgabe darstellt, ist in Wirklichkeit kompliziert: Der Soziologe des Alltags ist in diesen hinein sozialisiert, er orientiert sich darin routinemäßig und meistens fraglos. Demgegenüber hat der Ethnologe gegenüber dem Soziologen, der den Alltag erforscht, einen Vorteil: Er trifft im Feld auf Unvertrautes, das er sich erst einmal aneignen muss, indem er zum Beispiel die Sprache der zu erforschenden Ethnie lernt[44]. Infolgedessen muss sich der seinen eigenen Alltag erforschende Soziologe diesen erst einmal fremd machen, denn als Alltagshandelnder ordnet er Wahrgenommenes fraglos in seine vorhandenen Orientierungsschemata ein und verfehlt so seinen Gegenstand (Cicourel 1970, Kap. II). Vorzugsweise sollte der Soziologe also ein Feld untersuchen, dessen Sprache er nicht kennt. Oder er orientiert sich auf unvertraute Felder: beispielsweise auf die Welt psychisch Kranker, deren Sprache man mitunter auch erst einmal lernen muss.

Auch die Methode der Sequenzanalyse (Thomas Luckmann 2013, Ulrich Oevermann 1993) ist ein geeignetes Verfahren, sich seinen Forschungs- oder Beobachtungsgegenstand fremd zu machen, vor allem dann, wenn man Texte zugrunde legt, wie sie naturwüchsig im Alltag entstehen.

Wenn allerdings die Rezeption des Alltäglichen reduziert wird auf Sprachdokumente, die dem Alltag (mittels Tonbandaufzeichnungen) entnommen werden, und die Konfrontation mit dem Alltag auf dem Weg teilnehmender Beobachtung vermieden wird, muss man wieder zurückkommen auf die Forderung von Lévi-Strauss, der apodiktisch Feldaufenthalte von jungen Forschern und damit die Konfrontation mit dem Fremden in voller Leibhaftigkeit außerhalb der geschützten Mauern der Universität verlangt[45] (Hildenbrand 1983). – Auch wenn Lévi-Strauss sich von Roman Jakobson dazu anregen lässt, Verwandtschaftssysteme zu behan-

---

44 Vgl. dazu Alfred Schütz' (1972) Studie über den Fremden.
45 Ich hatte einen Kollegen, der sich nicht davon abbringen ließ, die Arbeitsweise von Jugendämtern auf dem Wege des Studiums von Jugendamtakten und ihrer Analyse zu erfassen. Er gestand sich lediglich sporadische Besuche im Jugendamt zu, Klienten und ihre Familie suchte er nie auf und erfuhr so nichts über seinen Forschungsgegenstand. Für einen Klinischen Soziologen war er eine Fehlbesetzung.

deln wie eine Sprache, dann bedeutet das nicht die Reduktion der Untersuchung von Verwandtschaftssystemen auf sprachliches Material (wenn dieses dort auch zentral ist). Um diese Verwandtschaftssysteme zu erheben, muss man sich ins Feld begeben. Auch wenn Jaques Lacan diktiert, dass das Unbewusste strukturiert ist wie eine Sprache, dann muss man mit Patienten sprechen.

In der Rückschau zeigt es sich, dass während des Aufenthalts von Lévi-Strauss in New York die Zeit noch nicht reif war, dass Phänomenologie und Strukturalisten gemeinsame Sache machten, auch wenn sie sich immer wieder begegneten. Der Siegeszug des Strukturalismus setzte erst später ein.

Merleau-Ponty zählt, wie der oben erwähnte Aufsatz aus dem Jahr 1959 zeigt, zu jenen Phänomenologen, die den Weg zum Strukturalismus suchen, und zwar auf dem Weg über die Sprache und Roman Jakobson. Das hat den unbestreitbaren Vorteil, dass man sich mit Lévi-Strauss ins Benehmen setzen kann, ohne die Universität zu verlassen.

Wir können nicht wissen, wie sich die Beziehung zwischen Merleau-Ponty und Lévi-Strauss am Collège de France weiterentwickelt hätte, wäre Ersterer nicht so früh gestorben (1961). Ich halte es allerdings für ausgeschlossen, dass Merleau-Ponty sich hätte ins Feld locken lassen. Er hätte die darauf verwendete Zeit wohl als eine für den Schreibtisch verlorene Zeit bedauert.[46]

Eine kleine Anekdote wirft einen eindrucksvollen Blick auf das intellektuelle Milieu damals. Sie ist entnommen einem autobiografischen Gespräch zwischen Claude Lévi-Strauss und Didier Eribon:

Didier Eribon: Lacan dagegen haben Sie sehr gut gekannt.

Claude Lévi-Strauss: Wir waren einige Jahre lang sehr befreundet. Mit den Merleau-Pontys fuhren wir zum Essen nach Guitrancourt, wo er ein Haus hatte. Als meine Frau und ich ein Landhaus kaufen wollten, hatte sich Lacan gerade eine DS (Citroën) zugelegt, die er einfahren wollte. Wir brachen zu viert zu Expeditionen auf, das war sehr lustig. Man musste Lacan erleben, wie er in einem schäbigen Kleinstadthotel abstieg und von der Höhe seiner Majestät herab den Befehl gab, man möge ihm auf der Stelle ein Bad einlaufen lassen.

Und weiter unten heißt es auf derselben Seite:

---

46 Lévi-Strauss hat den Weg ins Feld bis ins hohe Alter gesucht. Es interessierten ihn die nordamerikanischen Stämme (vgl. www.youtube.com/watch?v=b6y3pbQcs58) - man beachte in diesem Film den Ernst, mit dem Lévi-Strauss indianische Tracht trägt und dem Brauch folgt. Auch interessierte ihn die Handwerkskunst in Japan, weshalb er viel reisen musste, obwohl ihm das zunehmend beschwerlich war.

Claude Lévi-Strauss: Man müsste sie (die Schriften Lacans – B. H.) verstehen. Und ich habe immer den Eindruck gehabt, dass für seine glühenden Anhänger „verstehen" etwas anders bedeutete als für mich. Ich hätte seine Arbeiten fünf oder sechs Mal lesen müssen. Merleau-Ponty und ich sprachen bisweilen darüber, wobei wir es bei dem Schluss bewenden ließen, dass uns dafür die Zeit fehlte" (Claude Lévi-Strauss und Didier Eribon 1996, S. 112).[47]

Eine Generation von Wissenschaftlern später kommt dann das Thema Phänomenologie und Strukturalismus erneut auf die Tagesordnung, aber wohl kaum in einem Sinn, der Lévi-Strauss angezogen hätte, denn die Thematik wird in schwindelnden Höhen der Theorie abgehandelt: Die Flügel dieser Debatte sind so riesig, dass sie einen Kontakt mit der Erde nicht mehr findet, um ein Gedicht von Charles Baudelaire über den Albatros zu paraphrasieren.[48]

In der Folge wird das Getöse um den Strukturalismus solche Debatten einebnen. Die Rede ist jetzt von Post-, Neo- und dergleichen Strukturalismus (Frank 1984). Wer sich von solchen akademischen Aufgeregtheiten abgestoßen fühlt, kann sich auf Claude Lévi-Strauss berufen. Dieser gibt 1986 als Definition von Strukturalismus Folgendes bekannt:

---

47 Für den Klinischen Soziologen ist an dieser Stelle interessant, dass sich in Frankreich im Zweiten Weltkrieg eine psychiatrische Richtung entwickelt, die unter dem Namen „Psychothérapie Institutionnelle" bekannt geworden ist (Hofmann 1983, vgl. auch de Luca Bernier 2014, Hildenbrand 2015). Unter dem Einfluss von Jean Oury stellt diese eine atemberaubende Verbindung der Gedanken von Jaques Lacan und Claude Lévi-Strauss in der täglichen psychiatrischen Praxis dar. (Oury selbst hat in der Nachfolge von Lacan am Hospital Ste. Anne Vorlesungen gehalten, die auch im Stil von Lacan publiziert wurden sind (Oury 1986). Lesenswert in diesem Buch sind vor allem die eingestreuten Beispiele aus dem klinischen Alltag (1986, S. 127ff.), während Oury ansonsten im Duktus von Jaques Lacan, wie das auch auf YouTube zu sehen ist, vorträgt.

48 Ich räume gerne ein, dass diese Setzung zu pauschal ist. Immerhin hat Thomas Luckmann (nimmt man die phänomenologisch orientierte Soziologie in den Blick) über Jahre empirisch geforscht (Luckmann und Bergmann 1999, um nur ein Beispiel zu nennen). Auch ist seine Religionssoziologie, noch initiiert an der New School, aus einem von Carl Mayer geleiteten Forschungsprojekt hervorgegangen. Bernhard Waldenfels hat mit seinen Beiträgen zum Thema Heimat Substanzielles zur Klärung von Fragen einer Welt, die durch wachsende Flüchtlingsströme gekennzeichnet ist, geleistet (Waldenfels 2005), Ilja Srubar hat einen von der Phänomenologie inspirierten Beitrag zur Analyse von Transformationsprozessen in postsozialistischen Ländern vorgelegt (Srubar 2003). In diese Reihe, also in Bezug auf die Frage des Zusammenhangs von Phänomenologie und Strukturalismus in der späteren Generation, gehört auch ein von Richard Grathoff und Walter Sprondel herausgegebener Band über „Maurice Merleau-Ponty und das Problem der Struktur in den Sozialwissenschaften" (1976).

2.2 Deutsche Soziologie vor 1945: Beiträge aus dem Exil

„Wie man hört, eine Pariser Mode von der Art, wie sie alle fünf Jahre aufkommt und die ihr Fünfjahresscheibchen hinter sich hat" (Claude Lévi-Strauss 1987, S. 387, urspr. 1986).

Zurück zur Klinischen Soziologie: Der Leser wird sich fragen, welcher Teufel mich reitet, wenn ich zu solchen theoretischen Höhenflügen ansetze. Jedoch gibt es dafür einen *sachlichen* Grund: Dieses Kapitel baut die Brücke zwischen der University in Exile und der Soziologie in Deutschland nach dem Krieg.

Dieses Kapitel hat jedoch auch eine *biografische* Konnotation: Mein erster akademischer Lehrer war Thomas Luckmann und mit ihm die University in Exile, zu der ich und meine Kommilitonen vermittelt über das Sozialwissenschaftliche Archiv der Universität Konstanz, welches Nachlässe von Soziologen im Exil beherbergt, und durch Besuche ehemaliger Angehöriger der University in Exile in Konstanz weitreichende Einflüsse erfuhren. - Mein zweiter akademischer Lehrer in Sachen Soziologie war Ulrich Oevermann, was mich flugs zwischen zwei Stühle brachte: hier der Strukturalismus, dort die Phänomenologie. Von Oevermann musste ich als Luckmann-Schüler manchen (freundlich gemeinten) Spott über mich ergehen lassen, während mir umgekehrt von der phänomenologischen Seite eher Skepsis entgegengebracht wurde. Als Fazit kann ich mitteilen: Zwischen zwei Stühlen lässt es sich gut aushalten, dort ist ein guter Platz zum Lernen, wenn man sich von keiner Seite abhängig macht. Austariert habe ich diese Situation mit der Psychiatrie[49]. Die Klinische Soziologie wurde mir zur Heimat im Exil. - Mit dieser Bemerkung greife ich vor auf das Resultat dieses Buchs, das darauf hinausläuft, den Klinischen Soziologe als „marginal man" zu beschreiben.

Um schließlich auf den Duktus dieses Kapitels zurückzukommen: Befasst man sich mit der Beziehung zwischen Claude Lévi-Strauss und Maurice Merleau-Ponty, eröffnet sich ein Zugang zu gleich zwei Verbindungen: Die eine ist die Verbindung zur New School, also zum Exil, die andere ist die Verbindung zwischen Phänomenologie und Strukturalismus, unter Ausschluss der Frage: Was ist erlaubt/was nicht; wer hat Recht/wer nicht? Im Zentrum stehen lediglich unterschiedliche materiale Wege des Zugangs zur Welt.

Solche Debatten sind historisch nicht uninteressant, stehen aber nicht im Zentrum der Entwicklung des Konzepts einer Klinischen Soziologie. Der Leser kann sich entspannen. Als Klinischer Soziologe - wenn er will – kann er sich materialen

---

49 Diese Anmerkung muss qualifiziert werden: zu Zeiten der Psychiatriereform in den 1970er Jahren hatte die sog. Sozialpsychiatrie das Sagen. Von einem Soziologen erwartete man dort, dass er die gängige Rhetorik von Michel Foucault parat habe. Diese jedoch war mir fremd bzw. stieß mich ab. Nicht fremd war mir die Heidelberger Schule der anthropologischen Psychiatrie, die einen Anschluss an die Phänomenologie bot.

Fragestellungen zuwenden und zwischendurch interessiert zusehen, wenn sich die Theoretiker um Kaisers Bart streiten.

Jedoch ist die Klinische Soziologie nicht theoriefeindlich angelegt. Es kommt lediglich darauf an, mit welcher Sorte theoretischer Soziologie oder Philosophie man sich abgibt. Aus meiner Sicht sind Phänomenologie und Strukturalismus gute Adressen, wenn es darum geht, den analytischen Blick zu schärfen. Speziell gilt das, wenn man sich nicht als Anhänger des einen oder des anderen -ismus ausgibt und den ständig wechselnden Moden folgt, sondern aus der Konfrontation von Schulen seinen Gewinn zieht. Und schließlich und zentral: Am Feld führt kein Weg vorbei.

2.3 „Angewandte Soziologie" unter Abzug der Urteilskraft. Versuche um 1970, Soziologie anzuwenden

Für die deutsche Soziologie markiert das Jahr 1945 nicht eine Stunde null. Die Soziologen, die während der Zeit des Nationalsozialismus in Deutschland blieben und in dieser Zeit in der „inneren Emigration" verharrten, werden dafür ihre Gründe gehabt haben. Andere dienten dem System eilfertig (van Dyk und Schauer 2010). Jene jedoch, die das System in die Emigration gezwungen hatte, kehrten teilweise bald wieder zurück und mussten sich mit den vorhandenen Platzhirschen teils auf unerfreuliche Weise auseinandersetzen (für Details vergleiche den Briefwechsel von René König (2014) zu der fraglichen Zeit).

Dort, wo Soziologen im Exil nicht ein Dasein als Einzelwissenschaftler fristen mussten, sondern unter mitgebrachten bzw. vorgefundenen institutionellen Rahmenbedingungen ihr Wirken fortsetzen konnten (Frankfurter Institut für Sozialforschung, zunächst in New York, dann in Kalifornien; University in Exile, New York) wurde rasch nach 1945 mehr oder weniger zielstrebig und erfolgreich die Soziologie in Deutschland wieder aufgebaut.

Nach diesem Blick auf die Gründerjahre der Soziologie nach dem Zweiten Weltkrieg mache ich einen Zeitsprung. In den 1970er Jahren nahm die Soziologie in Deutschland, wie auch in anderen differenzierten Gesellschaften, einen ungeheuren Aufschwung, und es entstand für das Fach allmählich ein Legitimationsdruck, der sich Raum schuf in Debatten über die „Anwendbarkeit" soziologischen Wissens, wozu sich Friedhelm Neidhardt in einem Sonderheft der Kölner Zeitschrift Nr. 21/1979 äußert. In den 1980er Jahren taucht dann in Deutschland und in Frankreich der Begriff einer Klinischen Soziologie auf. Das war im Prinzip nichts Neues,

2.3 „Angewandte Soziologie" unter Abzug der Urteilskraft

in den USA war die Klinische Soziologie seit 1931 geläufig. In Deutschland wurde sie nicht rezipiert.

Bevor ich nun zu der Debatte einer „Anwendung" soziologischen Wissens in den 1970er Jahren komme, gehe ich zurück auf die Zeit vor 1945: René König und Helmut Schelsky sind der Ansicht, dass die Soziologie in den 1930er Jahren zu einem Stillstand gekommen sei (König 1981; Sprondel 1981). Dass in Nazi-Deutschland „die offizielle Soziologie versagt hat" (van Dyk und Schauer 2010), ist bekannt und in der zitierten Studie belegt. Anders aber sieht es aus, wenn ich die deutsche Soziologie im US-amerikanischen Exil in Augenschein nehme, wie das weiter oben erfolgt ist. Sie hat auf die Entwicklung der Soziologie im Nachkriegsdeutschland erheblichen Einfluss ausgeübt, der allerdings bei Neidhardt nicht zum Ausdruck kommt. Dieser Fokus hat allerdings zum Nachteil, dass man jene Soziologen nicht in den Blick bekommt, die als Einzelne sich im Exil durchgeschlagen haben (René König, Norbert Elias).

Bevor jenseits der Frankfurter und Berliner Soziologie an einen Praxisbezug der Soziologie gedacht werden konnte, galt es, Grundsatzfragen zu klären: Soll die Soziologie einen Beitrag zur Systemerhaltung oder zur Systemveränderung leisten, oder soll sie eher auf der Basis humanistischer Werte eine moralische und aufklärerische Reflexion leisten, mit dem Ziel der Förderung der Unabhängigkeit des Individuums (Lüschen 1979, S. 13-16)?

Zum Thema Praxisbezug führt Friedhelm Neidhardt (1979) in dem erwähnten Sonderheft 21 Folgendes aus:

Einleitend stellt Neidhardt die Frage, weshalb das Thema der Praxisverhältnisse und der Anwendungsprobleme der Soziologie in den 1970er Jahren Konjunktur habe. Er findet zwei Antworten auf diese Frage: (1) Aufgrund der erheblichen Ausweitung der Soziologie an den Universitäten müsse die Soziologie nun beweisen, dass sie nützlich ist; (2) Im Unterschied zu anderen Disziplinen der Wissenschaft habe es die Soziologie schwer, nachzuweisen, dass sie unabkömmlich ist. Es sei ihr in der Praxis der Betriebe, Behörden und Verbände nicht gelungen, Funktionsbereiche für sich zu reklamieren. Es sei also zu fragen, wo die Berufsfelder der Soziologie liegen, wo sich dieses Fach ganz praktisch bedeutsam erweise und wo sich diese Praxis wirksam anwenden lasse.

Wenn Neidhardt als Praxisfelder der Soziologie Betriebe, Behörden und Verbände nennt, dann wird deutlich, in welche Richtung er denkt: Als mögliche Tätigkeitsfelder der Soziologie sieht er Makro-Organisationen. Kleinere gesellschaftliche Einheiten wie Familien, Vereine etc. gehören nicht in seinen Fokus. (Industriesoziologen tun sich heute noch schwer, Familienbetriebe als ernsthafte soziologische Gegenstände zu betrachten). Ein handlungssoziologischer Zugang vermutlich auch nicht.

Im *ersten Teil* seines Beitrags diskutiert Neidhardt den Stellenwert des Anwendungsproblems. Dabei nimmt er eine systemtheoretische Perspektive ein.[50]
Demzufolge sei die Frage des Anwendungsproblems ein Teilproblem in der Gestaltung der Umweltbeziehung der Soziologie. Die Soziologie habe dauerhaft drei Referenzen, die es zu regeln gelte:

- Der Bezug zu sich selbst: die Absicherung der Bedingungen der eigenen Wahrheitsfähigkeit. Diese Absicherung betrifft drei Aspekte: den methodologischen, den theoretischen und den normativen. Es geht bei diesem Bezug um Grundlagenforschung als systematische Suche nach erkenntnisleitenden Fragen und Kategorien sowie nach erkenntnisfassenden Theorien;
- Beziehungen zum umfassenden Systemgesellschaft: Hier geht es um das Ansprechen und Geltendmachen von Wahrheit im Bedeutung im Zusammenhang allgemeiner Sinnfragen (um Aufklärung und Bildung);
- schließlich geht es um das Verhältnis der Soziologie zu anderen gesellschaftlichen Teilsystemen (Wirtschaft, Religion, Politik), wobei eine Orientierung an deren besonderen Zweck-Mittel-Relationen vorausgesetzt ist. Damit ist die Ebene der technologischen Funktion von Wissenschaften angesprochen.

Ich lese das so:

Auf der Ebene der *ersten* Systemreferenz befasst sich die Soziologie als Wissenschaft mit sich selbst; auf der *zweiten* Ebene präsentiert sich die Soziologie als Sinnproduzent und kommt damit in Konkurrenz zu anderen, historisch etablierteren Sinnproduzenten, sie besetzt also einen Platz, den ihr der Säkularisierungsprozess freigeräumt hat, wie ein an gesellschaftlichen Entwicklungen interessierter Schriftsteller, Emile Zola, scharfsinnig erkannt hat, wenn er im Zusammenhang

---

50 Da sein Aufsatz bereits in den 1970er Jahren verfasst und publiziert wurde, konnte er dort neuere Entwicklungen der Systemtheorie bei Luhmann und seine Anleihen bei Maturana, die sich auf den Begriff der Autopoiese und mithin auf die Geschlossenheit von Systemen, die sich selbst erzeugen, die man von außen nicht beeinflussen, allenfalls verstören könne, beziehen, nicht berücksichtigen. Das Konzept ernst genommen, würde jedoch der Argumentation eine andere Richtung geben (vgl. Luhmanns Ausführungen zu „Takt und Zensur im Erziehungssystem" 2004, S. 245ff.), wenn auch nicht notwendig verbessern. Ansonsten folgen die - nun zu referierenden - Ausführungen Neidhardts einem bewährten Muster: Man steckt in die systemtheoretische Maschine oben ein materiales soziologisches Problem hinein, und es kommt unten Systemtheorie heraus. Inwiefern dies der Problemlösung dient, ist keine offene Frage, die freimütige Antwort lautet: Es ist nichts gewonnen mit solchen Etüden, wenn auch heutige Systemtheoretiker, zum Beispiel Dirk Baecker, raffinierter vorgehen.

2.3 „Angewandte Soziologie" unter Abzug der Urteilskraft

mit dem Versuch eines Funktionärs im 19. Jahrhundert, an einer nordfranzösischen Kohlenmine eine Gewerkschaft zu etablieren, schreibt: „Da der liebe Gott tot war, musste die Gerechtigkeit das Glück der Menschen sichern, indem sie die Gleichheit und Brüderlichkeit herrschen ließ" (Zola 1983, S. 185f., beachte auch den gleichnamigen Film, auf YouTube zugänglich)).

Auf der *dritten* Ebene der Systemreferenz der Soziologie zu anderen gesellschaftlichen Teilsystemen ist der Verweis auf eine Orientierung an deren besonderen Zweck-Mittel-Relationen für unsere Zwecke von erheblicher Bedeutung. Dies bedeutet, dass eine Soziologie, die sich dem Anwendungsbezug verschrieben hat, nicht darum herum kommt, ihr eigenes Wissensgebäude zu verlassen und sich mit der Eigenlogik des jeweiligen gesellschaftlichen Teilsystems, dem sie ihr Wissen zu Wort kommen lassen will, gründlich auseinanderzusetzen. Das zentrale Stichwort hier heißt Interdisziplinarität.[51] Ob es allerdings auf „social engineering" (technologische Funktion der Wissenschaften) hinauslaufen muss, halte ich für die Soziologie als ausgeschlossen (vgl. Etzelmüller 2010). Generell wird hier deutlich, dass Neidhardt der Frage des Bezugs von Wissenschaft und Lebenspraxis nicht auf den Grund gegangen ist; er verkürzt sie auf die Frage nach „Anwendung". Weiter unten reißt er die Frage der Vermittlung von Theorie und Praxis an, indem er Strukturprobleme in diesem Zusammenhang benennt, allerdings nur auf kursorische Art und Weise, weshalb das zu vertiefen ist.

Aus den bisherigen Überlegungen zieht der Autor zwei praktische Schlussfolgerungen: Es sei zu trennen zwischen dem Bedeutungswert und dem Nutzwert der Soziologie, wobei mit dem Nutzwert die Anwendungsfunktion gemeint ist, und es ist ihm wichtig, darauf hinzuweisen, dass man nicht jedem einzelnen Soziologen zumuten solle, sich in der praktischen Nutzanwendung seines fachlichen Wissens zu engagieren. Wohl wahr. Jeder kann mit seiner Soziologie machen, was er will. Aber auch hier ist dem Autor die Selbstreferenzialität der Soziologie als Merkposten wichtig, keinem Soziologen soll die Möglichkeit genommen werden, sich um sich selbst zu drehen.

---

51 Neidhardt geht an dieser Stelle, wie generell in diesem Beitrag, auf konkrete Themenstellungen von Anwendungsbezügen nicht ein, weshalb wir vermuten müssen, dass praktische Erfahrungen mit der „Anwendung" soziologischen Wissens ihm entweder nicht zur Verfügung stehen oder aber, dass er der Auffassung ist, dass die Diskussion soziologischer Grundlagenprobleme hinsichtlich einer Auseinandersetzung mit konkreten lebensweltlichen Erfahrungen nicht erforderlich ist. Das würde aber bedeuten, dass dieser Beitrag im Sinne des oben erwähnten Punkt 1 ein selbstreferentieller ist: Es geht nicht um den Gesellschaftsbezug der Soziologie, sondern um den Selbstbezug der Soziologie – wen aber interessiert das außerhalb der Soziologie?

Als Nächstes geht es Neidhardt um die allgemeinen Bedingungen von Angebot und Nachfrage. Er weist zunächst auf eine spezifische Not der Soziologie als Fach hin, die darin bestünde, dass es typisch sei für die Soziologie,

> „die Komplexität ihres Gegenstandes ernst zu nehmen und nicht durch rigide Reduktionsstrategien in magere Modelle zu pressen, in Modelle, deren bedeutendster Teil in ceteris-paribus-Klauseln eskamotiert bleibt" (Neidhardt 1979, S. 329)[52].

Neidhardt fährt fort mit der Beobachtung, dass sich, wie an der zunehmenden Zahl von Soziologie-Absolventen, die außerhalb der Universität tätig werden, abzulesen sei, ein Bedarf an Soziologie entwickelt habe.

Man überschätze allerdings, so Neidhardt weiter, die Grenzen der Lernfähigkeit und -willigkeit gesellschaftlicher Institutionen nicht: Die Nachfrage nach Soziologie

> „ist kein valider Indikator für die Nutzungsmöglichkeiten soziologischen Wissens. Jeder Soziologe, der sich mit seinen Kompetenzen auf den Markt begeben hat, wird Frustrationen erlebt haben und die Durchschlagsfähigkeit der Argumente seines Faches als sehr begrenzt einschätzen. Immer besteht da die Gefahr, dass seine Betätigung

---

52 Der von Neidhardt ausgesprochenen Warnung, es sei nicht möglich, soziologische Analysen in ihrer Komplexität so zu reduzieren, dass sie einem fachfremden Publikum zugänglich werden, stimme ich ausdrücklich zu, insofern das auch für die Systemtheorie gilt. Ich selbst wurde einmal vom Deutschlandfunk gebeten, Fragen zum Thema Familie zu beantworten. Nach einer halben Stunde voller ceteris-paribus-Formulierungen ging ich dem Journalisten so auf die Nerven, dass er das Gespräch abbrach. Er wurde dann bei Industriesoziologen fündig, die versiert eine vereinfachte Weltsicht auf die Familie zum Besten gab – im Duktus des Durchblickers, der genug Marx gelesen hat, um die Welt jedweder Beschaffenheit zu durchschauen. Es ist zugegebenermaßen auch eine Kunst, komplexe Sachverhalte in einfachen Worten darzulegen. Diese Kunst beherrschen unsere amerikanischen Kollegen mühelos, während es bei Soziologen an deutschen Universitäten zum guten Ton gehört, die eigene Bildung durch möglichst komplexe Sätze zu demonstrieren und damit die Zuhörerschaft zu beeindrucken. Solange man damit durchkommt, wird sich an diesem Missstand auch nichts ändern. Ähnlich verlief die Anfrage einer Thüringer Zeitung, ob die Erfurter Männer potenter seien als die Leipziger, denn in Erfurt sei die Geburtenrate höher als in Leipzig. Schon die Rückfrage, ob zur Reproduktion nicht auch Frauen gehörten, führte zur Irritation und zum Ende des Gesprächs. Mit Schlagzeilen konnte ich nicht dienen. Eine andere Thüringer Zeitung beanspruchte im Übermaß meine Zeit, um meine Befunde zum Thema Familie (für einen Themenschwerpunkt) zu hören. Ich konnte das Gewünschte, d. h. vermutlivh: das übliche Zeitgeistgeschwätz zum Thema, das auch Frau Schwesig, der übergangsweisen Familienministerin, gefallen hätte, nicht liefern, woraufhin ich von dort nichts mehr hörte.

als bloßes Alibi oder als Legitimationsservice für schon getroffene Entscheidungen benutzt wird" (Neidhardt 1979, S. 327)[53].

Ob der Soziologe solche Erfahrungen macht, kommt immer darauf an, was er auf den Markt bringt und wie er das tut. Das ist allerdings kein Gesichtspunkt, der einen Systemtheoretiker interessieren kann, denn es geht um Handeln, soziologischer ausgedrückt: um Interaktion. Neidhardt verhandelt nun Vermittlungsprozesse soziologischen Wissens in die gesellschaftliche Praxis unter dem Aspekt der Integration. Unter Integration versteht er den Prozess, in welchem wechselseitige Erwartungen bestimmter Akteure wechselseitig Anerkennung finden. Integration sei diesbezüglich nicht identisch mit Beziehungen. Es gehe nicht um Gemeinschaft, sondern um Höflichkeit.

Integration läuft, so Neidhardt weiter, nicht auf die Liquidation von Grenzen, sondern auf deren Regelung voraus. Wenn Neidhardt auf diesen Punkten beharrt, dann hat er bestimmte Entwicklungen, die in den 1970er Jahren modisch waren, im Auge: Er zitiert selbst die Aktionsforschung sowie die Ideologie von der Einheit von Theorie und Praxis. Ein aktuelles Beispiel (Reisacher in Konstanz) habe ich weiter oben gegeben.

Neidhardt beschließt diesen Gedankengang mit der Forderung, Grundlagenforschung und angewandte Forschung müssten beide nachhaltig betrieben werden.

Auf die Schwierigkeiten dieses Zusammenhangs geht Neidhardt in seinem nächsten Punkt ein. Er betont, dass die Übersetzung von Wissen des einen Typs (Grundlagenforschung) in das Wissen des anderen Typs (Anwendung der Forschung) ohne bestimmte logische Operationen nicht auskomme. Diese Übersetzung erfordere zusätzliche Informationen und einen Wechsel des Reflexionsstils. Es geht nun um Strukturprobleme bei der Vermittlung von Theorie und Praxis, allerdings unterhalb des von Hans-Georg Gadamer (vgl. Kap.1.3.3) gesetzten Niveaus. Insbesondere fehlt der Verweis auf die Bedeutung der *praktischen Urteilskraft*. Beispiele aus Neidhards Gedankengang:

- Wissenschaft sucht nach allgemeinen Gesetzmäßigkeiten. Aus dieser Suche resultieren Sätze großer Reichweite und mit wachsender Abstraktheit. Handeln demgegenüber vollzieht sich in konkreten Situationen und unter Randbedingun-

---

53 An dieser Stelle drängt sich mir ein Brecht-Zitat auf: „Er ist auf den Markt gegangen, um sein Essen zu verdienen/Wie wir alle/Aber er hat Erfolg gehabt und ist gekauft worden" (Berliner und Frankfurter Ausgabe Bd., 14, S. 377). Dies steht nicht ums Wunder handschriftlich auf der Rückseite des Typoskripts des Gedichts „Der Zweifler", ebd., S. 376f.

gen, deren Art, Menge und Struktur zu spezifisch sind, um in verallgemeinernder Betrachtung vorhersehbar zu sein
- Handlungen sind nur in Ausnahmefällen nach Prinzipien organisiert, mit denen sich das Wissenschaftssystem in einzelne Disziplinen gliedert, das heißt, es gibt keine „rein soziologische Situation".
- Soziologische Variablen, die der Erklärung von Zusammenhängen dienen, sind für Anwendungssituationen nicht schon deshalb wichtig, weil sie erfolgreich erklären. Sie werden für Anwendungssysteme, die unter Handlungsdruck stehen, nur in dem Maße interessant, indem sie faktisch beeinflussbar sind.

Neidhardt verweist auf den amerikanischen Soziologen Alvin Gouldner, der der Soziologie eine Bringschuld zuweist. Es sei ihre Aufgabe, in der Grundlagenforschung Anknüpfungspunkte für Transformationen zu bieten. Diese nennt er „bridging concepts". Weiter unten (Kap. 3.2) werde ich ausführen, dass es sich bei dieser Überlegung um eine unnötige Sackgasse handelt, weil schon damals tragfähige alternative Konzepte zur Verfügung standen.

„Es muss in der reinen Theorie einige begriffliche Elemente geben, die in Laienkonzepten begrifflich aufgenommen werden können" (Gouldner 1957, zitiert nach Neidhardt 1979, S. 333; „concept" habe ich mit „Begriff" übersetzt).

Kurz, bevor er die Thematik der „überbrückenden Begriffe" anspricht, macht Gouldner auf folgende Thematik aufmerksam: Sie bezieht sich darauf, dass der Sozialwissenschaftler in der Praxis oft auf Hypothesen trifft, von denen der Laie[54] meine, sie seien richtig. Mit anderen Worten: Gouldner handelt hier das Thema der Kollision alltagsweltlichen mit wissenschaftlichem Wissen ab, wofür ihm, dem Soziologen, die angemessene Sprache fehlt. Im Falle unangemessener Hypothesen im Alltagsleben schlägt Gouldner folgendes Vorgehen vor: Man solle die von den Akteuren in der Praxis bevorzugten unabhängigen Variablen testen, sie also ernst nehmen, um ernst genommen zu werden. Dann soll man diese Hypothesen zum

---

54 Im vorliegenden Kontext wird „Laie" wohl bedeuten: Nichtfachmann. Jedoch trifft der auf Anwendung eingestellte Soziologe (meine Übersetzung für „applied social scientist") in der Praxis mitunter auf Akteure, die sich für kompetente Soziologen halten und entsprechend aufgerufen fühlen, dem Soziologen die Soziologie zu erklären. Speziell Akteure aus dem Feld der Sozialpädagogik gerieten aus naheliegenden Gründen immer wieder in diese Versuchung. Naheliegend sind diese Gründe deshalb, weil zu einem Lehrplan der Sozialpädagogik soziologische Lehrveranstaltungen gehören. Ich werde darauf zurückkommen, denn es handelt sich um ein ständiges Ärgernis, dem der Klinische Soziologe, insofern er im Bereich sozialer Probleme tätig wird, unausweichlich begegnet.

Scheitern bringen, um danach selbst unabhängige Variablen einzuführen, die für die Akteure in der Praxis neu sind.

Jetzt kommt Gouldner auf die „überbrückenden Begriffe" zu sprechen, und er schreibt: Am Beispiel der Katastrophenforschung könne man das Problem zeigen, das Akteure im Alltag Katastrophen in der Regel mit Unglück, also Unerwünschtem verbinden, ohne zu berücksichtigen, dass unvorhergesehene Konsequenzen auch erfreuliche Überraschungen mit sich bringen können.

2.4 Reflexion statt praktische Urteilskraft: Klinische Soziologie in Frankreich und Deutschland in den 1980er Jahren

Unter dem Anspruch einer Klinischen Soziologie treten in dem genannten Jahrzehnt drei Autoren an: Ulrich Oevermann, Bernd Dewe, Pierre Bourdieu. Diese Ansätze will ich nun vorstellen und diskutieren.

Vorab sei erwähnt, dass ich zwischen 1984 und 1989 Gelegenheit hatte, als Hochschulassistent am Fachbereich Gesellschaftswissenschaften der Universität Frankfurt mit Oevermann zusammenzuarbeiten und von ihm zu lernen. Insofern fußt meine Kenntnis seines Ansatzes auf direkter Beobachtung, was ich von den anderen beiden aktuellen Akteuren, die in diesem Kapitel genannt werden, nicht behaupten kann.

2.4.1 Ulrich Oevermann: Klinische Soziologie als stellvertretende Deutung

Ulrich Oevermann verfolgt eine mäeutische[55] Vorgehensweise der Klinischen Soziologie, gibt dieser jedoch eine methodologische Basis: die der Objektiven Hermeneutik. Des Weiteren liegt dieser Version der Klinischen Soziologie eine spezifische Professionalisierungstheorie zugrunde. Das bedeutet also: Klinische Soziologie wird tätig im Feld der Professionen, liefert stellvertretende Deutungen und geht dabei mit einer spezifischen Methode vor.

---

55 Wörtlich bedeutet die Mäeutik die Hebammenkunst, sie geht zurück auf Sokrates, dessen Mutter Hebamme war. Mäeutik bedeutet: Es ist nicht die Aufgabe des Philosophen, Weisheit zu gebären, sondern der Weisheit zur Geburt zu verhelfen.

Mit dem Fokus auf das Feld der Professionen begibt sich die Klinische Soziologie in den Bereich sozialer Probleme (siehe unten: Zitat Luhmann), wo es in der Regel um Interaktionen, also um eine mikrosoziologische Herangehensweise (mal abgesehen von der Problematik dieser Begrifflichkeit) geht. Im Unterschied zu den bereits vorgestellten Konzepten zum Verhältnis von Theorie und Praxis (Habermas) geht es nicht um „Organisationsfragen der Arbeiterbewegung", also makrogesellschaftliche Bereiche. Den Begriff der „Anwendbarkeit" soziologischen Wissens verwendet Oevermann ebenfalls nicht, im Unterschied zu Neidhardt hat er auch nicht Betriebe, Behörden und Verbände im Blick.

Ich lenke den Blick nun auf die weiter oben aus gutem Grund nur angesprochene, aber dort ausgesparte Frage nach der Professionalisierungstheorie.

Zur Professionalisierungstheorie. Professionen sind gesellschaftliche Orte der Vermittlung von Theorie und Praxis (Oevermann 1996). Diese Vermittlungsaufgabe führt zu einer notwendigen, nicht aufhebbaren Widersprüchlichkeit. Auf der *Wissensebene* drückt sich diese Widersprüchlichkeit dadurch aus, dass Professionelle auf der einen Seite über einen Bestand an allgemein gültigem, systematischem Wissen verfügen, mit dem sie die Probleme ihrer Klienten angehen. Auf der anderen Seite wird dieses allgemeine Wissen jedoch nicht dem individuellen Fall übergestülpt. Stattdessen tritt zum *allgemeinen Wissen* das *fallverstehende Wissen* hinzu. Dieses dient der Entschlüsselung des einzelnen Falles in seiner Eigenart und ist nicht auf Allgemeines, sondern auf Spezifisches gerichtet. Es steht damit immer in einem Spannungsverhältnis zum allgemeinen Wissensbestand, obwohl es sich auf diesen stützt. Oevermann ist allerdings nicht der Ansicht, der Klinische Soziologe könne dem Praktiker sagen, was zu tun ist; in mäeutischer Haltung sollte dieser selbst darauf kommen, und dazu verhilft ihm die der Sequenzanalyse inhärente mäeutische Vorgehensweise.

Professionen unterscheiden sich in ihrem Gegenstand und in ihrer Vorgehensweise wesentlich von Berufen. Während Letztere gewinnorientiert sind und mit Kunden arbeiten, sind Professionen gemeinwohlorientiert, denn sie setzen an gesellschaftlichen Krisen und ihren Lösungen an. Die Spannbreite dieser Krisen reicht von der gesellschaftlichen Integration (Politik, Recht) bis hin zur biopsychosozialen Integration (Arzt, Therapeut).[56]

---

56 Für eine Umsetzung dieser Theorie in die Lehre therapeutischer Praxis vgl. Welter-Enderlin und Hildenbrand 2004. Dass dort im Titel der Begriff „systemisch" auftaucht, geht nicht auf sachliche, sondern auf strategische Erwägungen zurück: Wenn es um Familientherapie geht, kann man in Deutschland, im Unterschied zu den USA, nicht ohne Verweis auf das systemische Paradigma auskommen. Carl Mayer, langjähriger Dozent an der University in Exile und Gastprofessor an der Universität Konstanz, bis 1933 Dozent für Soziologie an der gewerkschaftseigenen Akademie der Arbeit in

2.4 Reflexion statt praktische Urteilskraft

In dieser Hinsicht zieht Oevermann mit Luhmann gleich, auch wenn beide konzeptionell durch Welten getrennt sind. Zum Thema Profession schreibt Luhmann:

„Die alten Professionen haben sich gebildet zur Hilfe bei ungewöhnlichen Lagen, vor allem Lebensrisiken, angesichts von Tod, nicht eindämmbarem Streit. Sie beschaffen Sicherheit und Problemlösungen durch spezialisierte Techniken des Umgangs mit solchen Problemen" (Luhmann 1991, S. 29).

Zu den alten Professionen gehören Medizin (Lebensrisiko Tod) sowie Rechtsprechung (Streit). Dass Luhmann der Auffassung ist, dass die alten Professionen „Sicherheit und Problemlösungen durch spezialisierte Techniken" des Umgangs mit solchen Problemen beschaffen können, zeigt, dass er (damals) nicht auf der Höhe der professionssoziologischen Diskussion war. Wie Gadamer (siehe oben) gezeigt hat, geht es nicht um Technik, die man anwenden kann, sondern es geht um Verstehen und die daraus resultierende praktische Urteilskraft.

Professionen haben es nicht mit uneingeschränkt autonom handlungsfähigen Kunden zu tun, sondern mit Menschen, die in ihrer Autonomie beschädigt sind, weshalb sie in der Gefahr stehen, dass sie in ihrer Notlage ausgenutzt werden. Um diese Problemkonstellation herum haben sich die Professionen ausgebildet, die es eben nicht mit Kunden, sondern mit Klienten oder mit Patienten zu tun haben. Sie folgen einer spezifischen Ethik, die die Klienten bzw. Patienten schützt.[57]

Professionen gehen fallorientiert vor. Anders als der Ingenieur subsumieren sie die ihnen zur Lösung vorgelegten Fälle nicht unter eine spezifische Methodik, auch nicht unter eine Begrifflichkeit. Ihre interventionistische Praxis besteht darin, dass im konkreten Einzelfall die Einheit von Theorie und Praxis sich selbst, und zwar praktisch, vollzieht (Oevermann 2002, S. 30). - Hier wäre ein Ansatzpunkt gegeben zum Konzept der *praktischen Urteilskraft*, um das Geheimnis dieses praktischen Vollzugs zu lüften, aber aus dieser Welt bezieht Oevermann nicht seine Orientierung, und wenn, dann verrät er es nicht.

Der Klinische Soziologe wird, folgen wir Oevermann, dort tätig, wo die professionelle Praxis selbst in eine Krise geraten ist. Er expliziert „die mehr oder weniger

---

Frankfurt, pflegte Niklas Luhmann wie folgt zu zitieren: „In meinem System hat der Mensch keinen Platz." Das hat für Carl Mayer, den ausgewiesenen Weber-Forscher, ausgereicht, die Systemtheorie, die damals ihren Aufschwung nahm, zu ignorieren.

57 Wortspielereien, denen zufolge Patienten als Kunden anzusprechen seien, denn sie seien auch „kundig", fußen auf einer grobschlächtigen Etymologie, erreichen das Problem nicht und sind daher sinnlos (Jürgen Hargens, Familiendynamik Heft1, 1995). Ob in einem Zeitalter der Verrechtlichung und der Ökonomisierung der Professionen dieses Konzept noch aufrechterhalten werden kann, ist eine andere Frage, die es hier nicht zu lösen gilt.

naturwüchsigen Erkenntnisoperationen der professionellen Praxis" (Oevermann 2002, S. 30). Klinische Soziologie ist Beratung von Professionellen zur Erhaltung ihrer spezifisch professionellen Kompetenz, wobei die Funktion der Klinischen Soziologie eine *der nachträglichen Überprüfung einer professionellen Intervention und vor allem eine „dienende"* (Oevermann 1993, S. 248) gegenüber der Praxis sei.[58] Welches die Kriterien der Überprüfung sind, gibt Oevermann nicht an, aber man kann davon ausgehen, dass es sich dabei um ein Konzept professionellen Handelns handelt, womit wir wieder in Preußen wären.

Diskussion des Ansatzes von Ulrich Oevermann

Bei Oevermann kann man nie wissen, ob er sich eher auf der preußischen oder auf der dänischen Linie befindet.

Für die preußische Linie sprechen folgende Zitate:

> „Strukturen reagieren auf ihre Umwelt prinzipiell indeterminiert und zukunftsoffen und können durch konstruktive Eigentätigkeit immer neue Strukturen aus sich heraustreiben" (Oevermann 1981, S. 25).

Demnach sind Strukturen Akteure, Akteure aus Fleisch und Blut bleiben unberücksichtigt.

Gegen eine solche radikale Position sprechen scheinbar andere Setzungen von Oevermann, zum Beispiel zur Fokussierung auf die Autonomie der Lebenspraxis:

> „Unter Lebenspraxis wird von der objektiven Hermeneutik[59] inhaltlich ein autonomes, selbst-transformatorisches, historisch konkretes Strukturgebilde gefasst, das sich als widersprüchliche Einheit von Entscheidungszwang und Begründungsverpflichtung konstituiert. Diese Strukturgebilde kann auf sehr verschiedenen Aggregierungsstufen liegen: es kann sich um Personen, Primärgruppen wie Familien, um Regionen, Nationalstaaten, Gemeinden oder internationale Bündnissysteme handeln, sofern sie nur als in Subjektivität und subjektiver Perspektive zentrierte eigenständige Einheiten praktischen Handelns gelten können" (Oevermann 1993, S. 178).

---

58 Ulrich Oevermann hat sich seit 1978 immer wieder um die Frage nach möglichen Berufsfeldern für Soziologen bemüht. Er nannte das zunächst „berufsmäßige Anwendung sozialwissenschaftlicher Kompetenz" (Oevermann 1978). Sein Konzept einer Klinischen Soziologie stellt dagegen eine erhebliche Verbesserung dar.

59 Bei der Objektiven Hermeneutik handelt es sich, wie oben zitiert, um eine von Ulrich Oevermann entwickelte Methodologie, in deren Zentrum die Sequenzanalyse steht. Vgl. dazu weiter unten.

2.4 Reflexion statt praktische Urteilskraft

Aber auch hier gehen Personen in Strukturen auf, aber immerhin ist von Subjektivität die Rede, wenn diese auch nicht näher bestimmt wird[60].

Weitere Explikationen in dieser Thematik führen uns weg vom Thema einer Klinischen Soziologie, in welcher Akteure eine Rolle spielen. Also mache ich die Praxis dieser Position selbst zum Thema. Oevermann gibt Einblick in seine Praxis als Klinischer Soziologe. Im vorliegenden Fall erfolgt dies in Bezug auf die Sequenzanalyse einer vertexteten Team-Supervision in einer psychosomatischen Klinik (Oevermann 1993).[61]

Oevermann äußert sich nicht zum Kontext, innerhalb dessen diese Sequenzanalyse durchgeführt worden ist. Wäre er Ethnomethodologe, dann könnte er geltend machen, dass sich der Kontext schon im Material entdecken lassen werde – wenn man Glück hat. Wie ich gleich zeigen werde, führt kein Weg darum herum, zu einem gegebenen Text den konkret vorliegenden Kontext zu erschließen und nicht universalistisch Kontexte anzunehmen (Soeffner 2004, S. 153).

Fragen zum Kontext richten sich im vorliegenden Fall auf Folgendes: Fand die Sequenzanalyse in einem Seminarraum im damals noch bestehenden (inzwischen ist er gesprengt) Turm der Universität Frankfurt statt, oder im Konferenzraum der Klinik, aus welcher das Material stammt? Waren Mitarbeiter dieser Klinik bei der Materialanalyse anwesend, ist das Material von einem Studierenden im Rahmen einer Qualifikationsarbeit vorgestellt worden? Hat das Material ein Mitarbeiter der Klinik generiert, der seine Kollegen vorführen wollte?

---

60 Zu dieser sperrigen Thematik im Strukturalismus vgl. Benoist (1980).

61 Eine andere Arbeit Oevermanns, eine Auftragsarbeit für das Bundeskriminalamt, will ich hier nicht unerwähnt lassen. Oevermann sprach darüber während eines Forschungsaufenthalts in Paris mit der Tageszeitung „Le Monde", was sich in Frankfurt rasch herumsprach und entsprechend skandalisiert wurde, denn welcher Soziologie arbeitet schon für das „Schweinesystem"? So war eben das Klima damals im Milieu der Soziologie in Frankfurt, wo ein späterer Außenminister reichlich Mühe hatte, seine Kritiker davon zu überzeugen, nicht Steine auf Polizisten geschmissen zu haben (Oevermann, Schuster und Simm 1985). Oevermann ist mit diesem Projekt ein hohes Risiko eingegangen: Er beanspruchte, mit der Vorgehensweise der Objektiven Hermeneutik aus der Durchführungsart eines Verbrechens (Modus operandi) den Tätertyp erschließen zu können, und umgekehrt (Perseveranz). Die entsprechenden Analysesitzungen fanden in der Universität in Frankfurt statt. Die Erfolge waren, soweit ich das einschätzen kann und wie es auch objektiviert ist in der erwähnten Publikation, beeindruckend auf Seiten der Analyse, und wenn von Tätertypen die Rede ist, läuft unterschwellig auch ein Konzept von Handelnden mit. Zum Transfer der Ergebnisse in die Polizei-Praxis kann ich nichts sagen – ich war nicht dabei. Jedoch war bei den Analysesitzungen ein Mitarbeiter des Bundeskriminalamts, der auch die Studie vermittelt hatte, anwesend. Er zeigte sich durchweg begeistert.

Nach meiner Erfahrung ist es ein Unterschied, ob man eine Materialanalyse zusammen mit den betroffenen Akteuren oder im Schonraum der Universität durchführt. Im ersten Fall kann sich der Soziologe, der federführend die Materialanalyse durchführt und Wortmeldungen der Anwesenden selektiv zur Kenntnis nimmt, ungeschützt äußern. Er muss keine Rücksicht auf die anwesenden Akteure, über die gesprochen wird, nehmen. Im zweiten Fall (Akteure aus dem Feld sind anwesend) wird der Soziologe mögliche Deutungen behutsam vortragen. Er wird es zu vermeiden versuchen, zu kräftig auf den Putz zu hauen. Das kann er sich leisten, wenn Soziologen unter sich sind. Sie machen sich gerne über Praktiker lustig und erwarten von ihnen Leistungen, zu denen sie selbst sich nicht in der Lage sähen.[62] - Allerdings ist es auch prekär, wenn man beim Interpretieren zu sehr auf den inneren Zensor achtet. Auf diesen sollte man überhaupt nicht achten, aber beim Formulieren kräftiger Fallstrukturhypothesen muss man bei Anwesenheit von Akteuren aus dem Feld in besonderer Weise mögliche konkurrierende Hypothesen in Betracht ziehen.

Eine Bemerkung am Rande: Ein gutes Gegenmittel gegen vollmundige Materialanalysen auf Kosten der Akteure, deren Material man analysiert, besteht darin, sein eigenes (Interview-)Material, bei dem man selbst Akteur ist, in der Universität mit den Kollegen zu analysieren. Denn irgendetwas ist immer, bei dem man zeigen kann, dass die gewählten Möglichkeiten nicht optimal waren. Mir selber konnte Oevermann bei der Analyse eines Interviewanfangs nachweisen, dass ich schon in den ersten Zeilen die Position des Sohnes der Familie eingenommen habe (Hildenbrand 1987). Das ist ein eindeutiger Interviewerfehler, zu dem man stehen muss. Aus solchen Befunden kann man lernen.

Wie dem auch sei: Zum Kontext dieser Analyse sagt Oevermann nichts, seine Schlussfolgerungen gipfeln in Aussagen zur Strukturdifferenz von stationärer und ambulanter Behandlung (Oevermann 1993, S. 196ff.). Aus der Tatsache, dass Aufenthalte in psychosomatischen Kliniken von vorneherein zeitlich begrenzt sind, je nach Kassenlage im Gesundheitswesen, leitet Oevermann ab, dass eine solche Behandlung dem psychoanalytischen Arbeitsmodell zuwiderläuft:

> „Im Zweifelsfalle sollte man in der Psychotherapie zu Gunsten einer ambulanten Behandlung entscheiden, weil der stationäre Aufenthalt per se das Arbeitsbündnis schwer beeinträchtigt. Umgekehrt sollte man in der Organtherapie im Zweifelsfalle

---

62 Oevermann benutzte damals einen Begriff von Professionalität (Oevermann 1996), der überholt war. Friseure und Fingernagel-Stylisten preisen ihre Leistungen heute als „professionell" an – was soll man als Soziologe also noch mit einem solchen Konzept anfangen? Unser Argument, dass professionelles Handeln ohne ein Konzept von affektiver Rahmung untauglich ist, hat Oevermann nie interessiert – seine Epigonen schon garnicht (Welter-Enderlin und Hildenbrand 2004, Hildenbrand 2017).

2.4 Reflexion statt praktische Urteilskraft

für eine stationäre Behandlung plädieren, weil ihr das Risiko der Zerstörung der Behandlungseffekte durch die Belastungen der Alltagsexistenz zu groß ist" (ebd., S. 197).

Anhand dieses Zitats kritisiere ich nun im Folgenden den Ansatz von Oevermann in Sachen Klinischer Soziologie:

Oevermann treibt ein riskantes Spiel, wenn er die psychoanalytische Dogmatik vom Primat der Arzt-Patient-Beziehung in der psychoanalytischen Behandlung totalisiert und überdies Aussagen über den Vorzug bestimmter Behandlungssettings wagt. Nur, weil der Übervater Sigmund Freud seine Methode nicht im stationären Setting entwickeln konnte und entsprechend nicht über Erfahrungen darüber verfügte, heißt das noch lange nicht, dass dieses außer Acht bleiben kann. Das zeigt schon eine einfache Überlegung: Es gibt Patienten, die unter Umständen aufgrund einer massiven Suizidgefährdung ambulant nicht mehr „gehalten" werden können, wie man so sagt.

Im Übrigen sei erwähnt, dass auch die Psychoanalyse sich weiterentwickelt und Klinikärzte durchaus von ihrer psychoanalytischen Ausbildung profitieren können, wenn sie in der Lage sind, ihr Wissen auf ihre stationäre Arbeitssituation zu übertragen. Der von mir untersuchte Alfred A. (Hildenbrand 1983) konnte in der Spätphase seines Lebens von einem solchen Klinik-Arzt profitieren, aber leider war es zu spät. Dieser Arzt konnte Alfreds frühen Tod nicht mehr verhindern (er starb an Genuss einer Flasche Korn, an einem Frühsommertag am Waldrand sitzend. Sein Organismus hat diese Belastung nicht ausgehalten). Hätte Alfred A. von Anfang an mit diesem Arzt arbeiten können, wäre sein Verlauf sicher ein anderer geworden.

In Fällen, die im ambulanten Setting nicht mehr behandelt werden konnten, schickte der Theoriearchitektoniker der Psychoanalyse, Sigmund Freud also, seine Patienten zu dem mit ihm befreundeten Kollegen Ludwig Binswanger, Begründer der Daseinsanalyse, der in Kreuzlingen (Schweiz) am Bodensee, angrenzend an Konstanz, ein Privatsanatorium, das Bellevue, betrieb. Als Begründer der Daseinsanalyse ist Ludwig Binswanger ein ausgewiesener Däne. Die Zusammenarbeit zwischen Binswanger und Freud ist bestens dokumentiert in ihrem Briefwechsel (Ludwig Binswanger/Sigmund Freud, Briefwechsel 1992).[63] Die bekannteste Patientin, die Freud an Binswanger überwies, ist Anna O.

Ähnlich dogmatisch wie Oevermann, aber nicht nur theoretisch, sondern auch praktisch, versuchten amerikanische Psychoanalytiker, das psychoanalytische

---

63 Es wird behauptet, Freud und Binswanger hätten sich deshalb gut verstanden, weil sie sich als Väter mit Söhnen im 1. Weltkrieg nahe waren. Mich überzeugt das nicht. Beide verstanden sich deshalb, weil sie sich über Fälle jenseits jeder therapeutischen Ideologie verständigt haben. Überdies benutzte Freud einen Aufenthalt in Kreuzlingen, um einem ungeliebten Mitstreiter im Freud-Nachfolgekrieg, Carl Gustav Jung, eins auszuwischen.

Modell in die Klinik (also stationäre Behandlung) zu übertragen, ohne diesen Kontextwechsel zu reflektieren. Beim Versuch einer entsprechenden Schizophreniebehandlung sind sie gescheitert (Müller 1987). Der Heidelberger Psychiater Helm Stierlin wurde zum Familientherapeuten, nachdem er in einer psychoanalytischen Klinik in den USA tätig war. Es sei noch angemerkt, dass die Psychosenbehandlung nicht die Kernkompetenz psychoanalytischer Herangehensweisen ist.

Wenn Oevermanns Scheinwerfer nur auf der Struktur der Arzt-Patient-Beziehung liegt, dann entgeht ihm unvermeidlich das Umfeld, also der Kontext des Klinikgeschehens bzw. alles, was diese „kleine Lebenswelt" (Benita Luckmann 1970)[64] ausmacht. Diesen Kontext tut Oevermann üblicherweise als Wissenssoziologie ab, aber die Folgen der Vernachlässigung des Kontexts für das Sinnverstehen in der sozialen Welt sind nicht hinnehmbar. Abgesehen davon haben sich seit dem Zeitpunkt dieser Analyse die Verhältnisse und mithin die Kontexte geändert. Kliniken versuchen zunehmend, ambulante Leistungen an sich zu ziehen, was auf Kosten der niedergelassenen Ärzte geht. Interessanter als die Problematik einer psychoanalytischen Behandlung in einer psychosomatischen Klinik sind die Folgen einer Ausdünnung privater ärztlicher Praxis für die ärztliche Habitusformation.

Ich erwähne dies, weil ich damit zeigen kann, dass für den Klinischen Soziologen Feldkenntnis unerlässlich ist. Meine Feldkenntnis beziehe ich aus meiner Tätigkeit als Fachleiter für Arbeit mit psychisch Kranken und Suchtkranken an der Berufsakademie (heute: duale Hochschule) Villingen-Schwenningen, die mir die Gelegenheit verschaffte, Studierende der Sozialarbeit/Sozialpädagogik als Praktikanten an psychosomatischen Kliniken zu betreuen.

Es ist durchaus nicht so, das Oevermann der Begriff der Lebenswelt nicht verfügbar wäre. Er ist für ihn nur nicht wichtig. So schreibt er beispielsweise in der Einleitung zu seiner Analyse der Ansage der Tagesthemen:

> „Angesichts der sehr begrenzten Zeit kann das (der Referent von „das" ist in einem langen Satz versteckt und kann nicht erschlossen werden, möglicherweise geht es um die Illustration von Adornos dialektischer Sozialforschung – B. H.) nur in abkürzenden Andeutungen geschehen und selbst dann nur, wenn das zu analysierende Datum genügend klein dimensioniert und dem primären Erfahrungsbereich des Auditoriums

---

64 Mit dem Konzept der „kleinen Lebenswelten" bezieht sich den Benita Luckmann auf Alfred Schütz' Aufsatz über „Die mannigfaltigen Wirklichkeiten" (Schütz 1971, S. 237ff.), weist aber darauf hin, „dass der ‚moderne Mensch' in kleinen Lebenswelten lebt, die für ihn verständlich und handhabbar sind. Es handelt sich nicht um ‚ganze', sondern um Teilwelten, sie überdauern nicht ein ganzes Leben, sondern nur einen Teil davon, sie sind weniger ‚naturgegeben' als ‚international gewählt': Es gibt keine einzige kleine Lebenswelt, sondern viele davon" (Benita Luckmann 1970, S. 596, übers. von B. H.; vgl. auch Richard Grathoffs Ausführungen in ‚Milieu und Lebenswelt' 1989).

2.4 Reflexion statt praktische Urteilskraft

genügend nah ist, so dass umständliche Erläuterung des lebensweltlichen Kontextes entfallen können" (Oevermann 1986, S. 235).

Demnach bedürfen lebensweltliche Kontexte nicht einer soziologischen Analyse, da der Alltagsmensch ohnehin mit ihnen vertraut ist.
Immer noch bezogen auf Oevermanns Analyse einer Supervisionssitzung in einer psychosomatischen Klinik: Ein Beispiel für die Folgen der Vernachlässigung der Lebenswelt, deren Explikation eben nicht umständlich ist, sondern unverzichtbar: Immer, wenn wir auf der Station (eine offene, gemischtgeschlechtlich belegte Akutstation mit 24 Betten in einer psychiatrischen Universitätsklinik) mehrere Patientinnen zugleich hatten (es gibt in diesem Bereich einen Frauenüberschuss aus nachvollziehbaren Gründen, denn Frauen sind eher geneigt, psychische Probleme in einer Behandlung zur Sprache zu bringen als Männer), dauerte es nicht lange, bis ein behagliches Milieu sich auf der Station einrichtete.[65] Am Nachmittag brachen Patienten in Grüppchen zu gemeinsamen Cafébesuchen in der Innenstadt auf.

Aus Sicht solch angenehmer Erfahrungen wurde die Alltagswelt, aus der die Patientinnen stammten, immer schäbiger, und die Klinikwelt gewann Tag für Tag an Attraktivität. Wenn sich Suchtpatienten (meist männliche) solchen Gruppen zugesellten, führte dies zur Steigerung der Behaglichkeit.

Wolfgang Blankenburg, der, wie erwähnt, leitende Arzt dieser Klinik und der anthropologischen Psychiatrie sowie der Daseinsanalyse verbunden, hatte für solche Entwicklungen und ihre möglichen Entgleisungen ein feines Gespür und ermahnte uns jeweils, den Patientinnen und Patienten den Klinikaufenthalt nicht zu bequem zu machen, sonst wollten sie nicht mehr nach Hause entlassen werden und sich auch nicht mehr mit den dort gegebenen Konflikten konfrontieren.

Weil aber der dominante Alltag dieser Patientinnen fallweise

- ihr heimatliches Dorf,
- der affektiv unzugängliche Ehemann,
- die allmählich das Haus verlassenden Kinder,
- die missgünstige Schwiegermutter und
- die schwatzhafte Nachbarschaft etc. waren,[66]

---

65 Im Aufenthaltsraum wurde das schöne Hessenland besungen, die Krankenpfleger wirkten dankbar mit, während die fachlich besser ausgestatteten Krankenschwestern, die man heute nicht mehr so nennen darf, man nennt sie jetzt Pflegekräfte, wie man aus pflegewissenschaftlichen Kreisen hört, sich von solchen Vergemeinschaftungen fernhielten.

66 In der Erkundung dieser Lebensumstände lag mein Beitrag als Klinischer Soziologe auf dieser Station. Mitunter lud ich auch ganze Familien zu Gesprächen auf die Station

ging es in der Klinik darum, diese zum Gegenstand der Behandlung zu machen, Handlungsstrategien zu entwickeln und in Beurlaubungen zu testen. Hier hatte Oevermann im Übrigen eine gute Idee, indem er darauf hinwies, dass die üblichen Beurlaubungen am Wochenende insofern problematisch seien, als

- zu diesem Zeitpunkt alle Familienmitglieder zuhause weilten,
- die bestehenden Koalitionen und Friktionen sich also nach Belieben entfalten könnten,
- während eine Beurlaubung unter der Woche aufgrund der entspannteren Atmosphäre mutmaßlich günstiger sei.

Dazu gehört allerdings auch ein Kontext, denn derlei muss mit der Krankenkasse abgesprochen werden, und ob sie auf das therapeutische Argument eingeht, ist eine andere Frage. Im Zweifel gilt das eiserne Prinzip der Bürokratie (das haben wir nie so gemacht, das haben wir immer so gemacht, da könnte ja jeder kommen).

Aus struktularer Betrachtung sind solche Erwägungen müßig, auf so viel Alltag (Kontext) ist man nicht dort eingestellt.

Bei einer Totalisierung der Arzt-Patient-Beziehung, wie Ulrich Oevermann sie betreibt, wird ebenfalls nicht berücksichtigt, welche Dynamik in Gang gesetzt wird, wenn der Hausarzt für eine bestimmte Person aus einer Familie oder einem Haushalt eine Klinikeinweisung ausschreibt. Das kommt daher, dass Oevermann bei der Diskussion von Arzt-Patient-Beziehungen zwar den Arzt und sein professionelles Handeln (das nach Ansicht Oevermanns immer professionalisiert ist, und zwar der Struktur wegen, in die der Arzt einsozialisiert ist) im Blick hat, jedoch nicht sein Gegenüber, den Patienten und seine Lebenswelt, also nicht den Kontext ärztlichen Handelns. Dies in den Blick gerückt zu haben ist das Verdienst der systemischen Therapie. - Zurück zur Dynamik bei Klinikeinweisungen: Wer in die Klinik „muss", gilt in seinem Umfeld als der Kranke, die anderen, die zuhause bleiben, gelten als die Gesunden. Es wird dann vergessen, dass manchmal eine je eigene, fallspezifische Pragmatik die Einweisung leitet: Wer keine Arbeit hat, hat Zeit, verdient kein Geld und geht in die Klinik, wer für das Familieneinkommen sorgt, bleibt zuhause.

---

ein. Respekt erwarb ich mir beim Klinikchef, als es mir gelang, eine Familie in der Ärztekonferenz vorzustellen.

2.4 Reflexion statt praktische Urteilskraft

In Paargesprächen, die der Krankenhausarzt u. U. führt, zeigt sich dann, dass der zuhause gebliebene Partner die Koalition der Gesunden mit dem Arzt sucht, und falls er nicht aufmerksam ist, fällt er darauf herein.[67]

Eine von mir zu dieser Frage (Unterschiede zwischen der stationär aufgenommenen und damit als krank etikettierten Person und dem Zuhause gebliebenen Partner in Bezug auf die Paardynamik) betreute Dissertation (Claudia Möhring) hatte zum Ergebnis:

Tendenzen zur Koalitionsbildung der „Gesunden" mit dem Klinikpersonal treten unabhängig davon auf, ob das Klinikpersonal gleich am Anfang oder erst im Verlauf des Aufenthalts mit dem Partner spricht; das soziologische Grundgesetz der 2:1-Differenzierung in Dreier-Konstellationen (Simmel 1908) gilt unabhängig von der Zeit.

Die nicht als krank etikettierten Partner begeben sich unabhängig vom Beginn einer paartherapeutischen Perspektive in der stationären Behandlung in die Rolle von Ko-Therapeuten, was die Asymmetrie der Paarbeziehung, die schon vor der stationären Aufnahme bestanden hat, weiter verstärkt.

Aufgabe des Therapeuten ist es, die triadische Situation einer Paartherapie unter den komplexen Bedingungen eines stationären Aufenthalts eines der Partner aktiv zu rahmen (Goffman 1974) und so ein Modell für eine Transformation einer problematischen in eine gelingende Interaktion im Alltag des Paares zu bieten.

Für die Praxis stationärer therapeutischer Einrichtungen (Kliniken) bedeutet dies, dass ein triadisches Setting jederzeit eingerichtet werden kann, auch im fortgeschrittenen Stadium einer stationären Behandlung. Gerade im Fall akuter Psychosen oder endogener Depressionen bzw. manisch-depressiver Erkrankungen ist dieser Befund für die paartherapeutisch ausgerichteten Therapeuten entlastend, da im akuten Stadium einer solchen Erkrankung eine Paartherapie nicht angezeigt ist.

Zwischenstand zur Kritik an Oevermanns Ansatz: Die oben angestellten Überlegungen zeigen, dass die Reduktion der Analyse von Situationen einer Teamsupervision auf reine Strukturmerkmale der Arzt-Patient-Beziehung dazu führt, dass der Kontext eliminiert wird. Das gilt umso mehr, wenn den Interpreten das erforderliche Kontextwissen und dessen Reflexion fehlt.

Ich setze meine Kritik an Oevermanns Vorgehen als Klinischer Soziologe bezogen auf das vorliegende Beispiel wie folgt fort:

---

67 Das ist der Grund dafür, dass ich, als ich auf einer psychiatrischen Aufnahmestation arbeitete, bei der Aufnahme einer Patientin darauf bestand, dass die gesamte Familie zum Aufnahmegespräch erscheinen sollte, und wenn nicht die ganze Familie, dann doch alle, die zum fraglichen Termin Zeit hatten. Im Prinzip folgt diese Vorgehensweise dem gesunden Menschenverstand, aber sie stellte sich dann doch im Alltag der Station als eigenständige soziologische Duftmarke heraus.

Würde Oevermann den Kontext der Arbeit in einer psychosomatischen Klinik kennen, wie er zum Zeitpunkt der Materialerhebung bestand,[68] dann könnte er zumindest drei Punkte berücksichtigen:

- Zum einen ist nicht jede psychosomatische Klinik dem psychoanalytischen Behandlungsmodell verpflichtet. Das ist vielleicht im Frankfurter Hinterland (Taunus) der Fall, wo man auf das reichhaltige Frankfurter Therapeuten-Reservoir zurückgreifen kann, was im Schwarzwald, im Allgäu oder im Bayerischen Wald nicht immer der Fall ist. Überdies sind in solche Einrichtungen mittlerweile auch andere Behandlungsformen vorgedrungen (teils aus dem Bereich der Esoterik oder des new age.)[69]
- Des Weiteren ist in solchen Kliniken das Problem, nur zeitlich begrenzt einen Patienten behandeln zu können, durchaus bekannt, zudem hat es sich im fraglichen Zeitraum verschärft[70]. Um darauf zu kommen, dass dieses Faktum in Betracht gezogen werden muss, benötigen die Mitarbeiter solcher Einrichtungen sicher nicht die strukturelle Analyse eines Frankfurter Soziologen und intime Detailkenntnisse der Psychoanalyse, zumal diese nicht notwendig das herrschende Paradigma in ihrer Institution darstellt. Wenn auch die Struktur einer psychoanalytischen Arbeitsbeziehung nicht gegeben ist, so ist doch dem Akteur oder den Akteuren zu wünschen, dass sie geeignete Strategien erfinden, um vorhandene Strukturen zu unterlaufen. Denn jeder, der über drei Wochen eine therapeutische Beziehung zu einer Person, die sich in Not befindet und

---

68 Als Fachleiter für Arbeit mit psychisch Kranken und Suchtkranken an der Berufsakademie Villingen-Schwenningen hatte ich damals regelmäßig mit psychosomatischen Kliniken zu tun, die meist in entlegenen Gebieten im Schwarzwald gelegen waren (entlegen deshalb, weil viele dieser Kliniken nach dem Rückgang der Tuberkuloseerkrankungen in leerstehende Behandlungseinrichtungen für Tuberkulose eingezogen sind, und wenn diese Kliniken nicht in psychosomatische Hände übergegangen sind, dann wurden sie Suchtkliniken oder Langzeiteinrichtungen für psychisch Kranke aus dem Rheinland. Ich leite meine Einwände aus dieser Vertrautheit mit dem Kontext ab).

69 Wer es genauer wissen will, kann ja die Anzeigenteile der Zeitschrift Psychologie heute oder der Stadtmagazine in Universitätsstädten studieren.

70 Als die Krankenkassen damit begannen, immer rigoroser Aufenthalte von Patienten zeitlich zu begrenzen, habe ich mir die Argumentation der betroffenen Kliniken gegenüber den Kassen genauer angesehen: In der Regel wurde auf das Bestehen von Behandlungsprogrammen und deren unverzichtbare Dauer verwiesen, die Fallspezifik, die nach Oevermanns Strukturmodell professionellen Handelns aus gutem Grund im Zentrum stehen müsste, spielte überhaupt keine Rolle, was auch wieder einen Blick auf die Fachlichkeit des dort tätigen Personals wirft.

2.4 Reflexion statt praktische Urteilskraft

die ihm anvertraut ist, aufbaut, müsste schon ein Holzkopf sein, wenn er die abrupte Beendigung dieser Beziehung nicht von Anfang an in Betracht zöge.
- Überdies ist die Frage, ob der vorliegende Text nur dann erschlossen werden kann, wenn man sich in der Psychoanalyse auskennt, oder ob die soziologischen Mittel dazu ausreichen. Möglicherweise aber waren bei der fraglichen Analysesitzung, auf der dieser Aufsatz basiert, psychoanalytisch orientierte Therapeuten anwesend, und der soziologische Interpret fühlte sich veranlasst, sein Wissen zu amortisieren. Im Regelfall führen solche Wissensdemonstrationen dazu, dass die anwesenden (meist weniger erfahrenen) Soziologen die Auffassung entwickeln, nicht über das für eine Sequenzanalyse notwendige Wissen zu verfügen. Dies wird dann als Argument gegen jede Form von Sequenzanalyse vorgebracht, besonders von jenen, die sich ihrer nicht mächtig fühlen oder nicht bereit sind, sich der methodischen Disziplinierung dieses Vorgehens zu unterwerfen.

Andererseits ist Oevermann auch klar, dass zwischen Struktur und Handeln eine Vermittlung gefunden werden muss. Immer wieder führte er den Weber'schen Begriff der materialen Rationalität ins Feld, um diesen Punkt zu bearbeiten. Eine systematische Analyse dazu liegt bei Oevermann nicht vor, anders als bei Kellner und Heuberger (1988), seinen Frankfurter Kollegen. Kellner und Heuberger schreiben:

> „Von der strukturalen Seite her gesehen hat Weber für die Geschichte der abendländischen Rationalität – die Ausdifferenzierung der ‚formalen Rationalität' aus Formen ‚materialer Rationalität', in unserem Zusammenhang lebensweltlich vermittelter Rationalität, als den entscheidenden Prozess herausgestellt" (Kellner und Heuberger 1988, S. 331).

Es ist nachvollziehbar, dass Oevermann diesen Pfad zur dänischen Linie, der deutlich von jener Soziologie herkommt, die von der Phänomenologie inspiriert ist, nicht betreten kann, ließ er doch damals keine Gelegenheit aus, sich über die Wissenssoziologie Berger/Luckmanns lustig zu machen. Das soll uns aber hier nicht beeindrucken. Stattdessen werde ich einen Blick auf eine Materialanalyse richten, in denen sich Oevermann als Advokat einer materialen Rationalität zeigt.[71]

Es geht um einen Fall, der Oevermann ungefähr 1984 beschäftigte und noch aus der Zeit meines Vorgängers Roethe stammte. Berichtet wurde eine Episode aus einem Interview mit einem Bergmann namens Qualle, der im Zuge der Bergbaukrise in

---

71 Hier muss ich mich nun auf meine Erinnerung verlassen, denn der nun zu diskutierende Fall ist nicht publiziert. Sich auf seine Erinnerung zu verlassen ist bekanntlich notorisch unzuverlässig, denn die Erinnerung ist wie eine Katze: Sie legt sich dorthin, wo es ihr gerade passt (Uwe Johnson).

den 1960er Jahren zum Lokomotivführer umgeschult worden war. Lokomotivführer haben wenig Handlungsspielräume. Sie müssen ihre Geschwindigkeit exakt einem vor ihnen liegenden Buch entnehmen, in dem für jeden Kilometer der Fahrstrecke die angemessene Geschwindigkeit verzeichnet ist. Mit den berufspraktischen Erfahrungen eines Bergmanns hat das wenig zu tun, denn dieser muss „vor Ort", also im Flöz, auf eintretende kritische Situationen unmittelbar und spontan reagieren, Handbücher stehen ihm dafür nicht zur Verfügung.

[Jörg Bergmann und Kollegen haben eine solche Situation anhand der Entscheidungskommunikation im Cockpit untersucht; dabei haben sie gezeigt, dass der Griff zum Handbuch auch im Cockpit eines Flugzeugs in einer kritischen Situation nicht die Methode erster Wahl ist. Stattdessen kommt es in Krisensituationen zunächst zu einer ‚Interim-Stabilisierung', die sich „durch Aktivitäten des Resümierens und Rückversicherns (auszeichnet) und nicht nur von technischer, sondern ebenso von sozialer und affektiver Bedeutung" ist. An dieser Stelle wäre es möglich, das Konzept der materialen, also lebensweltlich grundierten Rationalität weiterzuverfolgen, aber daran ist ein Auftraggeber aus der Praxis, im vorliegenden Falle die Deutsche Akademie für Flug- und Reisemedizin in Frankfurt am Main, sicher nicht interessiert. (Bergmann u. a. 2005)].[72]

Entsprechend gestaltete Bergmann Qualle seinen Alltag als Lokomotivführer. Oevermann trug dies mit sichtlich großer Sympathie für diesen Akteur vor. Anstatt sich an das vor ihm liegende Buch zu halten, orientierte sich der Ex-Bergmann üblicherweise bei der Einfahrt in den Bahnhof Hagen, welchen er bei Passieren des Kilometers xyz durch einen Bremsvorgang einzuleiten gehabt hätte, nicht an seinem Handbuch, sondern an einem direkt an Kilometer xyz gelegenen Fischteich. Dieser allerdings war eines Tages – im Rheinland selten – nicht nur zugefroren, sondern auch verschneit, weshalb Bergmann Qualle seinen selbstdefinierten Bremspunkt übersah und mit knapper Not im Bahnhof Hagen zum Halten kam.

2.4.2 Bernd Dewe: Klinische Soziologie als beratende Rekonstruktion

Dewe (1985) meint „beratende Rekonstruktion", wenn er von der Tätigkeit des Klinischen Soziologen schreibt. In Wirklichkeit definiert er eine Möglichkeit, sich als Intellektueller mit gesellschaftlicher Praxis zu befassen. Das wird auch der Grund dafür sein, dass in seiner konzeptionellen Formulierung eine Praxis nicht vorkommt.

---

72 Dieser Bericht ist im Internet zugänglich.

2.4 Reflexion statt praktische Urteilskraft

Zunächst formuliert Dewe folgenden Gegensatz: Während die behavioristisch bzw. subsumtionslogisch vorgehende Sozialforschung einer technokratischen Verwendung soziologischen Wissens den Weg bahne, verstehe sich die sinnverstehende Sozialforschung als Sinnexplikation alltäglichen Wissens und Handelns und liefere dadurch reflexives Orientierungswissen für die gesellschaftliche Praxis. Die Klinische Soziologie definiert Dewe dann so: Ihre Tätigkeit ist die einer

> „beratenden Rekonstruktion mit dem Ziel, den Adressaten in einer situativ hergestellten distanzierten Einstellung zu ihrem praktischen Handeln einen Erkenntnisprozess hin zu aufgeklärteren Begründungen ihrer Handlungsentscheidungen virtuell zu ermöglichen" (Dewe 1985, S. 352).

Letzten Endes ist das nichts Anderes, als wenn ein im Alltag Handelnder versucht, einen Handlungsentwurf zu reflektieren. Beispiel: Er ist auf einer Bergwanderung, verläuft sich, ein zufällig des Wegs kommender anderer Bergwanderer kann ins Gespräch gezogen werden, und im Zuge einer beratenden Rekonstruktion wird er dem Verirrten Auskunft darüber geben können, wo er sich verlaufen hat. Dafür wird kein Soziologe, auch kein klinischer, benötigt.

Dewe macht keine Angaben darüber, wie er sich die konkreten Handlungsrahmen eines Klinischen Soziologen vorstellt. So viel kann gesagt werden, dass die Praxis des Klinischen Soziologen seiner Ansicht nach außerhalb des Alltags stattfindet und sich als Kampf um die Anerkennung der Argumente darstellt.

Dewe weist also dem Klinischen Soziologen die Aufgabe zu, Vernunft in die Welt zu bringen. Die Frage ist, ob die Welt darauf gewartet hat. Die Antwort auf diese Frage wird sich danach bemessen, welchen Vernunftbegriff man unterstellt. Vielleicht kommen wir mit Pierre Bourdieu weiter.

2.4.3 Pierre Bourdieu: Klinische Soziologie als innerwissenschaftliche Veranstaltung

Pierre Bourdieu wird zu einem Vortrag an einem Agrarwissenschaftlichen Institut (INRA. Nationales Institut für Agrarforschung)[73] in Frankreich eingeladen. Bourdieu veröffentlicht den Vortragstext sowie die anschließende Diskussion in einem Buch mit dem Titel *Vom Gebrauch der Wissenschaft. Für eine Klinische Soziologie des wissenschaftlichen Feldes* (1998), gibt aber Anlass der Einladung und Ort des Vortrags dem Leser nicht bekannt. In seiner Vorrede lässt Bourdieu verlauten, dass

---

73 Es lohnt sich, die Internetpräsentation dieser Organisation in Augenschein zu nehmen, um das Folgende besser zu verstehen.

er im Rahmen seiner Tätigkeit als Klinischer Soziologe zur Reflexion beitragen will. Er stellt des Weiteren allgemeine Überlegungen zu „Felder(n) als relativ autonomen Mikrokosmen" (ebd. S. 16) an und behandelt dann das Thema der Autonomie eines Feldes. Dort sieht er vor allem dann ein Problem, wenn sich die Politik in ein wissenschaftliches Feld einmischt und dessen Autonomie behindert.

Damit hat Bourdieu ein Problem benannt, zu dem sich zu äußern er möglicherweise eingeladen worden ist und dessen Bearbeitung zur Tätigkeit eines Klinischen Soziologen werden könnte. Ob das die Zuhörer auch so sehen, scheint nicht im Interesse des Vortragenden zu liegen. Er verfolgt einen top-down-Ansatz, was so viel heißt, dass er als Soziologe schon wissen werde, was die Zuhörer interessieren könnte. Sie nach ihren eigenen Erwartungen zu fragen wäre da nur hinderlich.

Im Folgenden geht es dann um die Struktur wissenschaftlicher Felder (Kräfteverhältnisse und Monopole) sowie um zwei Kapitalsorten: politische und instrumentelle Macht einerseits, wissenschaftliches Prestige andererseits. Bourdieu spult also sein theoretisches Programm ab. Er gibt dann an, was man von einer Analyse wissenschaftlicher Felder zu erwarten habe: Man könne die jeweiligen Perspektiven innerhalb eines wissenschaftlichen Feldes offenlegen.

Bis dahin ist alles Vorrede. Auf S. 42 kommt Bourdieu auf seinen Gastgeber zu sprechen, besonders auf die Frage des Verhältnisses von angewandter Forschung zu reiner Forschung. Diese Begriffe werden nicht weiter erläutert; stattdessen hat Bourdieu einen Trost für sein Auditorium parat, das jeweils aus Wissenschaftlern, die mit der Anwendung von Forschung beschäftigt sind, besteht:

> „Was nun die ‚angewandten Forscher' angeht, befinden sie sich an geeigneter Stelle, um klar zu sehen, dass sich hinter der üblichen Herablassung der sogenannten ‚reinen' Forscher oft die Ängste oder Enttäuschungen einer Arbeit verbergen, die ihre Daseinsberechtigung weder im rein Wissenschaftlichen noch im Bereich praktischer Anwendungen finden kann" (Bourdieu 1998a, S. 45).

Das Problem des INRA definiert Bourdieu sodann als Konflikt innerhalb seiner Forschungsaufgaben: *Innovation* und *Intervention* werden zwangsweise miteinander vereinigt, im selben sozialen Raum zusammengefasst und vom Staat finanziert. Hier setzt Bourdieu mit seinen Lösungsvorschlägen an: Man soll die vom Staat vorgegebenen Forschungsgegenstände einer wissenschaftlichen Reflexion unterziehen, die Aufgaben differenzieren, in einem kollektiven Raum die Akteure integrieren, die Funktionen der Institution dehierarchisieren, um gemeinsam den Kampf um die Autonomie der Institution führen zu können.

Das müsste dann zu einer kollektiven Konversion im Sinne eines *aggiornamento* (urspr. Modernisierung der katholischen Kirche und ihrer Lehre) führen.

2.4 Reflexion statt praktische Urteilskraft

Nötig sei ein „praktischer politischer Kampf", „um der Vernunft Macht und Vernunftgründen ihr Recht zu verleihen, ein Kampf, der sich auf alle Errungenschaften einer bereits verwirklichten Vernunft stützen muss, welche die Geschichte des Feldes hervorgebracht hat" (ebd. S. 59).[74]

Nach einem erneuten Hinweis auf die Autonomie des wissenschaftlichen Feldes und auf institutionelle Innovationen des wissenschaftlichen Feldes endet der Vortrag.

In der Diskussion hat das Auditorium Gelegenheit, seine eigenen Perspektive zu formulieren. Es gibt einige Wortmeldungen, die auf den Kern des Vorgetragenen eingehen:

Zum Verhältnis von Lehre und Forschung: Bourdieu benennt die damit verbundenen Probleme und legt eine kollektive Reflexion nahe.

Zum Widerspruch von Autonomie einerseits und Öffnung der Wissenschaften für gesellschaftliche Probleme andererseits: Wissenschaftler sollen sich an der Aufgabe beteiligen, festzulegen, was gesellschaftliche Anliegen sind.

Die Rolle der Soziologie außerhalb des wissenschaftlichen Feldes und ihr Gebrauch: Bourdieu fragt, ob es eine Verpflichtung gebe, dass die Wissenschaften sich an ihrem gesellschaftlichen Gebrauch beteiligen. Man müsse „neue Wege gehen, so dass der verteufelte gesellschaftliche Nutzen nicht ohne uns namhaft gemacht werden kann" (S. 66). Die Wissenschaften hätten die Aufgabe, im Fernsehen und in den Medien falsch gestellte Fragen zu entwirren.

Des Weiteren sei die Aufgabe der Wissenschaften, echte und falsche Fragen aufzunehmen. Dazu müssten

> „gleichzeitig geregelte und freie Orte der Auseinandersetzung eingerichtet werden, wohin man mit seinen beruflichen Anliegen und seinem beruflichen Sachverstand, seinen Bedrängnissen und seinem Aufbegehren kommen kann, um sich in der Sprache

---

74 Wie bekannt, stellt in Frankreich die Landwirtschaft eine politische Größe dar, gegen die keine Entscheidung getroffen werden kann. Ein Politiker, dessen Programm nicht Wohltaten für die Landwirtschaft beinhaltet, braucht sich erst gar nicht einer Wahl zu stellen. Bourdieu ignoriert diesen Kontext seiner Auftraggeber. Abgesehen davon scheitert am Alltag der Landwirtschaftspolitik jeder Vernunftbegriff. Beispiel: In Zeiten allgemeiner Bedrohung durch den Geflügelvirus H5N8 müssen Landwirte in bestimmten Regionen ihre Hühner in einen Stall bringen („aufstallen"). Der baden-württembergische Landwirtschaftsminister erlaubt diesen Landwirten gleichwohl, ihre Eier als Eier aus Freilandhaltung zu verkaufen. Das macht ein Gewinn pro Ei von sechs Cent aus. Jeder Blick auf laufende agrarpolitische Diskussionen zeigt, dass hier die Unvernunft am Werk ist (Priebe 1988). Auch diese Kontextbedingungen ignoriert Bourdieu, vielleicht, um seine Auftraggeber nicht zu verärgern. Wenn ich weiter unten vom Klinischen Soziologen, der sich mit agrarsozialen Fragen befasst, als „Held des Absurden" schreibe, ist derlei gemeint. Seit Emmanuel Macron Präsident ist, ist es allerdings mit der Schonzeit der Landwirtschaft vorerst vorbei.

des Berufs mit anderen Berufswissenschaftlern auszutauschen, ob es sich nun um praktische, persönliche oder sehr viel allgemeinere Fragen handelt, und alles, ohne erst von irgendjemanden um Rat gebeten zu werden" (ebd. S. 74).

In dieser Diskussion kommt der von Bourdieu als schädlich bezeichnete Einfluss des Staates nicht zur Sprache – kein Wunder, denn die Anwesenden profitieren durch die Bank vom Staat, und wenn der Vortrag in Paris gehalten wurde, waren sicher Repräsentanten des Staates anwesend. Wollte Bourdieu dieses Thema ernsthaft angehen, könnte er auf andere Länder verweisen, in denen diese und andere von ihm angesprochene Fragen besser geregelt sind. In Deutschland ist die Einheit von Forschung und Lehre in der Tradition des Wilhelm von Humboldt mit Art. 5 Grundgesetz zur Freiheit von Forschung und Lehre festgelegt. Durch die „Innovationen" des so genannten Bologna-Prozesses ist diese Einheit bedroht. Schließlich ist in Deutschland eine Forschung garantiert, die, wenn es gut geht, unabhängig und von politischen Einflüssen frei ist, wo vorhandene und verpflichtend vom Staat zur Verfügung gestellte Forschungsmittel in Gestalt der Deutschen Forschungsgemeinschaft (DFG) kollegial verwaltet werden.[75]

Jedoch gibt Bourdieu zu erkennen, dass er nicht geneigt ist, an die Wurzel der ihm präsentierten Thematik zu gehen: Wo er nicht mehr weiter weiß, gründet er einen Arbeitskreis. Er produziert einen Nachmittag lang heiße Luft und verschwindet in der von ihm selbst erzeugten Dampfwolke. An die Wurzel gehen hieße, den Finger auf die Wunde des französischen Zentralismus zu legen.[76]

---

75 Was allerdings nicht heißen soll, dass es in Deutschland mit der Agrarsoziologie immer zum besten bestellt war. Noch in den 1980er Jahren forderten dort die Granden, d. h. die Lehrstuhlinhaber, dass der Agrasoziologe eine landwirtschaftliche Lehre vorzuweisen habe. Vgl. Hildenbrand (2014).

76 Ein Beispiel: In Westfrankreich, wo an der Küste Muscheln produziert werden, sind zur Saison in allen Restaurants moules frites erhältlich. Entsprechend viel Altfett fällt an. Anstatt dieses von einem privaten Unternehmer verwerten zu lassen, nimmt sich die öffentliche Hand in Gestalt des Departements dieser Aufgabe selbst an. Aber die Kehrseite dieser Monopolisierung von Aufgaben in öffentlicher Hand soll auch nicht unterschlagen werden: In fast jedem französischen Dorf oder fast jeder französischen Kleinstadt trifft man Straßenkehrer an, denen anzusehen ist, dass sie an einen anderen Arbeitsplatz als an einen geschützten öffentlichen nicht denken können. Sie sorgen in erheblichem Umfang für eine Pflege (im Wortsinne) des öffentlichen Raums, ungefähr so wie der Dorfpolizist, der ebenfalls allgegenwärtig ist und seine Tätigkeit nicht auf das Verteilen von Strafzetteln beschränkt. Manchmal habe ich den Eindruck, dass diese Personen explizit angewiesen sind, jeden, auch den Fremden, persönlich zu begrüßen. Die erheblichen Summen, die in Deutschland in Werkstätten für Behinderte ausgegeben werden – eine genuin preußische Lösung - wären in solchen Beschäftigungsformen sicher besser angelegt.

2.4 Reflexion statt praktische Urteilskraft

Fazit: Wenn es um den Gebrauch der Wissenschaft geht, verlässt Bourdieu den wissenschaftlichen Rahmen nicht, und bei der Behandlung dieses Themas bleibt er weit unter seinen intellektuellen Möglichkeiten. Vermutlich deshalb, weil er an diesem Thema selbst nicht interessiert ist, es gleichwohl besetzen will, selbst um den Preis, sich über andere lustig zu machen:

> „Ist die Verbreitung wissenschaftlicher Erkenntnisse eine Art Gefühlszulage für alternde Forscher, die sich am Ende ihrer Laufbahn ein gutes Gewissen verschaffen wollen, oder ist sie für den Beruf des Wissenschaftlers konstitutiv?" (ebd. S. 68)

Meint Bourdieu mit dieser Frage am Ende sich selbst, in Gedanken an sein theoretisch wie methodisch missratenes Alterswerk „Das Elend der Welt"?

Es passiert einem Klinischen Soziologen immer wieder, dass er im Feld mit Fragen konfrontiert wird, die meist mit strukturellen Ungereimtheiten zu tun haben und die im Grunde unlösbar sind; es sei denn, man löst die Institution, um die es geht, auf. Das kann man offen formulieren und sein Scheitern damit zugeben, man kann das Scheitern allerdings auch unter einem Wortschwall begraben. Diese Lösung hat Bourdieu gewählt. Das ist sein gutes Recht, es würde jedoch wissenschaftlicher Redlichkeit entsprechen, diese Auslassung zu kommentieren.

Meine Hauptkritik an Bourdieus Ansatz einer Klinischen Soziologie richtet sich auf die Totalisierung des Vernunftbegriffs mit begleitender Durchdeklinierung eines als statisch, d. h. kontextunsensibel verwendeten Begriffsapparats. Was allerdings nicht heißt, dass Bourdieu unter den preußischen Ansatz subsumiert werden kann. Unvermeidliche Folgen seiner Praxis als Klinischer Soziologe bestehen in einer Abstinenz von der Lebenspraxis - das ist ein Widerspruch in seinem Werk. Begibt sich der Klinische Soziologe in die Welt außerhalb der Universität, kommt er mit Bourdieus vernunftzentrierten Vorgehen nicht weit.

Ich gebe dazu ein Beispiel aus meiner Tätigkeit als Supervisor im Ausbildungsinstitut für systemische Therapie und Beratung Meilen/Zürich: Eine erfahrene Mitarbeiterin in einem Jugendsekretariat (Schweizer Begriff für Jugendamt), von Beruf Sozialarbeiterin, berichtet von einem schwierigen, stadtbekannten und suchtkranken Paar. Immer, wenn es im Jugendsekretariat zum Gespräch mit dem Kindsvater und seiner Frau in Sachen Sorgerechtsentzug komme, schneide er Grimassen und mache in Richtung der Sozialarbeiterinnen eine Geste des Halsabschneidens. Sie selbst, teilt die fallvorstellende Sozialarbeiterin mit, fühle sich durch dieses Verhalten bedroht. Nach diesem Bericht fällt mir folgender Witz ein, den ich den Anwesenden erzähle, nachdem sie mir die Erlaubnis dazu gegeben haben:

Im Zürcher Zoo ist ein Affe entwichen und hat sich auf den höchsten Baum geflüchtet. Der Zoodirektor will das Problem noch vor Dienstschluss klären und den Affen in seinen Käfig zurücklocken. Die herbeigerufene Feuerwehr mit Drehleiter kann den Affen jedoch nicht einfangen. In seiner Not ruft der Zoodirektor den Pastor. Dieser verweilt fast eine Viertelstunde lang vor dem Baum, nimmt Blickkontakt mit dem Affen auf und schlägt bedächtig das Kreuzzeichen, erst in vertikaler, dann in horizontaler Richtung. Unverzüglich sucht der Affe seinen Käfig wieder auf. Der erstaunte Zoodirektor fragt den Pastor, wie er denn das zu Wege gebracht habe. Der Pastor erwidert: „Ich habe dem Affen gesagt", dabei das Kreuz in vertikaler Richtung markierend, „wenn du nicht sofort runterkommst", dann markiert er den Rest des Kreuzes in horizontaler Richtung, „säge ich den Baum ab."

Diesen Witz erzählte ich zu allgemeiner Erheiterung und schlug der Klientin vor, ihn dem aggressiven Klienten dann zu erzählen, wenn er wieder seine Halsabschneider-Geste mache.

Bei der nächsten Sitzung, vier Wochen später, will ich natürlich sogleich wissen, ob die Intervention erfolgreich gewesen sei. Die Klientin berichtet, sie habe den Witz nicht erzählt. Jedes Mal jedoch, wenn der Klient sich danebenbenehme, denke sie an diesen Witz, lache innerlich und entspanne sich dadurch.

Einer vernunftbetonten soziologischen Vorgehensweise im Stil Bourdieus hält dies mutmaßlich bzw. mit Sicherheit nicht stand (für die Explikation des Feldes der Jugendhilfe ist hier nicht der Ort). Mit diesem Beispiel will ich offenlegen, zu welchem unkonventionellen Vorgehen ich als Klinischer Soziologe unter Umständen bereit bin. In einer Supervisionssitzung ist der Beifall meiner Berufskollegen für mich allerdings nicht das entscheidende Kriterium, auch die sorgenvollen Stirnfalten meiner Kollegen kümmern mich an dieser Stelle nicht. Entscheidend ist, den Teilnehmenden dazu zu verhelfen, mit kritischen Situationen in ihrer Berufstätigkeit so umgehen zu können, dass sie ihre berufliche Autonomie bewahren können (das ist auch der Grund dafür, weshalb sie die zeitlichen und pekuniären Kosten einer Supervision auf sich nehmen).

In diesem Beispiel bleibe ich als Soziologe weit hinter dem zurück, was Bourdieu von der Klinischen Soziologie fordert:

> „Was jedoch die soziologische Analyse leisten kann, und was in gewissem Sinne alles ändert, ist vor allem eine systematische Perspektivierung jener perspektivischen Repräsentationen, die im Dienste der Kämpfe innerhalb des Feldes hervorgebracht werden, die trotz aller Bemühungen, sich als ‚universell' darzustellen (wie sie die Verweise auf einen gesellschaftlichen Nutzen zeigen), immer von einer besonderen Stellung in eben diesem Feld ihren Ausgang nehmen, und die nun, derart auf die Füße gestellt, ihren Sinn und ihr Ziel in völlig verändertem Licht erscheinen lassen" (Bourdieu 1998a. S. 42).

Ob Bourdieu, auf seinem Rationalitätsolymp thronend, auch seine Klienten erreichen würde, sei dahingestellt. Ihn selbst interessiert diese Frage genauso wenig wie Bernd Dewe, und am Ende bleibt Wunschdenken hinsichtlich der Wirkung soziologischer Reflexion.

2.5 Soziologie in Deutschland 2016

Im Vorfeld des 38. Kongresses der Deutschen Gesellschaft für Soziologie mit dem Thema „Geschlossene Gesellschaft" war schon vor Beginn dieses Kongresses das Medienecho beachtlich.

Der Bamberger Soziologe Gerhard Schulze, bekannt geworden als Erfinder der „Erlebnisgesellschaft", schreibt in der NZZ am 24.09.2016 (ich zitiere aus der e-Paper Version):

> „Kann die Soziologie eine ganz normale akademische Disziplin sein? Alle Wissenschaften, etwa Medizin, Biologie oder Physik, gewinnen ihre Eigenart durch den speziellen Gegenstand im Fokus ihrer Analysen. Nur bei der Soziologie ist es damit noch nicht getan. Sie ist erst dann am Ziel, wenn sie gefragt und verstanden wird. Andere Wissenschaften können dieses Verstehen professionellen Anwendern überlassen, etwa Ärzten, Gentechnikern oder Ingenieuren. Anwender der Soziologie sind dagegen potentiell wir alle. Sie gestattet uns einen neuen Blick auf unsere soziale Welt und eröffnet damit die Möglichkeit des Andersseins."

Interessant ist die Stelle, an der es um professionelle Anwendung von Wissenschaften geht. Als Erstes nennt Schulze Ärzte, dann folgen Gentechniker oder Ingenieure. Auf intime Kenntnis der Professionalisierungssoziologie, die, beginnend mit T. Parsons und E. C. Hughes, am Beruf des Arztes zentrale Strukturmerkmale ärztlichen Handelns untersucht, aus wohlerwogenen Gründen die Ingenieure vom Etikett „Profession" jedoch ausschließt, lässt dieser Verweis nicht schließen. Mediziner selbst verweisen gerne darauf, dass die Medizin keine Wissenschaft sei, sondern sich nur der Erkenntnisse anderer Wissenschaften bediene.

Und weiter: Wen meint Schulze mit „wir alle" in der vorletzten Zeile des Zitats, und wen mit „uns", denen die Soziologie einen neuen Blick auf „unserer sozialen Welt" gestatte? Meint er damit die Soziologen, denen er ja offenbar zugehört, oder den Alltagsmenschen? Für wen spricht er? Oder handelt es sich um ein pastorales „Wir"?

Im weiteren Verlauf des NZZ-Artikels reklamiert der Autor mit Rückgriff auf M. Rainer Lepsius, dass die Soziologie „als neue Schlüsselwissenschaft" zu gelten habe.

Das Dilemma jedoch sei, dass inzwischen „die Gesellschaft ihre Soziologie selbst zusammenbastelt", und zwar in Talkshows etc. Nebenbei: Dazu hat der Autor mit seinem populistischen Begriff der Erlebnisgesellschaft seinen Anteil beigetragen.

Dieser Zeitungsartikel gipfelt in der Forderung, soziologische Erkenntnistheorie als Schulfach zu etablieren, denn die Soziologie sei ja „die Leitwissenschaft" der „fortgeschrittenen Moderne im 21. Jahrhundert". Hut ab vor dem Glauben des Autors an die Pädagogik. Für dieses Beschäftigungsprogramm wird ihm sein Fach danken, und man will gar nicht wissen, was aus der Soziologie geworden sein wird, wenn sie erst einmal in die Hände von Lehrern gefallen ist.[77]

Der Autor schließt mit der Erkenntnis, dass gute Soziologie sich nicht an der „Sicherheit und Stabilität ihrer Ergebnisse" beweise, sondern an der „Ausgereiftheit ihrer Methoden, dem Niveau ihrer Diskussionskultur und als empirische Wissenschaft im strengen Sinn", womit er sicher nicht an Edmund Husserl gedacht hat. Kurz gefasst: Was kümmern mich meine Ergebnisse, wenn die Methoden gut sind?

Zum Thema Methoden lässt sich auch ein anderer Soziologe, Andreas Diekmann von der TH Zürich (da war doch was? zeitgleich Schulze in der NZZ, Diekmann in Zürich. Haben wir es hier mit einem Kartell zu tun?) am 26.9.2016 in der SZ vernehmen. Er empfiehlt, dass die Soziologie die Lücke wieder füllen solle, die sie aufgerissen hätte, und in die nun „Sozialphysiker und Informatiker stoßen". Denn er hat zu beklagen:

> „Im Soziologie-Studium erfährt man kaum etwas über die neuen statistischen Techniken der Kausalanalyse, über experimentelle Designs, über das Potential von Geo-Informationssystemen,[78] die Bedeutung kontrollierter Informationssysteme, die Erhebung internetbasierter Daten oder die neuen Entwicklungen in der Entscheidungs- und Spieltheorie."

---

77 Nichts gegen Lehrer. Jedoch wird von Hochschullehrern erwartet, dass sie in ihrem Kollegenkreis ihre Position zur Diskussion stellen. Von Lehrern allerdings ist bekannt, dass sie einander diesbezüglich aus dem Weg gehen.

78 In ihrer Weber-Biografie zitiert Marianne Weber (1989) aus einem Brief, den Max Weber an einen Freund schreibt, in welchem er von seinem Blick aus dem Fenster während einer Zugfahrt in England berichtet und in dem er die Landschaft in sozialstruktureller Hinsicht „liest". Die Botschaft aus heutiger Sicht lautet: Ein Soziologe braucht keine Geoinformationssysteme von der Art von Google, er muss hinaus in die Welt. Auch wenn Google hilfreich ist, wenn man zum Beispiel herausfinden will, ob eine Landschaft eher durch Anerbensitte oder Realteilung gekennzeichnet ist (Bohler und Hildenbrand 2006), mitunter reicht auch ein Blick in die Landschaft und deren Interpretation. Für manche Soziologen hat jedoch nur das einen Sinn, das durch eine Maschine erzeugt worden ist. Dass auch diese Daten interpretiert werden müssen, entgeht dann dem forschen soziologischen Zugriff, dem alles, was nicht durch eine Maschine „objektiviert" ist, als „subjektiv" suspekt gilt.

Kurzum: Die ETH Zürich kann sich glücklich schätzen, eine solche soziologische Koryphäe in ihren Mauern zu beherbergen.

Hier melden sich zwei (selbsternannte?) Platzhirsche der Soziologie zu Wort. In ihrem Rudel ist kein Platz für Klinische Soziologen in der hier vorgestellten Version. Als Klinischer Soziologe möchte man mit solchen Leuten auch nichts zu tun haben.

2.6 Fazit

Auf der Suche nach einer philosophischen und sozialwissenschaftlichen Begründung für eine Klinische Soziologie komme ich auf der Seite der Philosophie weiter, die das herausragende Konzept der praktischen Urteilskraft anbietet und die Frage alltagsweltlicher Orientierung thematisiert. Die soziologische Seite spielt für diese Konzeption kaum eine Rolle, dort überragt die Vernunft alles andere. Von deren lebensweltliche Verankerung ist nirgendwo die Rede.

Aber noch ist nicht aller Tage Abend. Bisher habe ich bis auf eine Randnotiz unterschlagen, dass es in den USA seit 1931 ein durchdachtes und praktiziertes Konzept für eine Klinische Soziologie gibt, welches in den bisher referierten Konzeptionen nicht zur Kenntnis genommen wurde. Dieses Konzept ist keine Eintagsfliege: In Gestalt einer 1970 gegründeten Clinical Sociology Association lebt es – mit gewissen Verfallserscheinungen – bis heute fort. Im folgenden Schlusskapitel zur Grundlegung einer Klinischen Soziologie befasse ich mich ausschließlich mit der US-amerikanischen Variante einer Klinischen Soziologie.

Klinische Soziologie: Die US-amerikanische Perspektive

3.1 Louis Wirth

Louis Wirth (1897-1952) hat in einem Aufsatz aus dem Jahr 1931 das erste mir bekannte Konzept einer Klinischen Soziologie formuliert. Als langjähriger Professor an der Universität Chicago kann er dem Symbolischen Interaktionismus zugerechnet werden, wie sogleich deutlich werden wird. Wirth ist Einwanderer. Zusammen mit seiner älteren Schwester zog er zu seinem Onkel in Omaha, Nebraska, im Mittleren Westen des USA. Er kam aus der Hunsrück-Gemeinde Gemünden in Rheinland-Pfalz, wo sein Vater Viehhändler war. Wirth war jüdischer Herkunft, seine Eltern waren gläubig. Im 19. Jahrhundert waren ein Fünftel der Einwohner seines Geburtsorts jüdischen Glaubens.[79] Wirth studiert an der University of Chicago zunächst Medizin, dann Soziologie. Nach dem Studium arbeitet er als Klinischer Soziologe – eine Position, mit der er Neuland betrat und von der der hier zu diskutierende Aufsatz zeugt. Institutionalisiert war diese Tätigkeit damals wie heute nicht, weshalb sich Wirths Biografen mit der Bezeichnung „Sozialarbeiter" mehr als notdürftig behelfen; dann erst verfolgte er eine akademische Karriere in der Soziologie.

In seinem Buch „American Sociology. The story of sociology in the United States through 1950" (Amerikanische Soziologie: Die Geschichte der Soziologie in den Vereinigten Staaten bis 1950) skizziert der Autor, Howard W. Odum (1951, S. 227-233) Wirth folgendermaßen biografisch:

---

[79] 66 Im Gebiet seiner Herkunftsgemeinde entstand der Film von Edgar Reitz „Die andere Heimat", in der weiteren Umgebung entstanden die Folgen der Reitz-Serie „Heimat". Beide Filme geben einen Einblick in die historische Situation zu Zeiten des Aufwachsens von Wirth.

> „Wiederum ist Wirths Geschichte auf verschiedene Weise repräsentativ für die amerikanische Soziologie: Nach einem Abschluss an der Universität Chicago 1919 (M.A. 1925; PhD 1926) begann er als Sozialarbeiter (falsch: siehe oben- B. H.), war Direktor an einer Abteilung für straffällige Jugendliche, unterrichtete Soziologie an der Universität von Chicago von 1926-1928, wurde assistant professor 1931, associate professor[80] 1932, und 1940 Professor. Von 1928-1930 war er Professor an der Tulane University (New Orleans, Louisiana), das war seine einzige akademische Tätigkeit außerhalb der Universität von Chicago, zudem forschte er im Auftrag des Social Science Research Council, Brooklyn, in Europa. Dort befasste er sich mit der Frage der Grenzen von Gemeinden" (übers. und ergänzt von B. H.) (vgl. Vortkamp 2003, S. 127).

Mit dem Stichwort Chicago ist ein Hinweis gegeben auf das Milieu, in welchem Louis Wirth sein akademisches Leben bestritt – ein Milieu, das vollständig kontrastiert zur verschlafenen akademischen Kleinstadt, die Heidelberg, worauf ich weiter vorne schon eingegangen bin, zu Max Webers Zeiten war. Die Universität Chicago verfügte über ein später namhaftes, zu Wirths Studienzeit sich im Aufbau befindenden soziologisches Institut, an welchem im Wesentlichen Stadtforschung (Robert E. Park) und Ethnografie, pionierhaft auch Biografieforschung (W. I. Thomas und Florian Znaniecki – Hauptwerk The Polish Peasant in Europe and America, urspr. 1910-1920 in fünf Bänden, 1996 erschien eine einbändige Zusammenfassung) betrieben wurde, – und unter dem Einfluss des Pragmatismus die Chicagoer Schule der Soziologie sowie der symbolische Interaktionismus entstanden. Die Ethnographie war von Anfang an ein Markenzeichen dieses Instituts, und schließlich entwickelte sich nach dem Zweiten Weltkrieg auf diesen Grundlagen eine der (aus meiner Sicht) bemerkenswertesten Methodologien der Sozialwissenschaften: die "Grounded Theory". Damit werde ich mich im nächsten Kapitel genauer befassen.

Chicago war eine rasch sich entwickelnde Stadt, deren Industrie durch den Bau eines Kanals zum Eriesee mit direktem Anschluss an den Atlantik einen erheblichen Aufschwung nehmen konnte. (1830 zählte der Ort 100 Einwohner, 1840 waren es schon 4470, schließlich war 1920 mit 2 Millionen die Millionengrenze längst überschritten.) Außerdem war dieser Ort Bezugspunkt massenhafter Zuwanderung aus Galizien, Polen, Irland und Deutschland. Zwischen 1916 und 1919 verzeichnete die Stadt einen Zuzug von 50.000-70.000 Afroamerikanern aus den Südstaaten. Die Zuwanderer ausgangs des 18. Jahrhunderts trafen auf eine Gesellschaft, die gerade durch einen als Bürgerkrieg geführten Sezessionskrieg (1861-1865) erschüttert worden war, dem es jedoch nicht gelungen war, die wesentlichen Säulen der politischen Verfasstheit des Landes zu zerstören. Es gab keine einheitliche Kirche, stattdessen war das Land zerfallen in eine Vielzahl von protestantischen Sekten,

---

80 Der assistant professor entspricht heute in Deutschland dem Juniorprofessor, der associate professor dem W2-Professor.

denen auch Max Weber seine Aufmerksamkeit widmete. Kurzum: Es kam in Chicago nicht zu einer Dichotomie zwischen „Etablierten und Außenseitern" (Elias und Scotson 1993). Niemand okkupierte den öffentlichen Raum und beanspruchte „wir sind das Volk", denn ein solches Volk, welches sich auf fiktive Grundsätze des christlich-jüdischen Abendlandes berufen und daraus eine Vorrangstellung ableiten konnte, gab es nicht. Die stattdessen gängige, angemessenere Metapher war die eines „Melting Pot" (Schmelztiegel).

In diesem Milieu entstand, um darauf zurückzukommen, der amerikanische Pragmatismus. In Deutschland wurde der Pragmatismus für lange Zeit mit Utilitarismus verwechselt, und deutsche Denker konnten daher am Pragmatismus nichts vom „Wahren, Guten und Schönen" (Inschrift an der Alten Oper in Frankfurt) entdecken, das ihr Herz erwärmte. Jedoch hatten die Pragmatisten ein Anliegen: Sie trugen ihren Teil dazu bei, dass sich die Stadt Chicago zu einem lebendigen Gemeinwesen entwickeln konnte, denn ihr Maßstab waren nicht Ideen, sondern Orientierung an alltäglichen, empirischen Gegebenheiten. Auf dieses Gemeinwesen richtete sich ihre Forschung, die auch in bürgerschaftliches Engagement mündete, und zwar im Wesentlichen im Bereich der Erwachsenenbildung. Davon zeugen Schriften von John Dewey und G. H. Mead, dessen wissenschaftliche Beiträge teilweise nicht von ihm selbst ediert wurden, sondern auf Nachschriften und Mitschriften seiner Vorträge und Vorlesungen zurückgehen, während die publizistischen Beiträge, die Mead selbst verfasst hat, pädagogischen sowie sozialpolitischen Fragestellungen gewidmet sind. Einige davon sind in der von Hans Joas herausgegebenen zweibändigen Sammlung seiner Aufsätze (Suhrkamp 1987) erschienen.

Als Alfred Schütz als Exilant an der New School of Social Research, einer, wie oben erwähnt, Einrichtung der Erwachsenenbildung, seine Tätigkeit aufnahm, hat er sich alsbald mit dem Pragmatismus befasst und vor allem einen Aufsatz über William James, der zu den Begründern des Pragmatismus gezählt wird, geschrieben. Maurice Natanson, ein Schüler von Alfred Schütz, konnte sich am Anfang seiner Karriere nicht zwischen dem damals noch an der Phänomenologie orientierten Jean-Paul Sartre und George Herbert Mead entscheiden, so schrieb er zu jedem der beiden eine Dissertation.

Wenn ich also im letzten Kapitel des grundlegenden Teils zur Klinischen Soziologie von der Lebensweltorientierung der Phänomenologie übergehe zur Denkweise des Pragmatismus, dann hat das eine innere Logik, die ich oben nur notdürftig mit Namen skizziert habe. Das inhaltliche Argument steht noch aus. Jedoch will ich es vermeiden, hier eine Studie zum Zusammenhang von Pragmatismus und

Symbolischen Interaktionismus vorzulegen. Das ist nicht mein Auftrag. Er ist auch schon in der erwähnten Literatur von anderen zufriedenstellend erledigt worden.[81]

3.1.1 Wirth als Klinischer Soziologe

Wie der biografische Abriss zu Louis Wirth gezeigt hat, beschränken sich die Jahre der Berufstätigkeit Wirths außerhalb der Universität auf die Zeit zwischen 1919 und 1926. Er war damals ein junger Mann, zwischen 22 und 29 Jahren alt. In dieser Zeit arbeitete er nach einem ersten Universitätsabschluss (wohl B.A.) in leitender Position mit straffällig gewordenen Jugendlichen, und hier entwickelte er sein Konzept einer Klinischen Soziologie. Dem folgte seine akademische Karriere, die bis zum Präsidenten der American Sociological Association reichte, und für die Klinische Soziologie hatte er kein Interesse mehr – die lebensweltzugewandte Orientierung an seinem Department bot hinreichend Anregungen für einen an gesellschaftlichem Engagement orientierten Soziologen, namentlich die Stadtsoziologie, in deren Bereich er fortan publizierte.

Zurück zu Louis Wirth: Mit dem Tätigwerden von Soziologen in Child Guidance Clinics in den 1920er und 1930er Jahren zeichnet sich eine neue Spezialisierung der Soziologie ab: die Klinische Soziologie. Unter solchen Kliniken hat man Einrichtungen der Kinder- und Jugendhilfe zu verstehen, in der familienorientiert und interdisziplinär Beratung in Erziehungskrisen (Straffälligkeit) stattfindet. Die beteiligten Berufe sind die der Medizin, der Psychologie und der Sozialarbeit, dazu kommt die Soziologie. Um ihren Beitrag geht es hier.

Klinische Verfahren haben nach Wirth drei Haupteigenschaften:

- Sie sind auf einen „Fall" gerichtet, auf eine Person in ihrem sozialen Umfeld, der Fall präsentiert konkrete Probleme.[82]

---

81 Genannt seien die Publikationen: Joas 1980, 3. Kap.; Meltzer, Petras und Reynolds 1975, 1. Kapitel; Bergmann und Hildenbrand 2016; Kellner, 1969, Einleitung. Zum ideengeschichtlichen Hintergrund des Pragmatismus vgl. Menand (2001).

82 1930 erschien von Clifford R. Shaw die Fallstudie „The Jack-Roller. A delinquent boy's own story" mit einem Vorwort von Howard Becker (Neuauflage 1966), in welchem dieser den damaligen Kontext der Soziologie in Chicago beleuchtet und die Entwicklung in der Soziologie bis 1966 weiter auszieht. Die Originalausgabe enthält außerdem eine Einschätzung durch Ernest W. Burgess, einem anderen der großen Soziologen in der Chicago School mit stadtsoziologischem Schwerpunkt und – offenbar – peripheren Interessen an Klinischer Soziologie.

- Klinik ist ein kooperatives Unternehmen und schließt die Unterstützung einer Anzahl von Spezialisten ein.
- Klinische Verfahren haben unmittelbar therapeutische Ziele und enthalten daher nicht nur Studien eines „Falles", sondern auch die Formulierung eines Therapieprogramms.

Es geht in solchen Kliniken (im Folgenden Einrichtung genannt) demnach nicht ausschließlich um Praxis, sondern um die Kombination theoretischer mit praktischen Interessen. Daher hat sich folgendes Verfahren herausgebildet:
Der Fall kommt in die Einrichtung mit einer Formulierung des Problems, wie es die überweisende Einrichtung oder Person sieht;

- dem folgt eine Datensammlung der verschiedenen Untersucher der Einrichtung sowie
- eine Diskussion unter den beteiligten Spezialisten, um die Fakten auszutauschen;
- die dann analysiert werden, um zu einer Diagnose zu gelangen, mit der alle Beteiligten übereinstimmen;
- worauf die Formulierung eines Behandlungsprogramms erfolgt,
- dem sich Versuche anschließen, dieses Programm umzusetzen,
- begleitet von Untersuchungen zur Überprüfung und Bewertung des Programms sowie der Diagnose, auf welcher dieses Programm aufruht,
- mit der weiteren Anstrengung, zu validen Generalisierungen der Prinzipien und der Verbesserungen der Techniken zu gelangen.

Zwar profitiere die Soziologie, so Wirth, wenn sie mit anderen Disziplinen zusammenarbeite, aber sie sei nicht identisch z. B. mit der Sozialarbeit (man erinnere sich: Im biografischen Abriss gilt die außeruniversitäre Tätigkeit von Louis Wirth als Sozialarbeit. Offenbar war der Autor dieser eingangs zitierten biografischen Skizze nicht bereit, Louis Wirth als Klinischen Soziologen anzuerkennen). - Für den Soziologen ist die Einrichtung der Kinder- und Jugendhilfe eine Art Labor für kontrollierte Beobachtungen.
Wirth zitiert in diesem Zusammenhang Charles Horton Cooley:[83]

---

83 Dieses Zitat konnte nicht verifiziert werden. Charles Horton Cooley (1864-1929) lehrte in Ann Arbor, Michigan. Er kann als Vorläufer der Identitätstheorie George Herbert Meads gelten, indem er das Konzept des „Looking Glass Self" (Spiegel-Selbst) entwickelte. Dabei geht es um die grundlegende Idee, dass sich die Entwicklung von Identität im sozialen Austausch vollzieht (vgl. später Anselm Strauss: Spiegel und Masken. Die Suche nach Identität. Frankfurt am Main 1968). Das große Werk von Cooley, Human Nature and the Social Order (1964), enthielt ein Vorwort von Mead, in welchem dieser

„Der Soziologe soll beobachten. Man kann dagegen einwenden, dies sei die Aufgabe von Künstlern – Shakespeare, Goethe, Balzac. Aber die riesige Aufgabe, das soziale Leben zu beobachten, benötigt die Kooperation verschiedener Arten von ‚synthetischen Geistern': Künstler, Wissenschaftler, Philosophen und Männer der Handlung. Oder: Der konstruktive Teil der Wissenschaft ist in Wahrheit eine Art Kunst" (übers. von B. H.)[84].

Wirth grenzt die Tätigkeit des Klinischen Soziologen von den anderen in der Klinik vertretenen Berufen wie folgt ab:

Die Ärzte in der Einrichtung sähen geistige und seelische Erkrankungen vom Standpunkt der physischen Gesundheit aus. Aufgabe der Psychologen sei die Bestimmung der geistigen Fähigkeiten und Unfähigkeiten des Individuums, um daraus pädagogische Erfordernisse abzuleiten. Die Aufgabe der Sozialarbeiter bestehe darin, soziale Methoden der Untersuchung und der Behandlung anzuwenden und sich um die beteiligten sozialen Faktoren zu kümmern. Wenn eine Berufsgruppe sich um die Angelegenheiten der anderen kümmere, ohne dafür geschult zu sein (im Auge hat Wirth vor allem die Ärzte), dann tue sie dies aus der Position des Laien und nicht aus der des Fachmanns. Entscheidend sei, dass alle Disziplinen zusammenkommen, um das vollständige Bild, das ein Patient zeigt, zu beschreiben. So können sie zu einer Reintegration der Persönlichkeit gelangen oder soziale Beziehungen aufbauen.

In diesem Konzept setzt Wirth voraus, dass die genannten Berufsgruppen geneigt sind, mit anderen in Kooperation zu treten und den jeweiligen Standpunkt des anderen zu erkunden und gelten zu lassen.

Was aber ist die Aufgabe des Klinischen Soziologen gegenüber der des Arztes, des Psychologen, des Sozialarbeiters? Seine Aufgabe sei es nicht, einen „total situation approach" zu verfolgen, denn dazu seien manche Sozialpsychiater ebenfalls in der Lage. Der wesentliche Beitrag des Klinischen Soziologen – beispielsweise im Bereich der Jugendhilfe – beziehe sich also darauf, dass der Soziologe von vorneherein die soziale Situiertheit des Subjekts im Blick habe.[85]

Cooleys Beitrag zur Soziologie würdigt. Dieses Vorwort erschien zunächst an prominenter Stelle, nämlich im American Journal of Sociology, Vol. XXXV, 1930. Bereits im ersten Satz zitiert Mead dort aus einem Werk von Cooley, in welchem dieser Goethe als „fast idealen Soziologen" erwähnt. Beide, Mead und Cooley, haben in Deutschland studiert.

84 Wirth bezieht sich hier auf eine Position des amerikanischen Pragmatismus im Sinne von John Dewey.

85 Dahinter steht nichts anderes als das von W. I. Thomas formulierte Theorem: Wenn Menschen eine Situation als real definieren, dann ist sie real in ihren Konsequenzen (vgl. McHugh 1968).

3.1 Louis Wirth

Wovon verstehe also der Klinische Soziologe etwas? Von Familien, von Gleichaltrigengruppen, von Gemeindeleben und von sozialen Institutionen. Darüber hinaus habe der Soziologe auch etwas zum Thema Persönlichkeit und zu individuellen Verhaltensproblemen beizutragen, wozu die anderen beteiligten Disziplinen nichts sagen könnten.[86] Er müsse daher Zugang zum Patienten haben, um ihn in seinen sozialen Bezügen kennen zu lernen. In einer Child Guidance Clinic, also einer Einrichtung der Kinder- und Jugendhilfe, die mit straffälligen Jugendlichen arbeitet, gebe es mindestens drei Möglichkeiten nützlichen Handelns für den Klinischen Soziologen:

- Er forscht nur (über das Material, das die Einrichtung ihm bietet).
- Er berät die anderen Mitarbeiter der Einrichtung und unterrichtet Sozialarbeiter und Psychiater über die Sachverhalte, die in sein Fachgebiet fallen.
- Er nimmt direkt an Fallstudien und an der Behandlung von Fällen teil. Er spricht also mit den Patienten und pflegt andere Formen des Kontakts zu ihnen, untersucht ihre soziale Welt, sammelt und analysiert Lebensgeschichten, unterhält Kontakte mit der Gemeinde, der Schule und sozialen Einrichtungen, nimmt an Sitzungen der Klinikmitarbeiter teil sowie an Behandlungsprogrammen.

In manchen dieser Einrichtungen fungiert der Soziologe als Direktor.

Wie grenzt sich der Soziologe vom Sozialarbeiter ab? Typisch für die Sozialarbeit sei die Vielfalt ihrer Tätigkeiten. Deshalb könne sie nicht so genau auf die Persönlichkeit und auf Verhaltensprobleme schauen, und außerdem fehle ihr die erforderliche Kenntnis Klinischer Soziologie.

Dass es an Soziologen in der Klinik fehle, zeige der gängige Umgang mit lebensgeschichtlichen Daten seitens der Ärzte und der Sozialarbeiter: Bei ihnen stehe die Defizitorientierung im Vordergrund, und es gehe ihnen um objektive Beschreibungen, nicht um die individuellen und sozialen Wirklichkeitskonstruktionen der Klienten.[87]

---

86 Das ist eine radikale Ansicht, die man nur versteht, wenn man den persönlichkeitstheoretischen Annahmen des Symbolischen Interaktionismus folgt (Krappmann 1973).
87 Es muss daran erinnert werden, dass Wirth diesen Text im Jahre 1931 veröffentlichte. Aus heutiger Sicht klingt er aktueller denn je, betrachten wir nur die verkümmerte Kunst der Sozialanamnese sowie die Tendenz zu defizitorientierten Einschätzungen in Bezug auf Klienten, die im Gegenzug zur Entwicklung von Konzepten wie „Salutogenese" und „Resilienz", „Fördern der gesunden Anteile" sowie „Ressourcenorientierung" Anlass gegeben hat, die im Feld der Sozialarbeit wohl bekannt, aber auf dem Niveau von Schlagworten ohne praktischen Nutzen in Gebrauch sind.

Die Tätigkeit des Klinischen Soziologen bleibe jedoch so lange akademisch, als er kein Interesse daran entwickle, das Verhalten der Klienten zu rekonstruieren. Diagnosen[88], auch solche des Klinischen Soziologen, müssten Aufschluss über die Behandlung geben.

Die Lebensgeschichte biete dafür den entscheidenden Hinweis. Wenn der Klient seine Lebensgeschichte erzählt, könne dies zu den effektivsten Vorgehensweisen in einem therapeutischen Programm gehören. Am meisten aber gehe es um Änderungen in der sozialen Welt der Kinder und Jugendlichen (in der *Child Guidance Clinic*). W. I. Thomas nenne das „beneficient framing" (hilfreiches Rahmen)[89] als eine Methode der Sozialtherapie. Das Rahmen beziehe sich sowohl auf das Verhalten des Kindes als auch auf das seiner sozialen Welt. Dabei könne der Soziologe einiges von den Sozialarbeitern lernen. Zentral aber sei die Interdisziplinarität. Der Soziologe könne nichts alleine, und es entstünde ein großes Problem, wenn die Einrichtung zum Schlachtfeld der Disziplinen würde.

Von einer weltweiten Institutionalisierung einer Klinischen Soziologie kann nicht die Rede sein, auch wenn Wirth die nötigen Grundlagen dafür geschaffen hat. Wenn in Deutschland nach der Psychiatriereform Soziologen in Kliniken oder in Einrichtungen der Kinder- und Jugendhilfe tätig wurden, dann war das die Ausnahme und nicht die Regel. Was an konzeptuellen Vorschlägen nach Wirth kommt, trägt zu Verbesserungen, aber nicht zu grundlegender Neuorientierung einer Klinischen Soziologie bei. Von den im Vorangegangenen erwähnten Autoren (Neidhardt, Dewe, Oevermann, Bourdieu) hat keiner das Konzept von Wirth zur Kenntnis genommen, obwohl es an prominenter Stelle erschienen ist. Jeder dieser Autoren ist im engen – europäischen - Rahmen seines Konzepts von Soziologie geblieben, zu dem der Ansatz der Chicagoer Schule nicht gehört (Oevermann

---

88 Aus heutiger Sicht ist diese Annahme mit Rücksicht auf die soziologische Debatte um die Problematik psychosozialer Diagnosen mit ihrem Bezug zur Labelling-Theorie naiv. Kein Klinischer Soziologe wird für sich in Anspruch nehmen, Diagnosen zu formulieren. Diagnose heißt bei ihm Fallstrukturhypothese. Jedoch: Während der langwierigen Debatten im Anschluss an Chefvisiten schloss ich mit mir immer Wetten ab, welche Diagnose am Ende wohl herauskommen würde. Es gilt aber auch, dass eine Intervention ohne Diagnose (also ohne solide Fallstrukturhypothese) erhebliche Folgekosten für den Klienten nach sich ziehen kann. Von Diagnostik sollte man nur sprechen, wenn man das Konzept entsprechend differenziert hat (Wieland 2004).

89 Der Rahmenbegriff lag offenbar schon damals in der Luft. Wirths Zitat konnte ich im Original bei Thomas nicht finden. Erving Goffman hat 1974 den Rahmenbegriff als Zugang zur Organisation von Alltagserfahrung fruchtbar gemacht, ich selber habe ihn auf therapeutische Situationen bezogen und die Rahmung therapeutischer Situationen gegen den Begriff der „Auftragsklärung" eingeführt (Hildenbrand 1999).

bezieht sich vielfach auf George Herbert Mead, aber nur dann, wenn das in seinen eigenen theoretischen Rahmen passt).

3.1.2 Wirths Konzept einer Klinischen Soziologie, kritisch und aus heutiger Sicht betrachtet

Im Zug seiner Bestimmung des Handlungsfeldes, in welchem der Klinische Soziologe sich orientiert und in welchem dieser seinen Teil in einem interdisziplinären Kontext übernimmt, hat Wirth sich wenig Gedanken über den Kern beruflichen Handelns gemacht. Wenn er von Ärzten spricht, reduziert er diese auf den somatischen Aspekt ihres Handelns, lässt aber mit seinem Verweis auf Dewey erahnen, dass er einen Begriff von ärztlicher Kunst hat, von dem aus es nicht weit ist zur „praktischen Vernunft" (man erinnere sich: Weiter vorne habe ich ausgeführt, dass die Fähigkeit zur praktischen Vernunft im Zentrum beruflichen Handelns bei sozialen Problemen steht und dass an deren Ausprägung sich entscheidet, ob sich ein Soziologe zum Klinischen Soziologen entwickeln kann). In der soziologischen Ausbildung sind die Rahmenbedingungen dafür eher nicht günstig.[90]

Die Sozialarbeit verhandelt Wirth unter Wert. Schon damals gab es einen Begriff von Gemeinwesenarbeit und damit eine Perspektive der Arbeit in der Kinder- und Jugendhilfe, die Wirth dem Soziologen und seinen Kernkompetenzen zuschreibt. Dabei ignoriert er, dass an der Chicago School bis 1931 bereits ähnliche Ansätze entwickelt worden sind. Zu erwähnen ist hier Jane Adams (1860-1935), die einen engen Bezug zur Chicago School unterhielt und in dieser Stadt mit vorbildlichen Innovationen im Bereich der Gemeinwesenarbeit in Erscheinung trat. Das kann Wirth nicht entgangen sein. Wenn er Adams ignoriert, dann wäre eine freundliche Deutung die, dass ihm zum Zeitpunkt der Abfassung dieses Aufsatzes bereits das Interesse an der Klinischen Soziologie abhandengekommen war: Wirth hat seine Erfahrungen in der Praxis eines Klinischen Soziologen als junger Mann gemacht, und als er 1931 diesen Aufsatz veröffentlichte, hatte sich sein Berufsziel längst hin auf eine akademische Karriere verschoben. Vielleicht wollte er sich mit diesem Aufsatz Optionen offenhalten. Er wird ihn noch in New Orleans geschrieben

---

90 Fragen einer soziologischen Analyse beruflichen Handelns sind in der Chicago School erst später in Angriff genommen worden. 1959 erschien erstmals „Professions" von Everett C. Hughes (vgl. auch Hughes 1971, Book Two); der Arztberuf wird untersucht von Howard Becker, Blanche Geer, Everett C. Hughes und Anselm Strauss: „Boys in White" (1961); die Polizeiarbeit ist Gegenstand einer Studie von Egon Bittner, zunächst auf Englisch 1967, 1972 auf Deutsch erschienen in einem von Thomas Luckmann und Walter Michael Sprondel herausgegebenen Sammelband „Berufssoziologie".

haben, und ob er einen angemessenen Ruf an die University of Chicago erhalten würde, war zu dieser Zeit vielleicht noch offen. Es dauerte dann noch einige Zeit, bis Wirth als Vordenker einer Klinischen Soziologie in den USA die ihm gemäße Würdigung erfuhr. Erlebt hat er das nicht mehr.

3.1.3 Die Clinical Sociological Association

1978 wurde die Clinical Sociological Association gegründet, die 1990 ein Handbuch Klinische Soziologie vorlegte,[91] welches den „Pionieren der Klinischen Soziologie" gewidmet ist. An erster Stelle der Widmung wird Louis Wirth genannt, an letzter Stelle Jane Adams. Die dazwischen genannten Namen wirken in Bezug auf die Relevanz für die Entwicklung einer Klinischen Soziologie eher erratisch: Saul Abinsky (1909-1977) ist im jüdischen Getto von Chicago aufgewachsen und tat sich als Bürgerrechtler hervor; Alfred McClung Lee (1906-1992) befasste sich mit Fragen des Journalismus, der Rassenbeziehungen und des Humanismus; „Mother" Jones (1837-1930) stammt aus einer Sklavenfamilie und betätigte sich als Wanderpredigerin; sie war dem Feminismus und der Gewerkschaftsbewegung verpflichtet und kämpfte für die Abschaffung der Sklaverei. Diese Namen stehen, so die Widmung weiter, im Dienste des sozialen Wandels und humanistischer Werte.

Auf das Thema des sozialen Wandels als Anliegen der Klinischen Soziologie werde ich hier nicht eingehen. Die Betonung humanistischer Werte gewinnt ihre Bedeutung im Kontext der genannten Namen: Es geht um die Abschaffung der Sklavenhaltergesellschaft als einer unmenschlichen Gesellschaft.[92] Ansonsten hat der Begriff des Humanismus in der Beschreibung des Ansatzes einer Soziologie, die handlungstheoretisch angelegt ist, wie das typisch ist für die Chicago School, nichts zu suchen. Wörtlich übersetzt heißt „humanistisch": im Bewusstsein der Würde des Menschen handelnd. Man müsste auf dieses Thema nicht näher eingehen, wenn nicht in den letzten Jahrzehnten eine so genannte humanistische Psychologie

---

91　Eine ethnographische Anmerkung am Rande: Das mir vorliegende Exemplar dieses Handbuchs habe ich antiquarisch erworben; es stammt aus der Bibliothek der Abteilung Medizinische Soziologie an der Universität Gießen, die mit der Abt. für Medizinische Psychologie zusammengefasst und dieser offenbar unterworfen worden ist. In Bezug auf die Bedeutung einer Klinischen Soziologie an diesem Institut spricht dieser Sachverhalt Bände, sie wurde ausgesondert. Und eine zynische Anmerkung zum Schluss, die ich mir nicht verkneifen kann: Vermutlich wurden für den Erlös neueste Statistikbücher gekauft.

92　Zum Hintergrund vgl. Menand (2001), S. 23ff.

entstanden wäre,[93] weshalb dem Aufkommen möglicher Missverständnisse hier vorgebeugt werden muss.

Gedankensprung: Als eine humane Psychologie zeigt sich eine Psychologie, wenn sie sich nicht als Naturwissenschaft, sondern als Wissenschaft vom Menschen versteht. Das heißt, dass die Welt, mit der es die Wissenschaft vom Menschen zu tun hat, von vornherein eine interpretierte Welt ist, und dass die auf diese Welt bezogenen Wissenschaften nicht umhinkönnen, Methoden zu verwenden, die diese Interpretationen angemessen erfassen (Giorgi 1970). Eine auf naturwissenschaftliche Methoden reduzierte Psychologie lässt den Menschen hinter Zahlen, Relationen, Wahrscheinlichkeiten etc. verschwinden und kann daher nicht als human bezeichnet werden.

Mit solchen Problemen hat die Soziologie eher nichts zu schaffen, wenn auch das Zählen, wie weiter vorne erwähnt, sich in der Soziologie nach wie vor höchster Beliebtheit erfreut und an der Statistikklausur manch hoffnungsvoller Soziologiestudent scheitert.

Vor allem an der *University in Exile* in New York entstanden angemessene soziologische Forschungsmethoden im Anschluss an eine phänomenologische Grundlegung der Soziologie: Harold Garfinkel (1967) begründete die Ethnomethodologie; eine Kritik an soziologischen Messverfahren formulierte schon früh Aaron V. Cicourel (1970). Als deren Pendant in der Chicago School kann die von Barney Glaser und Anselm L. Strauss (1967, dt. 2010) entwickelte Grounded Theory angesprochen werden. Zusammengefasst: Humanismus im oben erwähnten Zusammenhang bezieht sich nicht auf Methoden, sondern auf gesellschaftliche Problemlagen.

Diese begriffliche Irritation (humanistische Werte) wirft ein Licht auf das Umfeld, in welchem zum damaligen Zeitpunkt (1978) die Klinische Soziologie in den USA stand. Seit 1931 hatte sich das Feld, mit dem Louis Wirth seinerzeit konfrontiert war, erheblich verändert. Zwischen 1931 und 1978 hat eine erhebliche berufliche Differenzierung in den Feldern Sozialarbeit, Familienberatung, klinische Psychologie etc. stattgefunden; Organisationsberatung und Organisationsentwicklung wurden zu stehenden Begriffen. An manchen Universitäten, wie in Ann Arbor/Michigan und in Oxford/Ohio, entstanden Departments of Social Science/Social Work – Konstruktionen, die uns in Deutschland gut täten.

Eine Folge dieser Differenzierung besteht darin, dass zahlreiche Soziologen, die sich im Feld zunächst als Klinische Soziologen bewegten, die Seite wechselten und private Praxen eröffneten, dabei unterstützt durch Zusatzausbildungen im Bereich von Therapie oder Beratung. Dies gilt auch für einige der Autoren aus dem hier zu besprechenden Handbuch. Andere, wie ich, schlugen die Option des Seitenwechsels

---

93   Eine Gesellschaft für humanistische Psychologie wurde in den USA 1962 gegründet.

aus und fanden Gelegenheiten, sich als Hochschullehrer zu etablieren und aus dieser komfortablen und gesicherten Position heraus die Grundlagen einer Klinischen Soziologie weiterzuentwickeln. Ein Soziologe jedoch, der sich dazu entschließt, in das Feld von Therapie und Beratung überzuwechseln und sich entsprechenden Fachgesellschaften anzuschließen, muss mit Einbußen in seiner beruflichen Identität als Soziologe rechnen. Unabhängig davon, wie er sich entscheidet: Er wird zum „marginal man" (dazu mehr weiter unten).

In dem erwähnten Handbuch wird Klinische Soziologie wie folgt definiert:

> „Im weitesten Sinne meint Klinische Soziologie die Anwendung einer soziologischen Perspektive, um Wandel zu ermöglichen (zu unterstützen, zu fördern). Die Praktiker der Klinischen Soziologie sind eher Agenten des Wandels als Gelehrte oder Forscher. Sie arbeiten mit Kunden, welche Individuen, Familien, Gruppen, Organisationen oder Gemeinden sein können" (Handbook of clinical sociology, 1991, p. IX – übers. von B. H.).

Bis es zu dieser Definition kam, hatte die Klinische Soziologie schon einen weiten Weg hinter sich. Mit dem Konzept von Louis Wirth habe ich den Beginn dieses Wegs charakterisiert, und am Ende der Lektüre des eingangs erwähnten Handbuchs wird sich zeigen, dass der Ansatz von Louis Wirth nicht wesentlich weiterentwickelt wurde. Es wurden lediglich Konzepte vertieft auf der Grundlage von wissenschaftlichen Entwicklungen, die Wirth damals noch nicht bekannt sein konnten. In einem historischen Abriss über die Entwicklung der amerikanischen Klinischen Soziologie schreibt im vorliegenden Handbuch Jan M. Fritz (2008: International Clinical Sociology), der jüngst eine Übersicht zur Klinischen Soziologie vorgelegt hat.

Die Klinische Soziologie in den USA, so Fritz, sei entstanden in einer Gesellschaft in der Krise. Es war die Zeit nach dem Bürgerkrieg sowie auch die Zeit der Rassenprobleme. Die praktische Soziologie war damals etikettiert als „borderline" oder nicht akademisch, jedenfalls als „peripher zur Disziplin" (Fritz 1990, S. 18). Erste Kurse in Klinischer Soziologie seien an der medizinischen Fakultät der Universität von Yale von Milton C. Winternitz angeboten worden; sein Ziel sei es gewesen, eine Abteilung Klinische Soziologie innerhalb der medizinischen Fakultät zu etablieren. Jeder Medizinstudent sollte eine Gelegenheit haben, auf der Grundlage medizinischer Fachgebiete wie auch auf der Grundlage Klinischer Soziologie Fälle zu analysieren. Auch Ernest W. Burgess lehrte Klinische Soziologie an der University of Chicago. Später wandte er sich der Stadtsoziologie zu. Die beiden genannten Autoren haben sich im weiteren Verlauf um eine konzeptionelle Ausarbeitung der Klinischen Soziologie nicht weiter bemüht. Das unterscheidet sie einerseits von Louis Wirth, andererseits ist dieses Versickern einer Teildisziplin der Soziologie auch symptomatisch: Sie wurde verschluckt von der Walze des Aufschwungs der akademischen Soziologie in den USA zur damaligen Zeit.

Vielleicht liegt in dieser Beschreibung auch eine Antwort auf die Frage, warum Anselm Strauss das Etikett Klinischer Soziologe niemals für sich verwendet hat. Er war tatsächlich als ein solcher tätig, indem er an der University of California in San Francisco eine akademische Abteilung zur Ausbildung von Krankenpflegepersonal leitete. Wenn er sich auch nicht als Klinischer Soziologe bezeichnete, so war ihm die Frage, ob soziologisches Wissen in der Praxis nützlich gemacht werden konnte, durchaus ein Anliegen.[94] Er und Barney Glaser, der später Immobilienmakler wurde und zur Grounded Theory im Eigenverlag publizierte, haben sich bereits im ersten Entwurf der Methodologie der Grounded Theory mit der Frage der Anwendbarkeit soziologischen Wissens befasst. Darauf werde ich im nächsten Abschnitt zurückkommen.

In einem weiteren Kapitel des vorliegenden Handbuchs befasst sich Bruce Saunders mit der Frage der Einschätzung (assessment) von Situationen, mit der der Klinische Soziologe konfrontiert ist. Er schreibt:

> „Assessment kann definiert werden als eine Reihe von Handlungen, um die Probleme des Klienten formal zu analysieren und ihre Beschaffenheit und Bedeutung zu beurteilen" (1991, S. 33, übers. von B. H.).

Welter-Enderlin[95] und Hildenbrand (2004) bezeichnen dies als „Fallverstehen".

Dabei benötigt man Fertigkeiten wie soziologische Einfallskraft und den Willen, herauszufinden, was die Wirklichkeiten der sozialen Welt des Klienten sind. Solche Vorgehensweisen wie Assessments können nicht aus einem Abstand zum Setting des Klienten bewerkstelligt werden. Der Kliniker muss sich, wie der Ethnograph, in der Welt des Klienten aufhalten, er muss beobachten, analysieren, sorgfältig Notizen anfertigen, nach Hinweisen und sensibilisierenden Ideen (Glaser 1978) Ausschau halten. Hier kann der Klinische Soziologe seine Kompetenzen als Feldforscher geltend machen. Denn das Vorgehen beim Assessment ist ein strikt wissenschaftliches: Gedacht wird in Termini der Bildung von Hypothesen; bei der Datenerhebung und bei der Datenanalyse sind Regeln zu beachten; vorhandene soziologische Befunde sind in Betracht zu ziehen. Dieses Verfahren verläuft interdisziplinär. Den folgenden beiden Fragestellungen widmet der Autor keinen Raum:

---

94 Sein Buch „Grundlagen qualitativer Sozialforschung", München 1991, 2. Aufl. 1998, enthält zahlreiche Beispiele für die Arbeitsweise eines Klinischen Soziologen, und die zusammen mit Juliet Corbin verfasste Studie „Weiterleben lernen" (2010), ist ein eindrucksvoller Beweis für die Leistungsfähigkeit einer Klinischen Soziologie.
95 Sie hat in Ann Arbor, Michigan, am Dept. Social Science/Social Work studiert.

- Erstens, wenn sich der Soziologe ins Feld begibt, in welchem definitionsgemäß eine Notlage besteht, wird er mit Affekten konfrontiert sein, die er in Rechnung stellen und mit denen er umgehen können muss. Deshalb haben Welter-Enderlin und Hildenbrand (2004) an die Seite des Konzepts Fallverstehen das Konzept der Begegnung (Hildenbrand 2017a) gestellt: *Fallverstehen in der Begegnung*.
- Zweitens befasst sich der Autor nicht mit der Frage, was es heißt, im interdisziplinären Verbund zu arbeiten und gleichzeitig die soziologische Identität zu bewahren.

Beispiele: Das fängt schon beim Thema der methodischen Stringenz an. Mir ist es beispielsweise einmal in der Arbeit mit einem Sozialpädagogen (Lehrstuhlinhaber) passiert, dass ich, wie das im Kontext der Objektiven Hermeneutik, aber auch in der Grounded Theory üblich ist, prägnante und damit falsifikationsfähige Hypothesen formuliert habe und dieses Vorgehen nicht akzeptiert worden ist. Stattdessen wurde mir entgegengehalten: „Ich würde vorsichtiger formulieren." Zum Ausdruck kommt hier eine Eigenheit der Sozialpädagogik, Aussagen zu tätigen, die möglichst nicht belastbar sind, für die man entsprechend auch nicht verantwortlich gemacht werden kann, vielleicht aber auch ein Wissenschaftsverständnis, das an das übliche nicht anschlussfähig ist. Dieses Phänomen ist in der Literatur bekannt (für die Abstinenz belastbarer Aussagen: Klatetzki 2013); aber es ist ein Unterschied, ob man derlei in der Studierstube liest oder im Feld von diesem Phänomen kalt erwischt wird. Der Klinische Soziologe tut gut daran, solche Querschüsse zu ignorieren. Ein großer Fehler wäre es, auf sie argumentativ einzugehen oder gar an Ort und Stelle mit einer improvisierten methodologischen Vorlesung zu reagieren.[96]

In einer anderen Situation, als es um die Dokumentation von Vorgängen bei Klienten ging, konfrontierte mich eine der anwesenden Sozialarbeiterinnen eines Jugendamts mit der Behauptung, ein von ihr nicht näher benannter Soziologe habe sie gelehrt, das Ziel einer Dokumentation sei es, möglichst interpretationsfrei zu dokumentieren.

---

96 Eine Alternative wäre, das Opfer des Intellekts zu erbringen und über solche Phänomene freundlich hinwegzulächeln. Mir gelingt das nur selten oder nie. Als Beispiel für eine gescheiterte Zusammenarbeit von Klinischer Soziologie und Sozialpädagogik vgl. Sozialer Sinn 2017 Band 18 Heft 2. Dort werden die Ergebnisse unseres Forschungsprojekts über Wissenstransfer im Kinderschutz, gefördert von der Deutschen Forschungsgemeinschaft 2015 – 2017, im Kinderschutz mitgeteilt – teils zensiert, weil der bereits bekannte Sozialpädagoge, der sich als Herausgeber aufspielt, zum Projekt aber außer Bedenkenträgerei nichts beigetragen hat, mit den Ergebnissen in meinem Beitrag nicht einverstanden war. (Svenja Marks u. Julian Sehmer, Tobias Franzheld, Bruno Hildenbrand, jeweils 2017).

3.1 Louis Wirth

So hat jede Berufsgruppe, mit der ein Klinischer Soziologe zusammenarbeitet, ihre Eigenheiten, mit denen man sich erst vertraut machen muss. Ärzte, die in Krisensituationen selten ihre Fälle an andere delegieren können, entwickeln notwendigerweise einen Habitus des „le roi règne par lui même". Auch damit muss der Klinische Soziologe zurechtkommen. Sozialarbeiter demgegenüber, die nur ungern Position beziehen, etikettiere ich mit der Metapher „I'm not there"[97].

Im weiteren Fortgang der vorliegenden Abhandlung kommt Saunders dann zur Logik des klinischen Fallverstehens. Hier wird der Text technisch, und ihn zu referieren hieße, ihn einfach wiederzugeben. Erwähnenswert ist jedoch seine Warnung vor der Anwendung von Checklisten beim Fallverstehen. Er schreibt:

> „Checklisten sind Abkürzungen und heuristisch, sie sind nicht gemeint als praktische Anleitungen für die Durchführung von tatsächlichem Fallverstehen. Sie sind Landkarten von Gebieten, wo möglicherweise Antworten auf Probleme gefunden werden. Für alle praktischen Zwecke würde kein Kliniker diese Listen durcharbeiten, Kategorie für Kategorie, Item für Item" (Saunders 1991, S. 37f., übers. von B. H.).

Kommentar: Dem ist nicht zu widersprechen. Vor allem Psychologen widmen sich hingebungsvoll der Erstellung von Checklisten, ohne allerdings die oben erwähnte Warnung auszusprechen. Dass ihre Erzeugnisse von einem naiven Nutzer missbraucht werden könnten, gehört nicht zu ihrem Wahrnehmungsraum (Kindler 2007). Allerdings beobachten wir im Feld der Kinder- und Jugendhilfe, das durch zahlreiche Skandale völlig verunsichert ist, eine kompromisslose Gläubigkeit gegenüber Checklisten, wodurch, so meine These, fachliche Inkompetenz kompensiert werden soll. Diese Gläubigkeit kann im vorliegenden Falle so erklärt werden, dass Checklisten benutzt werden als Mittel der Reduktion von Unsicherheit, auch um den Preis, dem Fall nicht gerecht zu werden.

Wieder gilt, dass der Klinische Soziologe auf solche Eigenheiten beruflicher Handlungsfelder vorbereitet sein muss. Er darf sich, wenn er ihnen begegnet, nicht davon überfahren lassen, derlei passiert ständig. Stattdessen muss er lernen, nicht auf jede Zumutung, die seinem beruflichen Selbstverständnis zuwiderläuft, unmittelbar zu reagieren. Er sollte auch nicht vorschnell Kompromisse eingehen. Das setzt voraus, dass er gegenüber solchen Handlungsfeldern Freiheit besitzt, dass er ihnen nicht

---

97 Genau genommen, ist diese Metapher irreführend. Ich entnehme sie dem Titel eines auf Bob Dylan gemünzten biografischen Films. Tatsächlich kann man bei Dylan nie wissen, wo er gerade steht – aber immer, wenn er irgendwo steht, tut er das in aller Konsequenz. Sozialpädagogen in der Kinder- und Jugendhilfe geben selten zu erkennen, was gerade ihr Standort ist und welche Verantwortung sie übernehmen wollen.

ausgeliefert ist, sondern dass er jederzeit wieder gehen kann. (Ist er auf Aufträge angewiesen, ist er in diesen Freiheitsgraden natürlich erheblich eingeschränkt).

Im weiteren Fortgang der Darstellung von Saunders folgt dann eine Checkliste für das Fallverstehen bei Organisationen, wobei der Autor unterscheidet zwischen gewinnorientierten und gemeinnützigen Organisationen. Auch hier helfen dem Klinischen Soziologen Grundkenntnisse ethnografischer Arbeit und entsprechende Erfahrungen mit deren Praxis.

Wenn der Klinische Soziologe das Feld verstanden hat, ist die Arbeit nicht erledigt. Er ist gerufen worden, um aus den Ergebnissen des Fallverstehens die nötigen Schlüsse zu ziehen. Das nennt man dann Intervention; hierzu äußern sich die Herausgeber dieses Handbuchs, Howard Rebach und John Bruhn, selbst.

Ihr Grundgedanke ist, dass Interventionen in Klinischer Soziologie nicht einfach in der mechanischen Anwendung einer Reihe von Techniken bestehen kann, die automatisch aus einer Problembeschreibung folgen. Im Vordergrund stehen die Eigenheit des Falls und dessen Kontextuierung, d. h. seine Stellung in einer sozialen Welt oder in einer sozialen Matrix.

Meine Erfahrungen zeigen: Intervention ist ein starkes Wort. Geht man mäeutisch vor, dann besteht die Erwartung darin, dass die Klienten bereit sind, gemeinsam mit dem Klinischen Soziologen in einen Prozess des Fall- oder Problemverstehens einzutreten, aus Sicht Einsicht werden zu lassen. Besteht jedoch generell Widerstand gegen Wandel, erweist sich diese Hoffnung als Hirngespinst. In welch kleiner Münze die Interventionen des Klinischen Soziologen gehandelt werden, zeigt das oben gegebene Beispiel vom entwichenen Affen.[98] In einem anderen Fall hatte ich unmittelbaren Erfolg einer Intervention zu verzeichnen: Mit den Mitarbeitern einer sozialen Einrichtung führte ich eine Sequenzanalyse ihres Briefkopfes durch. Das war an einem Samstag, am Montag wurde der Briefkopf geändert.

Bei aller Orientierung auf die Offenheit von Interventionen und die Bereitschaft, im Feld mitzuschwimmen und mögliche Veränderungen zu steuern, ist doch auch daran zu erinnern, dass die praktische Urteilskraft ihre Stärke darin zeigt, möglichst einfache Interventionen bei komplexen Problemlagen zu finden. Ich erinnere an das oben gegebene Beispiel der Suppe als Intervention eines Arztes im Bereitschaftsdienst. Ob wir (ich) solchen Herausforderungen als Soziologen gewachsen sind,

---

98   Immer kann der Klinische Soziologe von den Akteuren im Feld lernen. Ein Beispiel: Die beiden Ärzte Gunthard Weber und Fritz B. Simon haben den Prozesscharakter in der Beratung in einem ausgezeichneten Aufsatz beschrieben: „Vom Navigieren beim Driften – die Bedeutung des Kontextes in der Therapie" (Familiendynamik 1987, 37(4): 355-362). Das heißt: Wenn eine Intervention nicht funktioniert, sollte man eine andere Gelegenheit abwarten und schauen, was passiert.

ist die offene Frage, an der sich der Erfolg einer Klinischen Soziologie entscheidet. Manchmal muss ein Witz den Erfolg bringen.

Intervention ist also ein Prozess, kein Ereignis. Und außerdem ist sie ein sozialer Prozess: Ziele werden mit den Klienten ausgehandelt. Auch das Problem ist kein einmaliges Ereignis, denn es hat sich über die Zeit entwickelt, seine Verbesserung ist ein Prozess, der im Lauf der Zeit erscheint.

Nun allerdings kommt wieder das Thema der humanistischen Orientierung zur Sprache: Der Autor definiert diesen Begriff wie folgt:

> „Intervention in derKKlinischen Soziologie wird geleitet durch humanistische Werte, durch soziologisches Wissen und soziologische Theorie und durch die Anwendung der wissenschaftlichen Methode, welche die Entwicklung der Intervention begleitend evaluiert und die kreative Orientierung an der Situation des Klienten einschließt. Jeder Fall präsentiert eine einzigartige Herausforderung, der mit Kreativität und Sorgfalt zu begegnen ist (Rebach in: Rebach und Bruhn 1991, S. 63 – übers. von B. H.).

Das Ziel der Intervention ist mithin Verhaltensänderung, also Wandel. Abstrakte Begriffe wie „Empowerment" sind summarisch und vielleicht nützlich beim Verstehen eines Falles, sie müssen jedoch übersetzt werden in spezifisches Interagieren mit den Klienten.[99]

Der Klinische Soziologe trifft allerdings in der Regel auf Widerstände, wenn es um Wandel geht. Dieses Thema will ich nicht weiter behandeln und jetzt zu den Schlussfolgerungen kommen, die der Autor aus seinen Überlegungen zieht. Ich formuliere in meiner Sprache:

Die Klinische Soziologie ist keine Lehnstuhlbeschäftigung. Der Klinische Soziologe muss dorthin gehen, wo etwas los ist („Where the action is", Goffman 1986, Interaktionsrituale).

Beim Fallverstehen muss der Klinische Soziologe demnach die einschlägigen Schauplätze und Handlungen aufsuchen. Als Agent des Wandels muss er wiederum zur Verfügung stehen und die Akteure anleiten bei den Änderungen, die er mit ihnen ausgehandelt hat.

Die Arbeit des Klinischen Soziologen hilft den Klienten, Netzwerke (gemeint sind Beziehungsfelder, von Netzwerkforschung ist hier nicht die Rede – B. H.) zu verändern, Rollen hinzuzufügen, Beziehungen zu verstärken, mit Schwierigkeiten im Handeln und mit sozial konstruierten Realitäten umzugehen.

---

99 In seinem Gedicht „Der Zweifler" hat Bertolt Brecht diese Forderungen in die Frage gekleidet: Wie handelt man, wenn man euch glaubt, was ihr sagt? Sollte sich Brecht hier als geheimer Pragmatist erweisen?

Die Arbeit des Klinischen Soziologen fordert, über das Material des Einzelfalles hinaus eine Fallstrukturhypothese zu entwickeln, um den Fall zu verstehen. Des Weiteren muss das Problem, welches es zu bearbeiten gilt, festgelegt (ausgehandelt) werden; ebenso sind kreative Strategien zu entwickeln, die in Interaktion mit der problematischen Situation gebracht werden, um die gewünschten Änderungen hervorzubringen.

Jedoch ist die Arbeit des Klinischen Soziologen nicht beendet, wenn das spezifische Problem des Klienten gelöst ist. Hier gilt, was in der Logik der Grounded Theory ebenfalls gilt: *Nach* der Forschung ist *vor* der Forschung. Der Agent des Wandels soll die Klienten nicht nur mit einer spezifischen Problemlösung zurücklassen, sondern auch mit verbesserten Problemlösungsfähigkeiten, die sicherstellen, dass die Änderungen die Arbeit des Klinischen Soziologen überdauern. Er soll Strukturen etablieren, die helfen, Regression (= Verharren des Systems im status quo) zu vermeiden und kontinuierliche Aneignung des Sozialsystems und Wandel im Sozialsystem zu erleichtern.[100]

3.2 Die Sackgasse der „bridging concepts" (Gouldner) und deren Auflösung in der an der Phänomenologie orientierten Soziologie (Schütz) und im Pragmatismus (Glaser und Strauss): Vorzüge der dänischen gegenüber der preußischen Lösung

Weiter vorne (in Kap. 2.3) wurde das von Neidhardt aufgeworfene Problem behandelt, dass „integrativen Prozessen zwischen Wissenschaft und Anwendungssystemen die Vermittlung diskrepanter Wissenstypen aufgegeben ist". Damit ist wohl gemeint, dass soziologische Begriffe in der gesellschaftlichen Praxis nicht ohne weiteres und auch nicht ohne Integrationsanstrengungen verstanden werden; denn im Anschluss verweist Neidhardt auf Alvin Gouldner, der in diesem Zusammenhang fordert, die Soziologie solle an „bridging concepts" arbeiten. Schon vor der Entwicklung von Begriffen, so Neidhardt weiter, seien Rücksichtnahmen auf die Praxis erforderlich (Neidhardt 1979, S. 332f.).

---

100 In Bezug auf die Fähigkeit des Klinischen Soziologen, Wandel zu induzieren, bin ich sehr skeptisch. Manchmal ist es schon ein Erfolg, wenn es gelingt, in ein gut geöltes Getriebe schlechter, d. h. inhumaner Praxen in Einrichtungen des Sozialwesens Sand zu werfen, auf dass es dort knirsche. Über die in solchen Einrichtungen vorhandene Resistenz gegenüber Wandel einerseits, Mangel an selbstkritischer Einstellung andererseits bin ich immer wieder erstaunt.

3.2 Die Sackgasse der „bridging concepts"

So stellen sich Preußen (um bei dieser grobschlächtigen Dichotomie zu bleiben; vgl. Kap. 2.1) die Welt vor. Tatsächlich aber ist das Problem ganz anders gelagert. Denn der Soziologe, der in der Wirklichkeit seines eigenen gesellschaftlichen Alltags, also hierzulande, forscht, verwendet dort Begriffe, die in eben diesem Alltag und den ihm eigenen Taxonomien gebräuchlich sind. So listet der Soziologe Hans Paul Bahrdt in seinem Buch: „Schlüsselbegriffe der Soziologie" (1994) folgende auf: „Soziales Handeln (Interaktion ‚Strategisches' Handeln); Soziale Normen (Wertvorstellungen, Verhaltensregelmäßigkeiten, Verhaltenserwartungen, Normenkonflikte, Normenwandel)". Wenn es hier etwas zu überbrücken gibt, dann geht es nicht um Verstehensprobleme solcher Begriffe im Alltag, sondern darum, dass zunächst einmal geklärt werden sollte, was der Alltagsmensch mit diesen Begriffen verbindet und was die Soziologie damit verbindet.[101]

Als weiteres Problem kommt hinzu, dass die Bedeutung von Begriffen je nach Kontexten, in denen sie angewendet werden, variiert oder variieren kann. Noch so raffinierte Testverfahren von Fragebögen vor ihrer Anwendung können diese Probleme nicht zum Verschwinden bringen. Dieser Problematik entgeht die an Alfred Schütz, dem Lehrer von Garfinkel, orientierte Soziologie. In einem Aufsatz über „Wissenschaftliche Interpretation und Alltagsverständnis menschlichen Handelns", (auf Englisch erschienen in Philosophy and Phenomenological Research 14, 1953, dt. Alfred Schütz, 1971, Gesammelte Aufsätze 1, S. 3-50) weist Schütz auf die Kontinuität zwischen alltagsweltlichen und wissenschaftlichen Konstruktionen hin (alltagsweltliche Konstruktionen sind Konstruktionen ersten Grades, wissenschaftliche Konstruktionen sind Konstruktionen von alltagsweltlichen Konstruktionen

---

101 Diese Aufgabe wird in der Regel bei der Konstruktion von Fragebögen vernachlässigt, weshalb es ohne weiteres möglich ist, im Zuge einer fragebogengestützten Umfrage als Befragter den fragenden Soziologen dadurch zum Wahnsinn zu bringen, dass man jeden seiner verwendeten Begriffe in Bezug auf den Bedeutungshorizont dieser Begriffe infrage stellt. Garfinkel hat darauf hingewiesen, dass Soziologen, die sich dieses Unterschieds nicht bewusst sind, den Alltagshandelnden als „cultural dope" („judgmental dope") behandeln (vgl.http://www2.hawaii.edu/~manicas/pdf_files/New_Courses/ Garfinkelglossary.pdf, abg. am 22.1.2017). Damit ist gemeint Parsons' Sicht von der Person, die die stabilen Eigenschaften einer Gesellschaft produziert (die Rollen, Normen oder allgemeineren sozialen Strukturen), indem sie in Übereinstimmung mit vorhandenen und legitimen Handlungsalternativen einer allgemeinen Kultur handelt". Computergestützte Telefonumfragen kann man unschwer dadurch zum Scheitern bringen, dass man jede Frage durch eine Gegenfrage beantwortet: „Was meinen Sie mit …?" Das sollte man aber nicht übertreiben, denn die Anrufer rufen nicht zum Spaß an, sondern deshalb, weil sie Geld verdienen müssen. Ich markiere diese Rückfragen dann immer als Spiel und sichere zu, auf diese im weiteren Fortgang zu verzichten.

und damit solche zweiten Grades). Für den Übergang zwischen beiden Konstruktionstypen formuliert Alfred Schütz „das Postulat der Adäquanz". Er schreibt:

> „Jeder Begriff in einem wissenschaftlichen Modell menschlichen Handelns muss so konstruiert sein, dass eine innerhalb der Lebenswelt durch ein Individuum ausgeführte Handlung, die mit der typischen Konstruktion übereinstimmt, für den Handelnden selbst ebenso verständlich wäre wie für seine Mitmenschen, und das im Rahmen des Alltagsdenkens. Die Erfüllung dieses Postulats verbürgt die Konsistenz der Konstruktionen des Sozialwissenschaftlers mit den Konstruktionen, die von der sozialen Wirklichkeit im Alltagsdenken gebildet werden" (Schütz 1971, S. 50)[102].

Soweit die auf die Phänomenologie gegründete Konzeption Die anderen Dänen, jene aus dem Feld des Pragmatismus, ignorieren den soeben erwähnten Aufsatz von Alfred Schütz und legen eine eigene Fassung des von Gouldner ausgewiesenen Scheinproblems vor. In der Gründungsschrift der Grounded Theory ist ein Kapitel enthalten über die „Anwendung der Grounded Theory". Dieses Kapitel beginnt mit einer auf John Dewey verweisenden Fußnote:

> „Anwendung von ‚Wissenschaft' meint ‚Anwendung in', nicht ‚Anwendung auf'. Anwendung in etwas bedeutet eine umfassendere Interaktion zwischen natürlichen Vorgängen, eine Beseitigung von Distanz und Hindernissen; Anwendung in bietet Interaktionsmöglichkeiten, die vordem verborgene Potenzialitäten enthüllen und neue Geschichte(n) erzeugen" (Dewey, zitiert nach Glaser und Strauss 2010, S. 250)[103].

Glaser und Strauss stellen die Frage, wie eine Wissenschaft beschaffen sein müsse, damit sie anwendbar ist. Die Antwort erfolgt in vier Punkten:

- Die Theorie muss auf den Bereich passen, in dem sie benutzt werden soll.

---

102 Ich zitiere durchweg aus den 1971/1972 im Verlag Nijhoff, Den Haag, erschienenen Bänden gesammelter Aufsätze von Alfred Schütz. Seit 2003 erscheint im Universitätsverlag Konstanz eine Werkausgabe von Alfred Schütz.

103 Neidhardt und Gouldner verhandeln dem gegenüber das „Problem" des Verhältnisses von alltagsweltlichen und wissenschaftlichen Begriffen als ungelöst und schlagen untaugliche Lösungswege („bridging concepts") vor. Wenn man sich nun fragt, weshalb diese ausgewiesenen Wissenschaftler bereits vorhandene Lösungsvorschläge ignorieren, dann hat das wohl nicht seinen Grund in einer Unkenntnis. Ich sehe den Grund dafür darin, dass die beiden von Alfred Schütz und Glaser/Strauss vorgeschlagenen Lösungswege den Soziologen auf die Aufgabe hinweisen, mit der von ihnen untersuchten Gesellschaft in Kontakt zu treten. Dass Neidhardt und Gouldner das nicht zur Kenntnis nehmen, deute ich so, dass beide nicht geneigt sind, mit der sozialen Wirklichkeit Kontakt aufzunehmen. Das hat zur Konsequenz eine Soziologie ohne Akteur.

3.2 Die Sackgasse der „bridging concepts"

- Die im Rahmen einer Theorie entwickelten Konzepte dürfen nicht so abstrakt angelegt sein, dass sie ihren sensibilisierenden Aspekt einbüßen, sie müssen aber abstrakt genug gehalten werden, um eine Theorie zu einem allgemeinen Leitfaden für multikonditionale, sich stets wandelnde Alltagssituationen werden zu lassen.
- Sie muss für Laien, die in diesem Bereich tätig sind, verständlich sein.
- Die entwickelten Konzepte müssen dem soziologischen Laien erlauben, bei erstmaliger Anwendung der Theorie seine eigenen bevorzugten Hypothesen aufzustellen und zu testen.
- Die Theorie muss so allgemein sein, dass sie auf das ganze untersuchte Gefüge anwendbar ist, was voraussetzt, dass eine volle Vielzahl von Daten über das untersuchte Gesamtgebiet erfasst wird; sie darf aber nicht aus vorhandenen formalen Theorien deduziert sein.
- Die Theorie muss die Beteiligten auf sinnvolle Fragen bringen.

In eindrucksvoller Nähe zu dem (bei Glaser und Strauss unerwähnt bleibenden) Louis Wirth formulieren dann die Autoren: Vorausgesetzt sei, dass der Soziologe, der eine Grounded Theory entwickeln will, ins Feld geht und dort mit den Akteuren spricht, um deren Konzepte und Hypothesen zu erfahren. Wenn er sich mit ihnen darüber austauscht,

> „wird (das) die Beteiligten umgekehrt auf weitere sinnvolle Fragen bringen und zu Verbesserungsvorschlägen für viele Situationen der Pflege kurz vor dem Tod führen" (Glaser und Strauss 2010, 253)[104].

In einer Fußnote grenzen sich die Autoren von Gouldner ab, der die Hypothesen von Laien durch Soziologen testen lassen will.

Des Weiteren lehnen die Autoren auf der Grundlage der Unterscheidung zwischen „formalen" und „materialen" Theorien einen Import soziologischer Theorien in das Feld ab:

> „Wir glauben nicht, dass man ‚nur soziologische Kategorien' ohne weiteres auf ein Sachgebiet anwenden kann, ohne die Alltagsrealitäten massiv zu vernachlässigen, zu verbiegen und zu verzerren. Eine materiale Theorie muss zunächst einmal auf *induktivem* Wege zu ihren eigenen allgemeinen Konzepten gelangen, oder, anders gesagt, eine (materiale oder formale) Grounded Theory, die sich auf den besagten Bereich anwenden lässt, muss zuallererst entwickelt werden. Dann erst werden die

---

[104] Das Beispiel stammt aus der Studie der beiden Autoren, „Awareness of Dying" (1965; dt. „Interaktion mit Sterbenden. Beobachtungen für Ärzte, Schwestern, Seelsorger und Angehörige". Göttingen: Vandenhoeck & Ruprecht 1974).

Konzepte dieser Theorie zu einer Brücke für formalere soziologische Kategorien – vorausgesetzt, diese werden dem Wandel gerecht" (ebd., S. 256)[105].

Ich komme nun zu den Schlussfolgerungen der Autoren hinsichtlich der Anwendbarkeit einer Grounded Theory:

„Die Theorie kann nur von ausgebildeten Soziologen entwickelt werden, aber sowohl von Soziologen wie auch von Laien praktisch umgesetzt werden" (ebd., S 261).

Im Anschluss an die Formulierung von John Dewey, dass Theorien „sowohl *in* als auch *auf* Situationen" angewendet werden können, schreiben die Autoren, dass „Personen, die sich in einer Situation befinden, für die eine Grounded Theory entwickelt wurde, eben diese Theorie im Lauf der alltäglichen Dinge praktisch werden lassen" (ebd., S 261).

Die Autoren sind des Weiteren der Auffassung, „dass jeder gebildete Mensch sein eigener Soziologe sein könne" (ebd., S. 261).

Wenn Soziologen versuchen, eine anwendbare Theorie zu entwickeln, verfolgen sie in Anschluss an John Dewey damit die Absicht, „theoretisch wie auch praktisch zum Fortschritt der Soziologie beizutragen" (ebd., S. 262).

Fazit: Wenn es um „Anwendung" einer Grounded Theory geht, gehen die Autoren *nicht* von der eigenständigen Tätigkeit eines Klinischen Soziologen aus. Eine Theorie ist aus ihrer Sicht per se selbstständig von den Akteuren des fraglichen Feldes anwendbar, sofern diese Theorie auf der Grundlage der Grounded Theory entstanden ist. Die Aufgabe des Klinischen Soziologen beschränkt sich auf Forschung im Stil der Grounded Theory (diese Position liegt nahe an der von Ulrich Oevermann, dem es aber nicht um Forschung im Stil der Grounded Theory geht, sondern um die Anwendung der Sequenzanalyse im Stil der Objektiven Hermeneutik), grundsätzliche Unterschiede zwischen beiden Herangehensweisen bestehen nach meiner Auffassung nicht (Hildenbrand 2004).

Ich beziehe demgegenüber folgende Position: Wenn ein Klinischer Soziologe ins Feld geht, dann muss er dieses Feld verstehen. Dabei helfen ihm die Grundsätze und Praktiken der Grounded Theory, wahlweise auch der Objektiven Hermeneutik. Es reicht dann aber nicht aus, die Ergebnisse des Fallverstehens schriftlich oder mündlich zu formulieren und damit die Akteure im Feld zu konfrontieren. Es muss noch ein Vermittlungsprozess (als Aushandlungsprozess) stattfinden, den

---

105 Ein Beispiel dafür wäre die Verwendung des in der Studie über das Sterben entwickelten Konzeptes der Bewusstheitskontexte (offene, geschlossene und Verdachtsbewusstheitskontexte). In der Analyse von Adoptionsprozessen hat Christa Hoffmann-Riem (Das adoptierte Kind, München, Fink 1984) dieses Konzept fruchtbar anwenden können.

zu bewerkstelligen Aufgabe des Klinischen Soziologen ist. Hier fangen dann die Schwierigkeiten erst an, denn vorausgesetzt ist, dass die untersuchten Akteure überhaupt zu Aushandlungen bereit sind und dem Klinischen Soziologen nicht in einer defensiven Haltung entgegentreten.

Je nach Intelligenz dieser Akteure gehen diese unterschiedlich mit präsentierten Ergebnissen um: Die Intelligenten sagen, das beobachtete Phänomen sei als Problem existent gewesen in der Vergangenheit, aber es sei nicht mehr existent, denn seit einem halben Jahr habe man die Umstände geändert. Andere, weniger Intelligente lehnen die Deutung rundweg ab. Sie sind von vornherein nicht daran interessiert, die Ergebnisse zur Kenntnis zu nehmen, weil sie (zu Recht, was ihnen unterschwellig bewusst ist) vermuten, dass die Ergebnisse auf Kritik ihres Handelns hinauslaufen. Der Klinische Soziologe befindet sich dann in der Situation des Anbieters von saurem Bier, sofern er nicht bereit ist, die untersuchte Praxis als *best practice* auszugeben[106].

3.3 Die Stunde der Klinischen Soziologie schlägt in Zeiten des Übergangs. Der Klinische Soziologe legt selbst Hand an und besichtigt im historischen Rückblick das Ergebnis

Als Louis Wirth nach einem ersten Abschluss in Soziologie außerhalb der Universität im Feld der Kinder- und Jugendhilfe bzw. straffälliger Jugendlicher seine berufliche Orientierung suchte, fand er ein offenes Feld vor, das zahlreiche Lücken aufwies, in die er mit seiner soziologischen Kompetenz vorstoßen konnte. Das wäre heute so nicht mehr möglich. Die Positionen in Kinderheimen sind auf einschlägige Berufe verteilt. Neben Erziehern positionieren sich Psychologen und Sozialpädagogen auf den besser bezahlten Stellen, und auf Soziologen wartet man dort nicht, allenfalls auf ehemalige Offiziere, wie zum Beispiel am Ende des Zweiten Weltkriegs in Westdeutschland oder nach der Wende in der DDR, als man der Auffassung war, dass Offiziere pädagogische Kompetenzen aufwiesen. Das Window of Opportunity, welches für Soziologen in der zweiten Hälfte der 1920er Jahre in den USA weit offen war, ist seither geschlossen.

---

106 Das waren die typischen Reaktionen auf meine Fallstudien über psychiatrische Übergangseinrichtungen (Hildenbrand 1991). Im abgelaufenen Projekt über den Kinderschutz gab es weder intelligente noch unintelligente Reaktionen, statt dessen dominierte der Widerstand.

Als ich 1979 eine Stelle an einer psychiatrischen Universitätsklinik annahm, war ich im Unterschied zu Louis Wirth bereits promoviert und hatte Projekterfahrung in einer psychiatrischen Klinik, Weiterbildungserfahrung in einer anderen psychiatrischen Klinik und Kontakte zur damaligen Reformszene in der Psychiatrie. Soweit der Unterschied zu Louis Wirth. Vergleichbar ist die Situation in Bezug auf den Prozess des Umbruchs: Seit 1973 waren die Mängel der Anstaltspsychiatrie auch dem Deutschen Bundestag bekannt,[107] eine nicht zu überhörende Fachgesellschaft (erst mit dem Namen „Mannheimer Kreis", dann umbenannt in: „Deutsche Gesellschaft für soziale Psychiatrie", DGSP) hatte sich formiert, und als ich zuerst 1974 in ein Forschungsprojekt an der Universität Konstanz eintrat („Soziale Relevanz und biografische Struktur", Leitung: Thomas Luckmann und Richard Grathoff) und 1980 ein Stellenangebot der psychiatrischen Klinik der Universität Marburg annahm, war die Experimentalphase des Umbaus der Psychiatrie in vollem Gange. Marburg war in diesen Angelegenheiten aufgrund seines entsprechenden Umfeldes ein lebendigeres Pflaster als die Stadt Konstanz, hier war bezüglich Reformpsychiatrie schon einiges geschehen, extramurale[108] Einrichtungen, wie das damals hieß, waren entstanden.

Welche Optionen stellten sich damals einem Soziologen, der nicht geneigt war, sich auf der ihm zugefallenen, auf fünf Jahre befristeten Stelle eines wissenschaftlichen Mitarbeiters auszuruhen, sondern nach Gelegenheiten suchte, sich im Reformprozess zu bewähren?

Marburg wies damals eine hohe Therapeutendichte auf, es gab sozialpsychiatrische Einrichtungen wie eine psychiatrische Übergangseinrichtung und einen rührigen Sozialarbeiter, der immer wusste, was im Land angesagt war. Psychoanalyse, am Rand auch Familientherapie (Universität Gießen), und Verhaltenstherapie (Universität Marburg) hatten das therapeutische Feld für sich besetzt. Als Modelle für die Umgestaltung einer psychiatrischen Universitätsklinik mit 100 Betten standen zur Verfügung:

Die Sektorisierung, d. h. der Neuzuschnitt des Einzugsgebiets der Klinik. Vorbilder dafür gab es, die allerdings in Großstädten erprobt worden waren: Ste. Anne in Paris, 13ème Arrondissement; in Deutschland die psychiatrische Abteilung an der medizinischen Hochschule Hannover unter Leitung von Klaus-Peter Kisker und Erich Wulff. Derlei stand in Marburg nicht auf der Tagesordnung. Dort hatte man genug damit zu tun, eine neurologisch-psychiatrische Klinik zu entflechten, die über fast ein Jahrzehnt in dieser Kombination von einem Neurologen geführt worden war und nun mit der Neubesetzung durch einen Psychiater, Wolfgang Blanken-

---

[107] Es erschien ein „Bericht zur Lage der Psychiatrie", Deutscher Bundestag 7. Wahlperiode, Drucksache 7/4201.
[108] Einrichtungen außerhalb der Klinikmauern.

burg, wieder zu einer psychiatrischen Klinik werden sollte, wobei dem Soziologen, also mir, stillschweigend die Aufgabe zukam, einschlägiges soziologisches und sozialpsychiatrisches Gedankengut für die Neuorientierung der Klinik fruchtbar zu machen. Wie ich das in Angriff nahm, habe ich weiter oben schon angedeutet. Ergänzend sei noch erwähnt, dass wir mit der Zeit aus der medizinischen Hochschule Hannover das Konzept der Gruppenvisite übernahmen, welches entsprechend der Vorstellungen von Klaus-Peter Kisker nach den Grundsätzen der französischen Revolution (Freiheit, Gleichheit, Brüderlichkeit) die Zimmervisite ablösen sollte.

Extramural hieß das Gebot der Stunde. Der Fokus lag auf der „Gemeindepsychiatrie". Es war schon damals allgemein anerkannt, dass Patienten dort behandelt werden sollen, wo sie leben. Wie aber will man das anpacken, wenn das Einzugsgebiet der Klinik von der Rhön bis zum Ostrand des Ruhrgebiets, von nördlich Gießen bis weit ins Sauerland reicht? Wenn mir daran gelegen gewesen wäre, Aktivität zu entfalten, ohne dass dabei mehr herausgekommen wäre als heißer Dampf, hätte ich eine (von vorne herein aussichtslose) Sektorisierung der Klinik angestrebt. Das wäre dann die preußische Variante in Gestalt einer top-down-Variante gewesen.

Demgegenüber bin ich vorgegangen wie ein Däne, was nach den bisherigen Ausführungen in diesem Buch sicher nicht überraschen sollte. Die Frage ist nur, wie sich eine solche Haltung im Alltag durchsetzt. Mich hat sie rückblickend zu meinem Erstaunen dann doch bestimmt,[109] denn ein solcher Unterschied war mir damals habituell zwar verfügbar, reflexiv durchdrungen war er jedoch nicht. Erste Spuren einer praktischen Urteilskraft, unverzichtbar für einen Klinischen Soziologen, nehme ich an dieser Stelle im Rückblick bei mir wahr.

Im konkreten Fall sah mein Verhältnis zur Frage der gemeindepsychiatrischen Orientierung psychiatrischer Arbeit in meinem Arbeitsfeld so aus, dass ich zunächst sondiert habe, woher unsere Patienten stammten und bis in welche Regionen des Marburger Umlands der in Marburg herrschende therapeutische Krake sich schon ausgebreitet hatte, wo also weiteres Engagement unnötig war. Eine günstige Situation entstand, als wir ungefähr drei Monate nach meinem Dienstantritt nahezu zeitgleich drei Patienten aus Korbach, 70 km nördlich von Marburg gelegen, nach jeweils mehrwöchigem Klinikaufenthalt entlassen konnten. Diese Patienten lud ich mitsamt ihren Angehörigen ein, an dem auf die Entlassung folgenden Samstag in Korbach mit mir zu einem Gespräch über die Erfahrungen nach der Entlassung zusammenzukommen.

---

109 Zu meinem Erstaunen deshalb, weil es in der Soziologie üblich ist, über die Sachen zu reden, aber nicht in ihnen zu handeln. Vor diesem Hintergrund ist Misstrauen gegen sich selbst durchaus angebracht, im Erfolgsfall auch Selbstlob.

Bei diesem Schritt stand mir als Vorbild eine Einrichtung in Berlin vor Augen, die mein Freund Rupprecht Thorbecke[110] ins Leben gerufen hatte. Mit ihm hatte ich, wie oben erwähnt (Vorwort), den Konstanzer Universitätskindergarten gegründet. Über die Psychiatrie konnten wir uns gut verständigen, da er im Thurgau in der psychiatrischen kantonalen Klinik Münsterlingen (damaliger Leiter: Roland Kuhn, siehe oben) seinen Zivildienst abgeleistet und darüber seine Magisterarbeit geschrieben hatte. Sein Ziel damals war die Entwicklung einer den Fähigkeiten von Epilepsiekranken angemessenen Rehabilitation. Rupprecht Thorbecke war an die von Dieter Janz geleitete Klinik (Klinikum Charlottenburg der FU Berlin) gerufen worden, wobei zu erwähnen ist, dass Janz als Herausgeber der Schriften von Viktor von Weizsäcker einen vergleichbaren medizinischen Hintergrund hat wie Wolfgang Blankenburg.

Man könnte einwenden, dass psychiatrisch Kranke mit Epilepsiekranken wenig zu tun haben. Jedoch war seinerzeit deren Lebenslage weitgehend identisch: Da sie Symptome aufwiesen, die von Außenstehenden als bedrohlich erlebt wurden, war ihre Umgebung der Ansicht, sie seien für ihr Leben nicht verantwortlich zu machen. Entsprechend wurden ihre Autonomiespielräume beschnitten. Diese zurückzuerobern und dafür die nötigen Räume zu schaffen, war sowohl das Anliegen von Rupprecht als auch von mir.

Die besonderen Belange von Patienten, die als schizophren etikettiert wurden, drückt der Psychiater Ronald D. Laing wie folgt aus.Er stellt einen Freund vor, der eine schwere psychische Krise hinter sich hatte und der diese Krise auf Grundlage seiner Erfahrungen als Seemann als Reise beschrieb. „Ich fragte ihn, welche Pflege man seiner Meinung nach während einer solchen Reise bereithalten sollte." (Es folgt das Tonbandprotokoll eines Gesprächs, das der Autor mit seinem Freund führte.):

> „(...) Du bist wie ein Schiff im Sturm. Es wirft einen Notanker aus als Hilfe beim Abwettern des Sturmes, um den Bug im Wind zu halten; aber es gibt auch ein Gefühl von Geborgenheit – äh - für die an Bord, zu glauben, dass man einen Notanker hat, der nicht auf dem Meeresgrunde liegt, sondern Teil der See ist, und der – äh - einem zu überleben hilft, und solange sie glauben, dass sie überleben werden als Schiff, solange können sie die Erfahrung des Sturmes durchhalten" (Laing 1972, S. 149).

Im Unterschied zu dem damals in Kalifornien und Bern diskutierten Konzept einer Akutbehandlung schizophrener Krisen – „Soteria" – (Wilson 1982, Ciompi u. a. 2011) schwebte mir keine für die Behandlung akuter Krisen vorgesehene gemein-

---

110 Rupprecht Thorbecke wechselte später an die Klinik Bethel in Bielefeld, für seine Lebensleistung erhielt er das Bundesverdienstkreuz.

depsychiatrische Einrichtung vor. Der zu schaffende Notanker sollte dauerhaft für entsprechende Klienten zugänglich sein.

Nun komme ich zu den sozialstrukturellen Daten dieser Kommune: Korbach ist Zentrum des Landkreises Waldeck-Frankenberg in Nordhessen. Die Kernstadt zählt ca. 18.000 Einwohner und wird dominiert von einer großen Reifenfabrik. Es gibt weitere kleinere Unternehmen. Das Umfeld der Stadt ist ländlich geprägt. Durch den nahe gelegenen Edersee kommt noch etwas Tourismus dazu. Der Landkreis Waldeck-Frankenberg grenzt in den nördlichen und westlichen Kreisteilen an Nordrhein-Westfalen an, die bekannten Wintersportorte Winterberg und Willingen sind nicht weit.

Die psychiatrische Infrastruktur in Korbach war 1979 bescheiden: In der Nähe, in Nordrhein-Westfalen, liegen große und geschichtsreiche psychiatrische Krankenhäuser: Warstein, Marsberg, Gütersloh. Das für Waldeck-Frankenberg zuständige psychiatrische Krankenhaus ist jedoch Haina in Hessen, ca. 45 km entfernt und eine der ältesten psychiatrischen Kliniken in Deutschland. Haina entstand als psychiatrische Klinik 1527 nach der Aufhebung eines Zisterzienserklosters durch den protestantischen Landgrafen Philipp von Hessen. Dieses Krankenhaus war 1979 von Korbach aus mit öffentlichen Verkehrsmitteln eingeschränkt zu erreichen; auch heute noch muss man mit einer Gesamtfahrzeit von ca. 4 Stunden rechnen und auch damit, dass man nicht in Haina selbst, sondern in einem Nachbarort ankommt. Ein Krankenbesuch in Korbach wird so zur Tagesreise. In Korbach selbst praktizierte ein Facharzt für Neurologie und Psychiatrie, auch zwei praktische Ärzte mit psychotherapeutischer Zusatzausbildung waren vorhanden. In dem 40 km von Korbach entfernten Bad Wildungen praktizierte ein weiterer neurologisch-psychiatrischer Facharzt. Am Gesundheitsamt in Korbach bestand eine psychiatrische Nachsorge mit zwei Fürsorgerinnen, die den gesamten Landkreis zu betreuen hatten.

Soweit die Beschreibung der Region, die ich für meine ersten gemeindepsychiatrischen Aktivitäten ausgesucht hatte. Ich komme zurück zur Initialszene: Eingeladen habe ich drei ungefähr zeitgleich entlassene Patienten mit ihren Angehörigen für den Samstag nach der Entlassung. Gesprächsgegenstand sollte die Wiederaufnahme des Zusammenlebens nach einem längeren Klinikaufenthalt sein. Als nächstes stellte sich die Frage nach dem Versammlungsort. Ich kannte niemanden in Korbach, und Internet gab es damals noch nicht. Schließlich fand ich im Telefonbuch die klösterliche Gemeinschaft eines Ordens, der aus dem Osten nach Nordhessen geflüchtet war und in Korbach eine Zuflucht gefunden hatte. Diese Gemeinschaft besteht heute nicht mehr. Die Nonnen erlaubten mir damals, zu dem genannten Zweck am Samstagnachmittag die Klosterkapelle zu benutzen.

Schon bald stellte sich die Notwendigkeit zu zwei Änderungen heraus:

Die ehemaligen Patienten wünschten schon nach wenigen Wochen Treffen, bei denen ihre Angehörigen nicht dabei sind. Ich war damals der (theoretisch begründbaren) Ansicht, dass die begriffliche Trennung von Angehörigen und Patienten schon deshalb unangemessen sei, da Patienten ja ebenfalls Angehörige sind. Für den Dänen gilt: Wenn die Patienten sich alleine austauschen wollen, hat es keinen Sinn, an ursprünglichen theoretischen Auffassungen festzuhalten, und nach gemeinsamer Besprechung wurde die Trennung unverzüglich vollzogen. Angehörigengruppen richteten wir später an der Klinik ein, sie waren gut besucht.

Die Gruppe traf sich samstags zwischen 14 und 16:00 Uhr. Um 16:00 Uhr hatten die Nonnen jeweils eine Versammlung in der Kapelle, weshalb wir nicht selten in Zeitnot gerieten und das Gespräch abbrechen mussten.

Folgt man strikten therapeutischen Regeln, überzieht man solche zeitlichen Fristen nicht. Die Gruppe war jedoch nicht geplant als therapeutische Gruppe, dazu hätte mir auch die nötige Ausbildung gefehlt. Stattdessen etikettierte ich das Geschehen in den erwähnten zwei Stunden als Gespräch. Matthias Krisor (1992) fand in seinem Buch „Auf dem Weg zur gewaltfreien Psychiatrie" dafür später den Begriff der „gemeindepsychiatrischen Gruppenpsychotherapie", den ich aber aus oben erwähnten Gründen nicht benutzte. In Wirklichkeit waren meine Ansprüche geringer: In der von mir geleiteten Gruppe achtete ich darauf, möglichst Patienten mit unterschiedlichen Krankheitsbildern und unterschiedlichen Alters zu versammeln. Weil manche der Teilnehmenden es mit Ablöseproblematiken zu tun hatten, war es sinnvoll, auf Altersmischung zu achten: Die Gruppe war daher zusammengesetzt aus jüngeren Teilnehmern, die mit Ablöseproblematiken konfrontiert waren, sowie älteren Teilnehmern, die solche Lebenskrisen aus der Perspektive von Eltern kannten. Auch erwies es sich als günstig, Teilnehmer, die gerade eine Krise überstanden hatten und noch unter deren Eindruck standen, zusammenzubringen mit Teilnehmern, die über Jahrzehnte Erfahrungen mit psychischer Krankheit aufweisen konnten. So ging es im Kern darum, in den an den Samstagnachmittagen geführten Gesprächen Perspektiven zu erweitern (Strauss 1968, Mead 1969).

Der administrative Aufwand bei diesem Unternehmen war am Anfang sehr niedrigschwellig: In Korbach hatte ich am dienstfreien Samstag zu tun, die Fahrtkosten übernahm ich selbst, da ich der Marburger Universitätsverwaltung so viel Fantasie nicht zutraute, für eine gemeindepsychiatrische Aktivität des Klinikums eine Kostenstelle zu finden oder gar zu schaffen. Ausdrücklich oder stillschweigend gebilligt, auch aktiv unterstützt wurden meine Umtriebe durch den Klinikleiter.

Die Institutionalisierung meines Vorhabens, nachdem einmal ein Anfang gemacht worden war, trieb ich zügig voran. Mit Mitteln der Arbeitsverwaltung konnte ich eine Psychologin, die gerade ihr Examen absolviert hatte und entsprechend ohne Berufserfahrung war, dafür aber großes Engagement zeigte, einstellen. Gemeinsam boten wir in der Volkshochschule in Korbach einen Kurs mit dem Titel „Psychische Probleme im Alltag" an. Der Hintergrund dafür war, dass das Bild des psychisch Kranken in der Öffentlichkeit immer noch von der Vorstellung geprägt war, dass man vor diesen Menschen Angst haben müsse und dass man sie am besten wegsperre.[111] Mit dem benannten Kurs wollten wir die Stimmung in der Stadt sondieren und erlebten dabei auch Unerwartetes: Ein älterer Yogajünger fühlte sich aufgerufen, den erstaunten Anwesenden einen Handstand auf dem Tisch vorzuführen (diese Übung kannte ich schon vom zweiten Stationspfleger in Marburg, ohne Yoga als Hintergrund). Der Klinikleiter, Wolfgang Blankenburg, begleitete uns zu einem Gespräch mit dem Korbacher Amtsarzt, der unserem Vorhaben gegenüber Sympathie bekundete und Vorschläge für Finanzierungsquellen machte (das Land Hessen befasste sich damals mit ambulanter Krankenpflege im ländlichen Raum, dies erschien dem Amtsarzt zunächst als aussichtsreiches Fördermittel). Dann führte ich auch ein Gespräch mit dem Sozialdezernenten des Landkreises, einem Juristen, der mich als Erstes fragte, was ich auf dem Land zu suchen habe, die psychisch Kranken lebten in der Stadt, auf dem Lande seien die Menschen gesund. Solchen Unfug[112] ignorierte ich, entsprach aber seinem Ansinnen, dass ich eine Verzichtserklärung auf Mittel des Landkreises unterzeichne, weil ich ahnte, dass eine solche Unterschrift rechtlich nicht bindend sein würde. Immerhin war ich damals jung und risikobereit. Fünf Jahre später musste dieser Sozialdezernent seine Ansichten vom gesunden Landleben korrigieren, als er auf unserem Sommerfest zu seinem Erstaunen seine Nachbarin antraf. Diese war so freundlich, ihm mitzuteilen, in welcher Form sie in unserer Einrichtung Hilfe gefunden habe.

In diese Zeit fällt eine weitere drollige Begegnung. Als guter Soziologe unternahm ich Anstrengungen, mit der lokalen *Arbeiterwohlfahrt* ins Gespräch zu kommen. Ich saß einem knorzigen Sozialdemokraten gegenüber, Betriebsratsvorsitzender in der lokalen Reifenfabrik und Vorsitzender des lokalen Kreisverbands der AWO. Mein Gespräch mit ihm war beendet, als er mir mitteilte: „Ich bin hier der Hausvater, ich bestimme, wo es lang geht". Von wegen bestimmen, dachte ich, von der Psychiatrie hast du keine Ahnung. Später wurden wir dann unterstützt von seinem Parteifreund, dem Inhaber des örtlichen Direktmandats der SPD für den hessischen Landtag. Danach gab es noch zwei Stationen in protestantischen

---

111 Die beiden Attentate auf die Politiker Wolfgang Schäuble und Oskar Lafontaine, die beide von psychisch kranken Personen ausgeübt wurden, unterstützten dieses Bild. Sie fanden später statt.
112 Derlei wurde auch in der Soziologie diskutiert, später allerdings musste die soziale Verursachungshypothese (Hollingshead und Redlich 1975) durch die drift-Hypothese (Faris und Dunham 1939) ersetzt werden.

Kirchengemeinden und eine mittlere Krise, als der Leiter des kirchlichen Rentamtes in völliger Verkennung der finanziellen Möglichkeiten einer Universität uns eine teure Rechnung für die Inanspruchnahme kirchlicher Räume präsentierte. Der oben erwähnte, selbstverständlich antiklerikal eingestellte Betriebsratsvorsitzende nutzte dies als günstige Gelegenheit, der Kirche eins auszuwischen, und beglich diese Rechnung aus Mitteln der Arbeiterwohlfahrt. Schließlich fanden wir ein vorläufig erstes Domizil, ein leerstehendes Gasthaus, das im lokalen Umfeld allseits bekannt war als „Oma Behle", so hieß die langjährige Wirtin, in Wirklichkeit aber benannt war nach der Straße, an welcher das Gasthaus lag: „Zur Eidinghausen". Meine Idee war, dass wir uns an diese Reputation des Hauses mit unserem für eine Kleinstadt erklärungsbedürftigen Vorhaben, psychisch Kranken Obdach und Asyl zu gewähren, anhängen könnten. Ob diese Einschätzung richtig war, weiß ich nicht, jedenfalls gab es keine Probleme mit der Nachbarschaft.

Inzwischen hatten wir auch einen Verein gegründet. Das ist die schwächste Möglichkeit der Institutionalisierung eines solchen Vorhabens, weil sie sehr störanfällig ist. Denn es braucht nur ein Vereinsmitglied eigensinnige Ambitionen zu entwickeln, dafür hinreichend Gefolgschaft zu finden, und das ursprüngliche Vorhaben ist gefährdet.[113] Dazu kam es im Verlauf der folgenden Jahrzehnte allerdings nicht.

Nach einigen Jahren mussten wir „Oma Behle" aufgeben, weil das Haus sich als nicht winterfest erweisen sollte, wie sich in einem besonders kalten Winter zeigte. Die Einrichtung zog in Richtung Innenstadt um und übernahm das Haus eines Zahnarztes, welches nach 1990 vom Verein erworben werden konnte. Seither gilt der Treffpunkt als lokal verankert, wie aus den Eröffnungsreden lokaler Würden-

---

113 Dazu ein Beispiel: Es geht um ein Kinderheim, welches für Jugendämter der Umgebung als Ultima Ratio galt, wenn Kinder untergebracht werden mussten, die anderweitig nicht mehr zu halten waren. Das Heim war von einem charismatisch disponierten Psychologen und seiner Ehefrau aufgebaut worden und wurde von diesen in deren eigenem Haus, einem umgebauten Bauernhaus, geleitet. Institutionelles Dach war ein Trägerverein. In einer Krise organisierte der Vereinsvorstand, ein Psychologe, einen Putsch, um selbst die Heimleitung zu übernehmen. Im Zuge dieser Wirren verlor das Heim seine Betriebserlaubnis. Der Heimleiter, als ehemaliger Jungsozialist mit allen Verfahrenstricks vertraut, kam zu mir mit der Bitte, mich von den Vereinsmitgliedern zum neuen Vereinsvorstand (zusammen mit einem Lehrer, Ratsmitglied der SPD, und einer Krankenschwester) wählen zu lassen. Ich war von der Qualität der Arbeit in diesem Heim überzeugt, habe dieses dann wissenschaftlich untersucht (Gehres und Hildenbrand 2008, S. 84ff.) und sagte unter der Bedingung zu, in überschaubarer Frist das Heim zu privatisieren, um ihm die angemessene Organisationsform zu geben. Mit meiner Wahl kam die Betriebserlaubnis unverzüglich zurück, denn ein Beamter des Landes Baden-Württemberg genießt beim Landesjugendamt Ansehen, wie der frühere Jungsozialist zu Recht ahnte. Mit dem Austritt des letzten Heimkindes lief das Heim aus. Aus der Privatisierung ist nichts geworden. Das steht aber auf einem anderen Blatt.

3.3 Die Stunde der Klinischen Soziologie in Zeiten des Übergangs

träger anlässlich des 20-jährigen Jubiläums im Jahr 2001 herauszuhören war – der oben erwähnte Sozialdezernent war zu diesem Zeitpunkt bereits im Ruhestand.

Zur Vereinsgründung luden wir den lokalen Nervenarzt ein, sich uns als Beirat zur Verfügung zu stellen,[114] der Psychiater aus Bad Wildungen wirkte bei der Vereinsgründung aktiv mit und steuerte auch den Namen des Vereins bei: „Treffpunkt", Untertitel: „Verein für psychosoziale Beratung und Selbsthilfe." Später wurden wir darauf hingewiesen, dass eine übel beleumundete Gaststätte in der Umgebung bereits diesen Namen trug. Der Zusatz der Selbsthilfe, der von uns stammte, verweist auf eine damalige Mode, die an der Universität Gießen von einem Psychotherapeuten, Lukas Michael Möller, propagiert wurde und die unter dem Strich darauf hinauslief, das Entstehen von Selbsthilfegruppen zu fördern, die sich nach der Logik von Psychotherapiegruppen selbst organisieren. Aus soziologischer Sicht ist das natürlich ziemlich grober Unfug (Oevermann 1988), und heimlich, still und leise verschwand bei uns der Zusatz der Selbsthilfe. Allerdings sind wir im Lauf der Zeit auch selbst darauf gekommen, dass in einem ländlichen Gemeinwesen der Import von therapeutischen Konzepten à la Selbsthilfe obsolet ist. Denn in den Gruppengesprächen kamen immer wieder Verflechtungen der Teilnehmenden in lokale Verwandtschaftsnetzwerke zur Sprache, und wenn es gut ging, waren diese lebendig und hilfreich, wenn nicht, mussten Gelegenheiten gesucht werden, diese wieder zu beleben. Mitunter waren dafür Hausbesuche erforderlich. Heute ist das Konzept der Selbsthilfe ersetzt durch das Schlagwort: „Hilfe zur Selbsthilfe". Der oben erwähnte „Vater" des Selbsthilfegedankens im therapeutischen Milieu, Lukas Michael Möller, propagierte später die Ernährung durch Rohkost im Dienste der Förderung eines gesunden Lebens.

Kurzzeitig boten wir auch einer Selbsthilfegruppe von alleinerziehenden Frauen Obdach. Dort war die Fluktuation allerdings sehr hoch, da diese Frauen immer dann, wenn sie einen neuen Gefährten gefunden hatten, die Gruppe verließen. Wäre diese Gruppe moderiert gewesen, hätte der Moderator vermutlich auf das Risiko, sich nach einer Trennung rasch wieder zu verpartnern, hingewiesen (Funcke und Hildenbrand 2009, S. 33ff.). Heute übernehmen solche Aufgaben Familienberatungsstellen. Mittlerweile gibt es in Korbach deren drei.

Später sind wir mit Hilfe des Amtsarztes an Landesmittel gelangt, jetzt aussichtsreicher als die ursprünglich von ihm ins Gespräch gebrachte Förderung der Krankenpflege auf dem Lande. Inzwischen hatte man in der Landeshauptstadt

---

114 In den Anfangsjahren gemeindepsychiatrischer Aktivitäten fürchteten niedergelassene Neurologen und Psychiater deren Konkurrenz. Inzwischen sind sie froh, dass gemeindepsychiatrische Einrichtungen Langzeit-Psychisch-Kranke von ihren Wartezimmern fernhalten.

Wiesbaden die Notwendigkeit erkannt, psychosoziale Kontakt- und Beratungsstellen auf dem Land zu fördern. In diesem Zusammenhang wirkten wir auch bei der Gründung eines „Landesverbandes psychosozialer Kontakt- und Beratungsstellen im ländlichen Raum Hessens" mit.

Hier zeigte sich eine neue Skurrilität: Bei den ersten Zusammenkünften erschienen auch Mitarbeiter von Beratungsstellen aus dem Rhein-Main-Gebiet, das mit dem ländlichen Raum so viel zu tun hat wie die Sau mit dem Kreppelbacken, um einen in Hessen geläufigen Ausdruck zu benutzen, was diese aber nicht wahrhaben wollten, denn sie hatten in Erfahrung gebracht, dass es Geld abzuholen gab.[115]

Allmählich entwickelten wir ein stehendes Angebot des „Treffpunkt", immer nach Maßgabe vorhandener Nachfrage. Wir setzten die eingangs erwähnten Gespräche fort, dazu kam Einzelberatung durch die erwähnte Psychologin. Eine inzwischen eingestellte Heilpädagogin entwickelte ein „Tagesstrukturierendes Programm", welches man auch als „Tagesklinik" hätte bezeichnen können, wenn man es auf Etikettenschwindel angelegt hätte. Die im Gasthaus vorhandenen Zimmer konnten eine Grundlage bieten für die Entwicklung eines Angebots mit dem Namen „Betreutes Wohnen". Der damals vorgegebene Betreuungsschlüssel von 1:12 (ein Mitarbeiter betreut zwölf Klienten) ermöglichte die Anstellung eines weiteren Sozialarbeiters. Im Frühjahr 2017 feiert er den 30. Jahrestag seiner Anstellung. Die Psychologin, die am Anfang am Aufbau tatkräftig beteiligt war, hatte inzwischen eine therapeutische Ausbildung abgeschlossen und sich in Marburg als Therapeutin niedergelassen. Sie wurde durch eine erfahrene Sozialarbeiterin aus Kassel ersetzt, und als diese beim überörtlichen Sozialhilfeträger, dem Landeswohlfahrtsverband in Kassel, eine besser bezahlte Stelle angeboten bekam und diese annahm, folgte ihr eine weitere Sozialpädagogin, Absolventin der Sozialpädagogik an der Universität Kassel. Sie hatte den Vorzug, dass sie während ihres Studiums im Treffpunkt ein Praktikum absolviert hatte, so mit der Einrichtung schon vertraut und zudem im Landkreis geboren und wohnhaft war.

Bevor ich zum Ende dieser Narration komme, will ich noch auf drei Punkte eingehen, die aus Sicht einer Klinischen Soziologie von Interesse sind:

Fragen der Leitung. Louis Wirth bezeichnete sich als Direktor einer Einrichtung für jugendliche Straffällige. Ich selber war im Treffpunkt zwischen 1981 und 1989 im Vereinsvorstand der 1. Vorsitzende. Vereinsvorstände sind formal zwar für die

---

115 Ich will auf solche Anekdoten nicht verzichten, denn schließlich geht es hier um das, was einem Klinischen Soziologen im Alltag alles widerfährt. Dass dabei eine Menge Kabarett im Spiel ist, erleichtert das Leben, wenn man erst einmal gelernt hat, alles, auch die Absurditäten, mit Humor zu nehmen, der in der Rückschau sich leichter einstellt als im laufenden Geschehen.

3.3 Die Stunde der Klinischen Soziologie in Zeiten des Übergangs

Institution verantwortlich, die alltäglichen Leistungen werden allerdings von den Mitarbeitern erbracht, die entsprechend mehr Respekt und Verantwortungszuschreibung verdienen als ein Vereinsvorstand, dessen Bedeutung über die eines Grüßaugust nicht hinauswächst, wenn es gut geht.

Mit anwachsender Größe der Einrichtung und ansteigendem Budget stellte ich einmal die Leitungsfrage, blitzte damit aber ab: Jeder der inzwischen entstandenen drei Bereiche: Beratung/Betreutes Wohnen/Tagesstrukturierendes Programm wurde von einer Fachkraft verantwortet und entsprechend geleitet. Jeder dieser drei Leiter (einer davon männlich, zwei weiblich) stellte an sich den Anspruch, den „Treffpunkt Korbach" nach außen gegenüber Behörden etc. vertreten zu können. Eine Gesamtleitung wurde also fallweise diskussionslos exerziert, ohne dass jemand für sich forderte, die Gesamtleitung zu übernehmen, freigestellt und besser bezahlt zu werden. Im Lauf der Zeit allerdings entstanden im Landkreis nach dem Vorbild des „Treffpunkt Korbach" drei weitere solcher Einrichtungen, die nach und nach dasselbe Angebot wie der Treffpunkt in Korbach vorweisen konnten. Auf Wunsch der Behörden wurden diese vier Treffpunkte zu einem „Kreisverband Treffpunkt" vereinigt, der wiederum vereinsförmig organisiert ist: Mitglieder dieses Vereins sind die Vorstände der einzelnen Treffpunkte. Der Kreisverband nimmt die Fördermittel entgegen und verteilt sie auf die Einzelstandorte. Das ist die Aufgabe einer Betriebswirtin, die anfänglich damit den Anspruch verband, den gesamten Kreisverband zu leiten, wenn ihr auch die Kenntnisse über die lokalen Eigenheiten und insgesamt über die Betriebswirtschaft hinaus der Sachverstand für Gemeindepsychiatrie fehlte. Das ließen sich die Korbacher jedoch nicht bieten, und es blieb bei dem Prinzip der kollegialen Leitung.[116]

An einer solchen Lösung führt, schätzt man die Selbstständigkeit und Fachlichkeit der Mitarbeiter hoch ein, kein Weg vorbei.[117] Im Grunde entspricht dieses Leitungsmodell jenen Praktiken, wie an Universitäten Institute geführt werden, wo die Leitung kollegial zirkuliert und zeitlich befristet ist, wobei es allerdings auch

---

116 Wer allerdings versucht, per Internet den Treffpunkt Korbach zu erreichen, bleibt erst einmal auf der Webseite des Kreisverbands der Treffpunkte hängen. So jedenfalls am 25.1.2017. Der Konflikt ist offenbar noch nicht ausgestanden. Ein erneuter Zugriff am 10.05.2018 zeigte, dass der Fehler inzwischen behoben war. So hat mein Hinweis im Januar 2017 doch Wirkung gehabt.

117 Es handelt sich jeweils um Sozial- oder Heilpädagogen, inzwischen arbeitet auch ein Psychiatriepfleger mit. Vor diesem Hintergrund sind Grundsatzüberlegungen zur Professionalisierung bzw. Professionalisierbarkeit dieser Berufe im Alltag ohne erkennbaren Nutzen. Die wichtigere Frage ist, was die Bedingungen dafür sind, dass die betreffenden Akteure in Sachen Professionalisiertheit ihres Handelns keinen Anlass zu Zweifeln geben.

zu Auswüchsen kommen kann, wenn ein Inhaber der Leitungsfunktion (Institutsdirektor) seine Ambitionen verselbständigt und nicht bereit ist, in angemessener zeitlicher Frist seinen Platz zu räumen, während seine Kollegen froh darüber sind, dass jemand die ungeliebte Arbeit übernimmt. Zu solchen Fehlentwicklungen gehören, wie gesagt, zwei: Der Institutsdirektor und seine Kollegenschaft. Dass damit aber auch in unangemessener Weise Macht angehäuft (ein richtiger Soziologe würde sagen: allokiert) wird, stellt sich in der Regel erst heraus, wenn es zu spät ist.

Später, als Fachleiter für Arbeit mit psychisch Kranken und Suchtkranken an der Berufsakademie Villingen-Schwenningen und als Dozent und Supervisor am Ausbildungsinstitut systemische Therapie und Beratung in Meilen/Zürich, habe ich immer wieder versucht, dieses Leitungsmodell in sozialen Einrichtungen bei Leitungskonflikten schmackhaft zu machen, bin aber selten auf Gegenliebe gestoßen.[118] In Deutschland stellte sich als Problem heraus, dass Sozialpädagogen wenig geneigt sind, Verantwortung zu übernehmen, während in der Schweiz mit dem dort üblichen Milizmodell bei gemeinnützigen Einrichtungen vielfach die Zahl der Häuptlinge größer ist als die der Indianer, während die Häuptlinge streng darauf achten, dass die Indianer auch arbeiten.

Ich führe es auf diese Leitungsstruktur zurück, dass seit 1981 im Treffpunkt Korbach bis auf die zwei beschriebenen Austritte das Personal konstant geblieben ist. Allenfalls sind neue Mitarbeiter dazugekommen, wenn das Angebot erweitert wurde.

---

118 Im Anschluss an die 1970er Jahre wuchsen in Baden-Württemberg die Sozialdienste an den psychiatrischen Landeskrankenhäusern immens (psychiatrisches Landeskrankenhaus Reichenau: zwei Sozialarbeiter im Jahr 1974, 20 Jahre später waren es 25). Als Fachleiter für Arbeit mit psychisch Kranken und Suchtkranken hatte ich mit jedem dieser Sozialdienste zu tun, wo ich den Vorschlag machte, dass jede Station mit einem Sozialarbeiter besetzt sein sollte, damit er an einem interdisziplinären Behandlungsprozess teilnehmen könne. Das wurde mit dem Argument zurückgewiesen, dass diese Sozialarbeiter, würde mein Vorschlag umgesetzt, auf den Stationen alleine agierend, ihre berufliche Identität verlören. Dass auch Ärzte oder Psychologen nicht selten ohne einen Berufskollegen auf einer Station tätig sind und dennoch berufliche Identität entwickeln können, galt ihnen nicht als Argument. Auf einer Gesamttagung aller Sozialdienste der baden-württembergischen psychiatrischen Landeskrankenhäuser stellte ich diesen Vorschlag (1 Sozialarbeiter pro Station) zur Diskussion, und es schlug mir in der Diskussion lebhafter Widerstand entgegen. Stattdessen verschanzten sich die Mitarbeiter der jeweiligen Sozialdienste in ihren Büros in den Verwaltungsgebäuden dieser Kliniken. Als Ansprechpartner gegenüber der Klinikleitung (kollegial: ärztlicher Direktor/Verwaltungsleiter/Pflegedienstleiter) konnten sie keinen Sozialdienstleiter benennen, stattdessen boten sie einen „Sprecher" an, der keinerlei Befugnisse hatte und entsprechend auch nicht ernst genommen wurde, von sich aus auch keine Anstrengungen unternahm, belastbare Aussagen zu treffen. Diese Beschreibung gilt heute nicht mehr, stillschweigend hat sich inzwischen meine Auffassung mehrheitlich durchgesetzt.

3.3 Die Stunde der Klinischen Soziologie in Zeiten des Übergangs

Mit diesem Gesichtspunkt kann ich auch auf Überlegungen vom Anfang zurückkommen: Wenn für Menschen in einer Krise diese Einrichtung einen Treibanker darstellen soll und wenn dieses Angebot für einen längeren Zeitraum eines Lebens zur Verfügung stehen soll, dann ist es unverzichtbar, dass die Personen, die den Treibanker garantieren, konstant bleiben. Würde ständig das Personal wechseln, müssten die Klienten immer wieder ihre Geschichte neu erzählen und sich neu vertraut machen. So formieren sich im Lauf einer Patientenkarriere traurige Geschichten, denn die Patienten lernen allmählich, was die Therapeuten hören wollen und worauf sie reagieren. Andere Klienten betonen allerdings die damit gegebene Chance, ihre Geschichte immer wieder neu erzählen zu können.

Inzwischen habe ich auch eine Möglichkeit, zu überprüfen, ob dieses Konzept aufgegangen ist. Ein von mir betreuter Doktorand, Patrick Jung aus Erfurt, im Erstberuf Sozialarbeiter, untersuchte die lebensgeschichtliche Bedeutung gemeindepsychiatrischer Einrichtungen für deren Klienten. Auf meinen Vorschlag hin wählte er auch den Treffpunkt in Korbach als Erhebungsort aus. Dort hat er mit einer der ersten Klientinnen aus dem Jahr 1981 gesprochen. Diese Klientin habe ich für die Untersuchung ausgewählt, weil sie wortgewandt, reflektiert und belastbar ist.[119] Jungs Dissertation resultiert in folgender Fallstrukturhypothese zur Bedeutung des Treffpunkt für ihr Leben:

„Gegenwärtig braucht sie (die Klientin – B.H.) die Einrichtung nicht. In der Vergangenheit hat sie aber die Einrichtung genutzt, insbesondere dann, wenn sie vor kritischen Ereignissen in ihrem Leben stand, in der ihr freier Wille eingeschränkt war und sie fremdstrukturiert werden musste. Dort hatte die Institution für sie existenziellen Charakter mit dem Ergebnis, dass sie die Einrichtung jetzt nicht mehr braucht" (Jung 2017).

Aus systemischer Sicht gibt es diesbezüglich allerdings die naseweise Mahnung, dass in Fällen hoher Konstanz von Klienten und Personal ein gemeinsamer Chronifizierungsprozess stattfinde (Jochen Schweitzer und Bernd Schumacher 2011). Empirische Anhaltspunkte für diese Behauptung liefern sie nicht. Wie immer ist es von Fall zu Fall und je nach Kontext unterschiedlich, ob die Prognose vom Chro-

---

119 Als ich 2016 zum zweiten Mal seit 1989 wieder ein Sommerfest besuchte, traf ich einige Klienten aus der Anfangszeit, auf die die soeben referierte Einschätzung ebenfalls zutrifft. Manche von ihnen erkannten mich wieder, manche nicht. Nach meinem Weggang hielt ich zunächst Abstand von der Einrichtung, weil ich vermeiden wollte, den Eindruck eines Kontrolleurs zu vermitteln, der sicherstellen will, dass seine Ideen auch umgesetzt werden. Auch ohne meine Eingriffe hat die Einrichtung sich kontinuierlich weiterentwickelt und sämtliche Finanzkrisen der letzten Jahrzehnte gemeistert. Darauf bin ich stolz.

nifizierungsprozess zutrifft, und wer die Stimmung während eines Sommerfestes in Korbach erlebt hat, hat nicht den Eindruck, hier würden Menschen gemeinsam chronifizieren. Sie würden vermutlich diese Beschreibung als Beleidigung empfinden.

Die Entwicklung der Angebote. Nicht nur in der Gründungsszene, sondern auch bei der Entwicklung des Angebots verfolgten wir einen bottom-up-Ansatz. Nach damaliger Auffassung wäre es angemessen gewesen, die vorhandene Landschaft mit sozialpsychiatrischen Einrichtungen, die Sozialpsychiater damals für unverzichtbar hielten, zu möblieren (Bauer 1977: Wulff 1980). Die seinerzeit von Heinrich Kunze, ärztlicher Direktor der psychiatrischen und psychotherapeutischen Klinik in Merxhausen bei Kassel, favorisierte Variante, Krankenhäuser ganz abzuschaffen und die Behandlung von psychisch Kranken in deren Wohnung zu konzentrieren, fand bei der Verwaltung selbstverständlich keine Beachtung, obwohl Kunze diese Lösung auf ihre Kosten hin akribisch durchgerechnet und eine Kostenneutralität gegenüber der stationären Lösung bewiesen hatte. Auch in diesem Scheitern spürt man wieder den heißen Atem der Preußen, die grundsätzlich eine zentralistische Lösung einer dezentralen Lösung vorziehen.

Bevor man sich jedoch an die Möblierung eines Landkreises mit gemeindepsychiatrischen Einrichtungen macht, sollte man herausfinden, und zwar im Benehmen mit den Klienten, was an Ort und Stelle benötigt wird. Aus dem reichhaltigen Angebot sozialpsychiatrischer Möbel schloss ich damals kategorisch ein Möbelstück aus: Ein Wohnheim für psychisch Kranke kam für mich aus guten Gründen der Hospitalisierungstendenzen solcher Einrichtungen nicht infrage.[120] Heute sehe ich das etwas gelassener; denn ich kenne Klienten, denen es gelungen ist, sich in solchen Wohnheimen eine ihnen gemäße Nische zu schaffen,[121] und schließlich gibt es auch Klienten, die sich in einem Wohnheim wohler fühlen als in einer Einzelwohnung oder in einer Wohngemeinschaft. Letztlich ist der Klient die Richtschnur, an der entlang Entscheidungen zu treffen sind darüber, welche Einrichtungen infrage kommen. Der heute (2017) in sozialpsychiatrischen Kreisen kursierende Kampfruf „Ambulant geht vor stationär" verkennt eben diese Klientenorientierung. Dass es zurzeit im Bereich des Kreisverbands der Treffpunkte in Waldeck-Frankenberg ein

---

120 Damals war mir der Merksatz des Saarbrücker Psychiaters Wolfgang Hoffmann, ein Virtuose der praktischen Urteilskraft, nicht geläufig: „Gewalt in der Psychiatrie ist nicht an Mauern gebunden."

121 Auf die Bedeutung von Nischen im Wohnheimbau hat der Zürcher Architekt und Umweltpsychologe Rudolf Welter schon früh aufmerksam gemacht. Ein Klient, den ich seit seinem ersten Klinikaufenthalt im Rahmen einer psychotischen Adoleszenzkrise kennengelernt habe, lebt in einem solchen Wohnheim, das nichts anderes ist als eine rückwärtige Abteilung eines psychiatrischen Krankenhauses. Seine Nische besteht darin, dass er sich einen Bauwagen ausbaut, der in einem Dorf auf dem Land steht.

3.3 Die Stunde der Klinischen Soziologie in Zeiten des Übergangs 123

Wohnheim für psychisch Kranke gibt, wird seine guten Gründe haben. Bis jetzt hatte ich noch keine Gelegenheit, mich davon zu überzeugen (siehe Anmerkung 120). Im Anschluss an eine rechtliche Neuregelung der Betreuung von psychisch Kranken ist am Treffpunkt in Korbach auch ein Betreuungsverein entstanden, der das Angebot und damit auch das Personaltableau vergrößert.

1986 verfügte die Einrichtung Treffpunkt in Korbach über Gruppenangebote, Angebote zur Einzelberatung, Betreutes Wohnen, auch in einem heimähnlichen Umfeld. Zwei Jahre später trat eine „Expertenkommission der Bundesregierung auf der Grundlage des Modellprogramms Psychiatrie der Bundesregierung" mit Empfehlungen an die Öffentlichkeit, die sich auf einen „gemeindepsychiatrischen Verbund" (S. 24) richteten und eben das, was wir in Korbach entwickelt hatten, und zwar in nicht in einem top-down-Ansatz, sondern in umgekehrter Richtung, sozusagen mit der Nase am Boden, propagierten. Die erwähnte Expertenkommission hat dafür das Modellprogramm der Bundesregierung von 1980-1985 „beratend begleitet und es danach sorgfältig analysiert". Wir haben unser Konzept mit erheblich weniger personellem und finanziellem Aufwand entwickelt, aber man kann sicher sein, dass die erwähnten Experten, wären sie damit konfrontiert worden, kaum mehr als ein müdes Lächeln dafür parat gehabt hätten. Ein Kasseler Soziologe oder Sozialpädagoge, das lässt sich nicht mehr rekonstruieren, hat sich entsprechend hervorgetan und sich abfällig über die provinzielle Veranstaltung in Korbach geäußert.[122]

1984 verließ ich die Klinik und wechselte nach Frankfurt an den Lehrstuhl von Ulrich Oevermann. Dieser unterstützte meine Tätigkeit in Korbach und verlegte sogar sein Forschungspraktikum vom Freitag auf den Donnerstag, da ich am Freitag in Korbach Verpflichtungen hatte. Oevermann musste durch diese Verlegung auf den im Anschluss an das Forschungspraktikum am Freitag üblicherweise stattfindenden Lohntütenball verzichten,[123] ein nicht gering zu achtendes Entgegenkommen.

---

122 Dies hat er in einer Veranstaltung im Land Baden-Württemberg zur Konzeptionalisierung sozialpsychiatrischer Dienste getan, nicht wissend, dass ich im Publikum saß. Aus heutiger Sicht habe ich nicht besonders souverän auf diesen von mir als persönliche Beleidigung aufgefassten Lapsus reagiert, ich habe ihn bloßgestellt.

123 Die Institution des Lohntütenballs stammt aus der Zeit, als der Lohn noch nicht auf ein Bankkonto überwiesen, sondern dem Mitarbeiter am Freitag in einer Tüte ausgehändigt wurde. Dem schloss sich in der Regel ein Gasthausbesuch an, wo der Ball stattfand. Meine persönliche Erfahrung mit Lohntütenbällen bezieht sich auf die Kantine des Kalibergwerks Buggingen bei Freiburg, inzwischen geschlossen, wo einer meiner Onkel Pächter war und am Freitagabend immer mit Exzessen gerechnet werden musste. Wenn es meiner Tante, eine resolute Ostpreußin, allerdings zu viel wurde, meist gegen Mitternacht, steckte sie einen Spüllappen in die Baßtuba, die immer dabei war, weil sie ein Klavier zu unterstützen hatte. Das war das (erstaunlicherweise immer befolgte) Signal zum Aufbruch.

Auch wissenschaftlich zahlte sich mein Engagement im ländlichen Raum des Landkreises Waldeck-Frankenberg aus: Meine zahlreichen Erfahrungen mit landwirtschaftlichen Familienbetrieben im Landkreis bildeten die Grundlage für agrarsoziologische Forschungsprojekte (Hildenbrand 2014), sehr zum Missfallen der Platzhirsche der Agrarsoziologie, die uns unterstellten, wir würden die Landwirtschaft als einen Ort von „Verrückten" darstellen. Dass unsere erste Monographie mit psychisch Kranken überhaupt nichts zu tun hat, ist ihrer Aufmerksamkeit entgangen (Hildenbrand u. a. 1992).

Als ich dann 1989 durch einen weiteren Arbeitsplatzwechsel nach Villingen-Schwenningen umzog, gab ich meine Mitarbeit und meinen Vorstandsposten in Korbach auf. Mein Nachfolger war ein Arzt vom Kreiskrankenhaus in Korbach, der später seinen Posten zur Verfügung stellte, um ihn an einen anderen Arzt zu übergeben.

Der Übergang von mir auf die Nachfolger ist gelungen, was man nicht für jede sozialpsychiatrische Einrichtung im Wechsel von der Gründergeneration zur zweiten Generation behaupten kann. Hier sind viele Narzissmen im Spiel, die sich zum Teil in offenen Zerstörungstendenzen äußern. Der Marburger Pionier der stationären Psychoanalyse, Manfred Pohlen, lieferte bei seiner Emeritierung seine Station an einen Verhaltenstherapeuten aus, und der Gründer eines therapeutischen Dorfs für psychisch Kranke und Suchtkranke mit vorbildlichen Leistungen steuerte zum Zeitpunkt seines Übergangs in den Ruhestand diese Einrichtung an die Existenzgrenze, indem er Mittel zweckentfremdete und die Gemeinnützigkeit der Einrichtung in Gefahr brachte. Die Liste wäre fortzusetzen, sie könnte auch der Ausgangspunkt einer verdienstvollen soziologischen Studie sein, welche zum Gegenstand das Thema „charismatische Herrschaft in sozialpsychiatrischen Einrichtungen" haben könnte. Das Drehbuch dafür findet man bei Max Weber in „Wirtschaft und Gesellschaft" im Kapitel über charismatische Herrschaft (vgl. Hildenbrand 2015c).

Aus heutiger Sicht würde ich der Frage nach Arbeit für psychisch Kranke größere Aufmerksamkeit widmen, hier ist man inzwischen weiter. Schon zu Zeiten der Psychiatriereform war Arbeit ein oben auf der Tagesordnung stehendes Thema, jedoch hat man der preußischen Lösung der Zentralisierung von Klienten in Werkstätten für Behinderte den Vorzug gegeben. Ich selbst favorisierte damals die Förderung von Arbeitsplätzen für psychisch Kranke in Betrieben. Diesbezüglich gibt es heute eindrucksvolle Lösungen, z. B. in Erfurt.

Seinerzeit ging die Kritik des rechtgläubigen Kommunisten Erich Wulff (siehe oben) in die richtige Richtung. In einem Aufsatz ironisiert er das Deckblatt der Schriften der Aktion psychisch Kranke, das in einer netten Zeichnung das für ein Stadtviertel erforderliche gemeindepsychiatrische Mobiliar auflistet (Wulff 1980). Die Ironie des Autors mündet in die Feststellung, dass auch in Bezug auf psychisch Kranke die „soziale Frage", speziell der „Widerspruch zwischen Arbeit und Kapital",

3.3 Die Stunde der Klinischen Soziologie in Zeiten des Übergangs

die zentrale Rolle spiele. Auf der Grundlage solch massiver Theoriearchitekturen hat der einzelne Klient nichts zu melden, weshalb auch der einzige Klient, der in Wulffs Autobiografie vorkommt, er selbst ist (Wulff 2001).

Und um abschließend auf die Überschrift dieses Kapitels zurückzukommen: Dort habe ich behauptet, dass die Klinische Soziologie in Zeiten von Übergängen blüht, welche genügend Raum lassen, dass ein Soziologe mit seinem fachlichen Hintergrund sinnvolle Beiträge leisten kann, sofern er auf eine preußische Herangehensweise verzichtet und dänische Verfahren vorzieht. Dies trifft sowohl auf die Erfahrungen von Louis Wirth als auch auf meine Erfahrungen zu. Entscheidend ist der Ausgang vom Alltag als einer „paramount reality" (Alfred Schütz), weshalb auch die Frage nach „bridging concepts" entbehrlich wird. Der Anschluss an die bestehenden Taxonomien reicht aus (statt „Selbsthilfe" Verwandtschaftsnetzwerke, „Beruf" statt Profession, Gemeinde statt „Netzwerk").

Wer allerdings meinen Text sorgfältig gelesen hat, wird auch feststellen können, dass das in Korbach Geleistete nicht auf das Konto der Aktivität einer einzigen Person geht, sondern auf die Leistungen einer Arbeitsgemeinschaft, der es gelungen ist, gut zusammenzuarbeiten. Jeder, der diesen Prozess durch charismatische Ambitionen oder sonstige Extravaganzen, für die das universitäre Milieu das geeignete Treibhaus ist, zu beeinflussen versucht hätte, hätte ihn unweigerlich zum Scheitern gebracht.

Während Erich Wulff in seiner Lebensbeschreibung als Psychiater nirgendwo auf Patienten zu sprechen kommt, fehlen auch in dieser Skizze des Aufbaus einer gemeindepsychiatrischen Einrichtung die maßgeblichen Akteure, die Klienten. Drei von ihnen hatten am Beginn dieses Kapitels ihren Auftritt. Ich konnte sie nicht näher beschreiben, weil in einer so kleinen Stadt wie Korbach jeder jeden kennt und Diskretion nahezu unmöglich, aber auch nicht üblich ist. Das ist der eine Mangel dieser Darstellung, der andere besteht darin, dass ich noch an keiner Stelle explizit dargelegt habe, welche Rolle die praktische Urteilskraft im Alltag eines Klinischen Soziologen spielt, außer, dass die gesamte Konzeption von praktischer Urteilskraft geprägt ist. Trotz der Diskretionsfrage habe ich mich entschlossen, im Folgenden anhand von zwei Fallskizzen einen Einblick in den Alltag des Treffpunkt Korbach zu geben. Es geht dabei um Beispiele von Einschluss und Ausschluss.

Einschluss. Das Wochenende, an dem 1985 der Reaktor von Tschernobyl in der Ukraine havarierte, war ein verlängertes Wochenende. Geplant war die alljährliche Reise der von mir moderierten Freitagsgesprächsgruppe – auf allgemeinen Wunsch hatten wir sie vom Samstagnachmittag auf den Freitagabend verlegt. In diesem Jahr sollte das Ziel ein Feriendorf in den Niederlanden sein. Dort hatten wir zwei Ferienhäuser gemietet. Ich wurde von meinem Sohn, der damals fünf Jahre alt war, begleitet. Am Morgen der Abreise erschien Karl-Heinz Wolf mit seinem Bruder. Der Bruder teilte mit, Karl-Heinz habe die ganze Nacht nicht geschlafen, die

Teufel seien wieder hinter ihm her gewesen (Karl-Heinz zeigte eine damals bereits selten gewordene, extrem von Angst begleitete schizophren gefärbte psychotische Episode[124]). Wir zogen uns zur Beratung zurück und wogen ab: Angenommen, wir folgten dem Vorschlag des Bruders, der Karl-Heinz unverzüglich nach Haina, dem zuständigen Krankenhaus, bringen wollte. Damit zeichnete sich folgendes Szenario für die nächsten Tage ab: Karl-Heinz würde aufgenommen auf einer geschlossenen Akutstation, aufgrund des bevorstehenden Feiertags würde er zunächst einmal einen Arzt nicht oder nur kurz zu sehen bekommen. Im günstigen Fall würde sich ein Pfleger, der ihn von einem früheren Aufenthalt her kennt, mit Karl-Heinz in einer ruhigen Stunde (wahrscheinlich wäre aber die Station aufgrund des verlängerten Wochenendes dünn besetzt) zusammensetzen und sich erkundigen, wie es ihm seit der letzten Entlassung ergangen sei.[125]

Diesem Szenario hielten wir entgegen: Wenn Karl-Heinz mit uns nach Holland fahren würde, hätte er ständig Ansprache, er könnte über seine Sorgen sprechen, wir würden uns um ihn kümmern und ihn nicht aus den Augen lassen. Was wir anbieten konnten, war eine Art Soteria auf Rädern. Nachdem uns der Bruder versichert hatte, dass Karl-Heinz ausreichend mit Medikamenten versorgt sei, beschlossen wir, ihn mitzunehmen. („Wir" heißt immer: die Gruppe und ich. Karl-Heinz selbst nahm an der Debatte nicht teil.) Am Zielort nach wenigen Stunden Fahrt angekommen, bezog ich gemeinsam mit meinem Sohn und Karl-Heinz ein Zimmer, und ich bat ihn, mir bei der Vorbereitung des Abendessens zu helfen (ich hatte den Kochdienst für diesen ersten Abend übernommen). Karl-Heinz, der in der letzten Zeit ein Interesse am Kochen entwickelt hatte, half mir also, das für die relativ große Gruppe erforderliche Pilav zuzubereiten – dabei ist viel Handarbeit und Aufmerksamkeit erforderlich. Der Rest der Reise verlief ohne Probleme – es war mir aufgefallen, dass Karl-Heinz und mein Sohn ständig zusammen waren; so konnte der Ältere von der Aufmerksamkeit, die der Jüngere auf sich zog, profitieren.

Bei diesem Beispiel spielt praktische Urteilskraft mit, die man mitunter nicht von gesundem Menschenverstand unterscheiden kann, außer eben, dass es sich um eine Situation der krisenhaften und entsprechend riskanten Entscheidung gehandelt hat – bei der man im Vertrauen darauf handelt, dass es schon gut gehen werde und wenn nicht, dass man sein Vorgehen im Nachhinein begründen könne. Aufgrund der

---

124 Vgl. dazu im Detail Benedetti 1987; auch Georg Büchners „Lenz" bietet sich als Hintergrund an.
125 Diese Beschreibung beschreibt noch die Situation der 1980er Jahre. 2016 konnte ich im Zusammenhang mit einer Krise einer früheren Klientin aus Korbach die Erfahrung machen, dass sich in diesem Krankenhaus die Verhältnisse zugunsten der Patienten erheblich verbessert haben.

langjährigen Arbeit mit Karl-Heinz habe ich allerdings zum gegebenen Zeitpunkt kein Risiko gesehen – im Unterschied zu einer weiteren Reise dieser Art, bei der ich den Fehler gemacht habe, einen mir weitgehend unbekannten Klienten mitzunehmen. Dieser verschwand über Nacht, wir alle suchten ihn bis tief in die Dunkelheit, er teilte am anderen Morgen, nachdem er wieder aufgetaucht war, freudestrahlend mit, er habe in diesem Feriendorf Korbacher angetroffen, mit denen er sich habe gut unterhalten können. - Karl-Heinz hat sich später eine Einrichtung gesucht, die ihm eine dichtere Betreuung als der Treffpunkt in Korbach anbieten konnte.

Ausschluss. Von einer Nachbarstation in der Klinik wurde ein ebenfalls wahnhafter Patient entlassen, der im Einzugsbereich des Treffpunkt mit seinen betagten Eltern lebte. Es war abzusehen, dass dieser Patient, nennen ihr wir ihn Frank Dittrich, in überschaubarer Frist seine schon betagten Eltern verlieren und dann auf Dauer auf stationäre Hilfe angewiesen sein würde. Der Treffpunkt hätte mit seinem Angebot eine wohnortnahe Unterstützung und einen sanften Übergang in ein Leben ohne Eltern bieten können. Ich besprach das mit den Eltern Franks, die sich von meinem Angebot sichtlich erleichtert zeigten, während Frank nicht mitspielte. Außerhalb akuter Phasen war er im Elternhaus beschwerdefrei, aber sobald er das Haus verließ, wurde er von Stimmen und Dämonen geplagt, während ich selbst beobachten konnte, dass ihm die anderen Dorfbewohner nicht unfreundlich gegenübertraten, in der Dorfkneipe wurde er mit Hallo begrüßt. Auch das Angebot, dass ein Verwandter aus dem Nachbarort, der ebenfalls Klient im Treffpunkt Korbach war, ihn jeweils zu den Gesprächen am Freitag abholen könne, nahm Frank nicht an. So hat er für sich selbst ausgeschlossen, von dieser Einrichtung zu profitieren.

Rückblick: Nach fast dreißig Jahren zurückblickend auf den Gang der Entwicklung des Treffpunkt wird mir deutlich, dass ich, ohne einen Plan zu verfolgen oder anzuwenden, vorgegangen bin wie ein Pragmatist. Das ist soweit nicht verwunderlich, denn dieses Vorgehen entsprach meiner soziologischen Sozialisation und dem durch diese vermittelten Habitus.[126] Dementsprechend folgte ich nicht einer Idee, außer eben der, die man dem praktischen Handlungsfeld entnehmen konnte: Dass psychisch Kranke in Zeiten der Krise einen schützenden Hafen benötigen, den es bereitzustellen gilt und den die Krankenhauspsychiatrie nicht bieten kann, wenn es auch der damals modische „Anti"-Psychiater (er selbst hat dieses Etikett für sich nie akzeptiert) Ronald D. Laing, später auch der Schweizer Psychiater Luc Ciompi, der in Bern das Soteria-Konzept einführte, waren, die mir auf die Sprünge halfen. Habituell folgte ich dem von William James formulierten Prinzip: „Wenn es einen Teil in einem Gedanken gibt, der in den praktischen Konsequenzen dieses

---

126 Durchaus im Sinne von Pierre Bourdieu gemeint. vgl. Bourdieu (1974).

Gedankens keinen Unterschied erzeugt, dann wäre dieser Teil kein eigenständiges Element der Bedeutung dieses Gedankens" (James, zitiert in Menand 2001, S. 354).

Dass diese Einrichtung funktioniert in kollegialer Leitung, hat mit einem anderen Grundsatz des Pragmatismus zu tun, der besagt, dass Menschen über die Fähigkeit verfügen, Verantwortung für sich selbst zu übernehmen. Wer das für „neoliberale" Ideologie hält, mag gerne bei diesem Irrtum bleiben, aber er lese bei Karl Marx nach: „Die Menschen machen ihre eigene Geschichte, aber sie machen sie unter vorgefundenen Umständen" (Marx 1964, S. 226). Die vorgegebenen Umstände waren im vorliegenden Fall die folgenden: Jeder Mitarbeiter baute einen eigenen Bereich auf, für den er (die ersten beiden Bereiche wurden von Mitarbeiter*innen* aufgebaut) selbst verantwortlich war. Ein Scheitern hätte den Verlust des Arbeitsplatzes bedeutet, und für ein solches Scheitern, das aber nicht eingetreten ist, hätte man auch nicht in radikaler politikökonomischer Analyse anonyme Strukturen verantwortlich machen können.[127] Die damit verbundenen Erfahrungen trugen zur Ausbildung oder Bekräftigung einer Habitusformation bei, die die Konzeption nahelegte, jeder der Mitarbeiter sei in der Lage, die gesamte Einrichtung zu vertreten und sich so ein akademisches Leitungsprinzip anzuverwandeln. Abgestützt wurde dieser Prozess durch eine loyale Vereinsführung, die gemeinsam mit dem vorhandenen Personal Personen rekrutierte, denen man die Bereitschaft zur Selbstständigkeit ansehen konnte.

Im Rückblick auf die Entwicklung einer Klinischen Soziologie in der US-amerikanischen Soziologie bei Louis Wirth stellt sich heraus, dass ich, ohne dieses Konzept zu kennen, die von Wirth benannte dritte Möglichkeit der Tätigkeit eines Klinischen Soziologen realisierte, wozu dann allerdings die von Wirth nicht reflektierte Aufgabe des Aufbaus von Institutionen kommt (vgl. S. 68):

> „Er nimmt direkt an Fallstudien und an der Behandlung von Fällen teil. Er spricht mit den Patienten und pflegt andere Formen des Kontakts zu ihnen, untersucht ihre soziale Welt, sammelt und analysiert Lebensgeschichten, unterhält Kontakte mit der Gemeinde, der Schule und sozialen Einrichtungen, nimmt an Sitzungen der Klinikmitarbeiter teil sowie an Behandlungsprogrammen."[128]

---

127 In Anstalten des öffentlichen Rechts, also in der Anstaltspsychiatrie, wäre dieser Rahmen nicht gegeben gewesen. Darum kann dort private Initiative nur begrenzt entstehen, schon gar nicht in der Verantwortung von Sozialpädagogen, die vorzugsweise Strukturen für ihr Scheitern verantwortlich machen. Die Mitarbeiter des Treffpunkts stellen dafür ein Gegenbeispiel dar.

128 Weiter oben habe ich angegeben, dass ich aus Gründen der Anonymisierung auf Falldarstellungen verzichte. Meine „Einführung in die Genogrammarbeit" (4. Aufl. 2015b) beginnt mit einem Korbacher Fall.

Zusammenfassung 4

Gegenstand dieses ersten Teils des Buchs ist die philosophische und wissenschaftliche Grundlegung einer Klinischen Soziologie. Ab dem Anfang nehme ich folgende Weichenstellungen vor: Mit der Erwähnung von Max Weber richte ich den Scheinwerfer auf die Verstehende Soziologie (Bühl 1972), woran sich logisch ein Blick auf die medizinische Anthropologie und eine Schilderung von Heidelberg als wissenschaftliches Milieu anfangs des 20. Jahrhunderts anschließt, wo dann auch ein tragfähiger Ansatz zur Bestimmung des Verhältnisses von Theorie und Praxis identifiziert werden kann. Der wesentliche Ertrag dieser Betrachtung ist das Konzept der praktischen Urteilskraft (Aristoteles), welches mich durch das ganze Kapitel begleitet.

Die nächste Weichenstellung bezieht sich auf die deutsche Soziologie im Exil während der Nazizeit: Hier stelle ich das Wirken im Frankfurter Institut für Sozialforschung jenem der University in Exile (New York) gegenüber und weise Ersterem in Anlehnung an den französischen Philosophen Michel Onfray die preußische Perspektive, letzterer die dänische Perspektive zu. Dabei geht es um eine Gegenüberstellung von Hegel und Kierkegaard.

Diese Weichenstellungen mögen dem auf Genauigkeit erpichten, an Theoriekonstruktionen interessierten Soziologen als zu grobschlächtig erscheinen. Theoretisches Raffinement steht bei mir jedoch nicht im Fokus, jedenfalls nicht in diesem Text. Ich will hier nicht in Konkurrenz zur theoretischen Soziologie treten, sondern einer Klinischen Soziologie ein philosophisch wie wissenschaftlich tragfähiges Fundament verschaffen, an welchem alles diskussionsfähig ist – mit Ausnahme des Konzepts der praktischen Urteilskraft. Letzteres führt dann auch dazu, den Zusammenhang von Wissenschaft und Lebenswelt zu diskutieren, und zwar entlang der Linie Husserl – Schütz – Luckmann. Ergänzt wird diese Perspektive durch die des amerikanischen Pragmatismus.

Dabei bleibt es nicht, ich befasse mich anschließend mit bereits vorhandenen, in der Soziologie kursierenden Ansätzen einer Anwendung soziologischer Erkenntnisse auf die gesellschaftliche Wirklichkeit. Die Soziologie sieht dabei nicht gut aus: Grundlagentheoretisch stochert sie im Nebel, man nimmt sich gegenseitig nicht zur Kenntnis und erfindet das Rad ständig neu, manchmal kommt auch ein Viereck dabei heraus, und schließlich mauern die diskutierten Ansätze die Soziologie in der Universität ein.

Mit dem nachfolgenden Blick auf den amerikanischen Pragmatismus ändert sich die Perspektive grundlegend. Damit komme ich endgültig in Dänemark an, und wenn mein Anspruch nicht wäre, ein möglichst umfassendes Bild von den Möglichkeiten einer Klinischen Soziologie zu zeichnen, hätte ich die europäische Perspektive ignorieren können.

Während sich durch dieses Kapitel Beispiele für Tätigkeiten Klinischer Soziologen ziehen (da von diesen nur wenige ihr Vorgehen schriftlich offenlegen, mit Ausnahme von Oevermann und Bourdieu, thematisiere ich mich in den Beispielen selbst), schließe ich dieses Kapitel ab mit einer ausführlichen Darstellung eines über mehrere Jahre währenden Aufbaus einer gemeindepsychiatrischen Einrichtung.

II
Klinische Soziologie in der Praxis

5
Feldforschung als Schule für die Entwicklung zum Klinischen Soziologen

5.1 Montagmorgen in einem Institut für Soziologie in Deutschland

Mit hängenden Schultern und schlurfendem Schritt betritt ein ca. 35jähriger Mann, ich nenne ihn Max Mera, die Institutsräume. Zu den zwei bereits anwesenden, ihm bekannten Personen nimmt er keinen Blickkontakt auf, stattdessen lenkte er seine Schritte nach links, wo im Dunkel des Flurs die Räume des Theorie-Lehrstuhls auf der linken Seite zu erblicken sind. In einem dieser Räume verschwindet er. (Bis hierher: Beobachtung, ab jetzt: Erfindung). Noch im Mantel, tritt Max an den Schreibtisch, stellt seine Tasche auf den Stuhl, blickt auf das Buch, das vom Vorabend noch geöffnet auf dem Schreibtisch liegt, und beginnt zu lesen: „Die Reproduktion des gesellschaftlichen Lebens vollzieht sich unter dem Imperativ einer reziproken Anerkennung" (Honneth 1998, S. 148). Max beschließt, diesen Satz bei einer Tasse Kaffee in der Cafeteria weiter zu bedenken, steckt das Buch in die Manteltasche und betritt wieder den Flur (Ende der Erfindung). Einige Schritte später kommt ihm eine etwa gleichaltrige Frau, eine Kollegin aus dem Institut, entgegen. Da beide gesenkten Kopfes einhergehen, müssen sie keinen Blickkontakt aufnehmen und können ihren Weg ungestört fortsetzen.

Für eine Karriere im Feld der Klinischen Soziologie wären diese beiden wohl eine Fehlbesetzung, sicher aber nicht im Feld der theoretischen Soziologie. Warum nicht? Weil sie nicht über die Elementarformen menschlichen Miteinanders verfügen, ohne die man außerhalb der Universität nicht auskommt, innerhalb aber auch nicht; wenn hier auch die Toleranzbreiten für Verstöße größer sind, zumindest in den Sozialwissenschaften.[129]

---

129 Für mich als Soziologen ist es immer wieder erstaunlich, zu sehen, wie Naturwissenschaftler sich freuen können, wenn einer der Ihren mit dem Nobelpreis ausgezeichnet wird. In den Sozialwissenschaften kann derlei nicht vorkommen, denn für die Sozial-

Die Elementarform der gesellschaftlichen Praxis ist der Gruß. Es gibt keine Gesellschaft, die nicht über Konventionen des Grüßens verfügt.

Im Sachregister des erwähnten Bandes (Honneth 1998) kommt der Gruß nicht vor. Entsprechend enthält dieses Buch auch keine Anleitung, wie man von Hegels Höhen des Jenenser Systems der Sittlichkeit auf die Erde herabsteigen und das Grüßen praktizieren kann. So viel Konkretion wäre wohl nicht auszuhalten. Außerdem ist Grüßen uncool.

Wären die beiden beschriebenen Personen Mitarbeiter in der Buchhaltung eines Baumarkts, würden sich ihre Kollegen fragen, ob sie wohl ein schlechtes Wochenende verbracht haben, und ihnen für den Rest des Vormittags aus dem Weg gehen. Aber es geht auch anders:

5.2 Ein beliebiger Vormittag im Department of Sociology, Berkeley, Cal.

Der Besucher betritt einen Vorraum und stößt auf einen Tresen, hinter dem ein Afroamerikaner steht und ihn mit strahlendem Lächeln und den Worten begrüßt: Guten Morgen, wie kann ich Ihnen helfen?

5.3 Der Gruß: kulturelle Variationen

Wenn auch der Gruß eine kulturelle Universalie ist, gibt es doch gesellschaftliche Unterschiede in der Praxis des Grüßens.

Wenn Sie beispielsweise in Frankreich einen kleinen Laden, sagen wir: eine Bäckerei, betreten, reicht es knapp aus zu sagen „Guten Tag" (bonjour). Elaborierter wäre es, wenn Ihr Gruß die in dem Laden anwesenden Personen und deren Geschlecht berücksichtigte. Sind nur Herren anwesend, reicht es zu sagen „bonjour messieurs". Sind auch Damen im Raum, sagt man „bonjour messieurs dames" oder einfach nur „messieurs dames". Ist von jedem Geschlecht nur eine Person da, reflektiert sich auch dies in Ihrem Gruß (z. B. Monsieur Dame). Durch entsprechende Betonung

---

wissenschaften gibt es keinen Nobelpreis. Aber ich kann mir beim besten Willen solche überschäumende Freude in einem soziologischen Institut nicht vorstellen. Dort sehe ich eher skeptisch-ironische Distanz.

und Aussprache kann man diese Regel so unterlaufen, dass jede(r) herauslesen kann, was er/sie herauslesen will.

Man kann also feststellen, dass in dieser Kultur sorgsam unterschieden wird danach, ob man es mit einer Einzelperson oder ob man es mit mehreren Personen zu tun hat. Auch will jedes Geschlecht gesondert begrüßt werden. Das könnte man nun soziologisch weiter ausdeuten, aber dafür ist hier nicht der Platz. Bei genauerer Betrachtung zeigt sich jedoch, dass auch im deutschen Sprachraum feine Differenzierungen, wie oben berichtet, angetroffen werden können. Der legendäre Sportreporter Heribert Faßbender, der schon zu Lebzeiten ein beliebtes Spottobjekt von Intellektuellen war, weil er angeblich über einen zu geringen Wortschatz verfügte, pflegte seine Zuschauer zu begrüßen mit „Guten Abend allerseits". Dieser Gruß wurde als so idiosynkratisch betrachtet, dass er zum Markenzeichen dieses Reporters wurde. (Mehr zum Gruß bei Allert (2005), Frake (1980)).

5.4 Der Soziologe zieht hinaus in die Welt

Ich komme zurück auf Max Mera, jetzt wieder im Modus der Erfindung. Noch während er in der Cafeteria sitzt, kommt sein Chef an seinem Platz vorbei und teilt ihm mit, dass er eben erfahren habe, dass das Land Thüringen Forschungsmittel zum Thema „Fremdenfeindlichkeit" auslobe und dass er beabsichtige, sich mit einem Projektantrag um diese Mittel zu bewerben. Diesen Projektantrag zu schreiben sei seine, Max' Aufgabe. Solche Begegnungen gehören zu den erfreulicheren im Leben eines wissenschaftlichen Mitarbeiters, sind aber ambivalent einzuschätzen. Einerseits bedeutet das, die Arbeit an eigenen Vorhaben unterbrechen zu müssen, zum anderen dienen Projektanträge der Stellensicherung, jedenfalls im Erfolgsfall. Max befindet sich also in der Klemme.

Als guter theoretischer Soziologe zerlegt Max zunächst einmal das Begriffskompositum „Fremdenfeindlichkeit", isoliert den Begriff des Fremden, und studiert noch einmal den grundlegenden Text zu diesem Thema, Georg Simmels „Exkurs über den Fremden" (Simmel 1908: Seite 509ff.). Simmel grenzt den Fremden dort zunächst vom Wandernden ab und definiert den Fremden als den, „der heute kommt und morgen bleibt". Weil Max ein guter Analytiker ist, fällt ihm sofort auf, dass hier nur eine Bewegungsrichtung thematisiert wird, nämlich die dessen, der kommt.[130] Und

---

[130] Und weil Max ein einseitig sozialisierter Soziologe ist, weiß er auch nicht, dass Alfred Schütz einen anderen bedeutenden Aufsatz über den Fremden geschrieben hat, der dieselbe Blickrichtung wie Simmel einnimmt (Schütz 1971). Allerdings hat Schütz auch

er fragt sich: Was ist mit denen, die als Sässige Wandernden begegnen? Damit hat Max bereits eine Fragerichtung für den zu schreibenden Projektantrag gefunden, die übergreifende Thematik sollte also sein, wie Sässige Fremden begegnen bzw. entgegentreten. Sässige findet man vor allem, das hat er bei Ferdinand Tönnies (Gemeinschaft und Gesellschaft 1887) gelesen, auf dem Dorf.[131]

Nun trifft Max eine angesichts seines bisherigen soziologischen Werdegangs folgenschwere Entscheidung: Anstatt in die Bibliothek zu gehen, um die relevante Literatur über Gemeindesoziologie nachzulesen, beschließt er, selbst ein Dorf aufzusuchen und sich dort umzusehen. Um aber den Aufwand einzugrenzen, steuert er ein der Universität nächstgelegenes Dorf an. Dort trifft er eine knappe Stunde später ein, und nach einem Rundgang durch das Dorf, bei dem er feststellt, dass aufgrund der zahlreichen Neubauten wohl kaum noch von einem Dorf gesprochen werden kann, betritt er eines der beiden örtlichen Gasthäuser und erlebt folgendes:

Ein Mann betritt den Gastraum, geht zum Stammtisch, wo bereits jemand sitzt, und klopft dort mit dem Knöchel auf die Tischplatte. So weit, so bekannt. Dann aber schreitet dieser Mann alle besetzten Tische ab, um auch dort auf den Tisch zu klopfen. Max hält sich zwar selten in Dorfgaststätten auf, aber das erscheint ihm nun doch bemerkenswert. Er weiß nicht, ob er eine Regelmäßigkeit oder einen besonderen Fall beobachtet hat. In dieser Unsicherheit fragt er bei Einheimischen nach. Er erfährt von einer Sekretärin im Institut, dass es sich um eine Regelmäßigkeit handelt. Diese schreibt Max zunächst dem Thüringer Lokalkolorit zu.

Einige Zeit später nimmt Max an einer Tagung in der Universitätsstadt Marburg teil. Inzwischen hat er seine ethnographische Perspektive habitualisiert, seinen theoretischen Blick zeitweise an den Nagel gehängt, und am Abend betritt er am Rand der Marburger Innenstadt ein kleines Restaurant, das offenbar bevorzugt von Bewohnern des umliegenden Wohnquartiers besucht und von einem kroatischen Gastwirt betrieben wird.

über den Heimkehrer geschrieben. In seiner Kritik an Schütz' Position arbeitet Bernhard Waldenfels unterschiedliche Modalitäten des Fremdseins heraus mit folgendem Ergebnis: „Als Andersheit des Anderen wird die Fremdheit durch ein vorgängiges Wir aufgefangen" (Waldenfels 2003, S. 181).

131 Als in Nordrhein-Westfalen ein Verbrecher der Polizei entkam, wurde bundesweit eine Fahndung ausgelöst. Der Wirt einer Gaststätte im Thüringer Wald meldete eine verdächtige Person bei der Polizei. Es handelte sich um einen Gast, der sich unmittelbar nach der Anmeldung beim Wirt sich auf sein Zimmer zurückgezogen hatte. Die Polizei erschien nicht lange nach der Meldung und klopfte bei dem Gast, und nachdem dieser nicht öffnete, erschoss sie ihn durch die geschlossene Tür. Im Nachhinein stellte sich heraus, dass es sich um einen Wanderer handelte, der an diesem Tag besonders müde war. Das ist ein spezieller Stil des Umgangs mit Fremden und nur eine der zahlreichen Fehlleistungen der Thüringer Polizei.

Max bleibt lange sitzen und ist einer der letzten Gäste. Als einige der Stammgäste das Restaurant verlassen, klopfen sie auf jeden Tisch, an dem noch jemand sitzt, also auch auf seinen. Jetzt weiß er gar nichts mehr: Erstens ist er hier nicht auf dem Dorf, und zweitens auch nicht in Thüringen, allerdings ist er in der Stadt der Elisabeth von Thüringen.

5.5 Schritte auf dem Weg vom theoretischen Soziologen zum Klinischen Soziologen

Auf dem Weg zum Klinischen Soziologen ist Max nun ein gutes Stück vorangekommen:

- Er hat die Universität verlassen und sich in den gesellschaftlichen Alltag begeben;
- im Unterschied zu früher versenkt er sich dort nicht mehr in seine soziologischen Gedankengänge, sondern er beobachtet, was um ihn herum vorgeht;
- dabei entdeckt er Phänomene, die auf der Grundlage der ihm bekannten soziologischen Literatur nicht zu erwarten sind;
- darüber hinaus entdeckt er, dass man die Perspektive der klassischen Behandlung des Themas „Der Fremde" in der Soziologie auch umkehren kann, und dass auch das Gegenstück zum Fremden, der Einheimische, ein lohnender soziologischer Beobachtungsgegenstand sein kann. Diesen Gedanken kann er sogar auf der Grundlage der hegelschen Herr-Knecht-Dialektik rechtfertigen: Wo kein Herr, da kein Knecht: Wo kein Einheimischer, da kein Fremder. Um auf Chicago zurückzukommen: In einer Stadt, in der es kontinuierlich Zuwanderung gibt, kann sich niemand auf den Status des Einheimischen berufen. Das gilt überall auf der Welt, nur nicht in Berlin am Prenzlauer Berg, wo junge Leute, die, kaum dass sie ihre Umzugskartons ausgepackt haben, unverzüglich in das dort übliche Schwaben-Bashing einstimmen, weil sie sich in ihrem Status als Einheimische bedroht fühlen. Dafür hat ihnen ein ehemaliger Bundestagspräsident eine Steilvorlage gegeben.

Zurück zur Geschichte von Max. Ich habe sie erfunden, und wo Beobachtungen erwähnt werden, sind es meine eigenen. Es kommt mir bei dieser Geschichte im Wesentlichen darauf an, darauf hinzuweisen, dass ein langjähriges Verharren an einem soziologischen Institut bedauerliche Folgen haben kann, nämlich die, dass man den Kontakt zum Alltag und den dortigen Gepflogenheiten – Grüßen – verliert.

Problematischer ist die Entwicklung einer Haltung von Soziologen, die in ihrem Institut wie die Leibniz'schen fensterlosen Monaden leben, zudem in einer Haltung der Überzeugung, als Soziologe mehr von der Welt zu wissen als der Alltagshandelnde selbst, und schließlich Alltagshandelnden ihren Alltag erklären. Das führt dann zu Ansichten, die einer interessierten Öffentlichkeit als wissenschaftliche Weisheiten vorgetragen werden. Konfrontieren sich solche Soziologen mit der gesellschaftlichen Wirklichkeit selbst, eröffnet sich ihnen die Möglichkeit, wenn es gut geht, dass sie sich in ihren Einschätzungen vom Alltag korrigieren lassen. Dazu ist es aber vielfach schon zu spät.[132]

Ein Beispiel: In meiner Sprechstunde in Jena erschien eine junge Frau auf der Suche nach einem Praktikumsplatz. Sie brachte die Jenaer Tafel e. V. (eine Organisation, die in der Stadt überschüssige Lebensmittel einsammelt und an Bedürftige weiterreicht) ins Gespräch und ließ bei der Gelegenheit die Bemerkung fallen, dass Unternehmen, die sich an der Tafel beteiligen, also Lebensmittel spenden und Fahrzeuge zur Verfügung stellen, sich finanzielle (steuerliche) Vorteile verschafften und daran verdienten. Diese Auffassung fand ich so originell wie unzutreffend, und im Sinne eines Hypothesentests verwies ich diese Studentin an unsere Sekretärin, deren Ehemann von Berufs wegen mit der Jenaer Tafel zu tun hat und dabei erhebliches Engagement an den Tag legt. Dieser könne sie ihre Hypothese, „sich einen Vorteil und Gewinn verschaffen", vortragen und sie um die Vermittlung eines Interviewtermins mit ihrem Mann bitten. So genau wollte es die Studentin dann aber doch nicht wissen. Sie zog es vor, das Gesprächsangebot auszuschlagen, was ihr die Möglichkeit verschafft hatte, ihre soziologisch und durch einen guten Schuss Gesellschaftskritik geadelte, gleichwohl von keiner Empirie gestörte Ansicht weiter zu pflegen. Wahrscheinlich ist die Dame heute immer noch der Auffassung, dass die Firma Daimler-Benz in Stuttgart nur deshalb keine Steuern zahlt, weil sie gelegentlich an Tafeln in Deutschland Kleintransporter spendet.

Praktika während des Studiums sind der beste Weg, mit soziologischem Blick Studierende an die gesellschaftliche Wirklichkeit heranzuführen. Praktika sind umso wichtiger geworden, seit mit der Abschaffung der Wehrpflicht auch der Zivildienst entfiel, sodass zunehmend Studierende ein Studium aufnehmen, die außer der Schule noch nicht viel von der Welt gesehen haben, und auf ihre Lehrer trifft das mitunter auch zu.[133]

---

132 Ich kann mir die Anmerkung nicht verkneifen, dass ich manchem soziologischen Durchblicker nicht zutraue, seinen Alltag außerhalb der Universität zu bewältigen.
133 In einem lesenswerten Aufsatz über die „Soziologie als ‚Marke'" diskutiert Manfred Mai die „Soziologie als Stichwortgeber für Politik und Medien", merkt allerdings in einer Fußnote an, dass „für eine Berufung an eine Universität Praxiserfahrung (.) kaum

Feldforschung ist, so lautet die These, die in diesem Kapitel entfaltet werden soll, eine ideale Vorbereitung auf einen Werdegang als Klinischer Soziologe. - Wer nun eine Einführung in die Verfahren der Feldforschung erwartet, muss enttäuscht werden. Das ist hier nicht der Auftrag. Ersatzweise kann ich auf mein Lehrbuch „Fallkonstruktive Familienforschung" (Hildenbrand 2005) verweisen. Ebenso liegen zahlreiche gute Einführungen in die Feldforschung vor. Möglicherweise liegt es an meinem Alter, dass neuere Entwürfe zur Feldforschung mich wenig überzeugen, von einer „new ethnography" halte ich nicht viel. Deshalb bleibe ich bei folgenden Literaturangaben: Schatzman und Strauss (1973), Cicourel (1970), Malinowski (1985), Spradley (1980).[134]

Praktika, um darauf zurückzukommen, ermöglichen einen guten Weg ins Feld. Jedenfalls kann man dort schon einmal lernen, wie man sich als Soziologe in einem Feld positioniert und welche Anstandsformen dort üblich sind, und darüber hinaus lassen sich dort unter Umständen interessante soziologische Fragestellungen entdecken. Andere Wege in das Feld sind gut entworfene und angeleitete Lehrforschungsprojekte.

5.6 Feldforscher und Klinische Soziologen als „marginal men"

Praktikanten und Forschende im Feld befinden sich unvermeidlich in jener Situation, die der bedeutende Mitbegründer der Chicagoer Soziologie, Robert E. Park, als die des „Marginal Man" (Park 1928) bezeichnet hat. Er hat dieses Konstrukt im Zusammenhang mit seiner Forschung über Migration entwickelt, wo er darauf hinweist, dass Migranten Menschen zwischen zwei Welten sind, was ihnen ermöglicht, als Außenseiter einen Blick von außen auf die Welt, in der sie sich gerade befinden, zu werfen[135]. Das hat einen Vorteil, aber auch einen Nachteil: Wer am Rande einer

---

relevant (ist). Viele halten es für ausreichend, empirische Studien zu machen oder in der Lebenswelt ihres Milieus verankert zu sein, als deren Seismograph sie ständig neue Krisensymptome der Moderne entdecken. Ein Ergebnis dieser ‚Praxis' sind medienkompatible Experten, die von Journalisten für Soziologen und von Soziologen für Journalisten gehalten werden" (Mai 2017, S. 15). Das ist frech, aber zutreffend.

134 Für eine aktuelle Übersicht vgl. Wohlrab-Sahr und Przyborski (2008), Kap. 3.
135 Über lange Jahre benutzte ich samstags den Zug zwischen Zürich und Stuttgart. Dort konnte ich solche „marginal men" antreffen, die regelmäßig zwischen Kalabrien und Stuttgart pendelten und schon seit über 24 Stunden darauf warteten, zu Hause, also in Stuttgart, anzukommen. Mit ihnen konnte man interessante Gespräche über ihre

sozialen Welt steht, gehört nicht richtig zu dieser. Er ist derjenige, der kommt und wieder geht. Aber es kommt noch dicker: Der Feldforscher als „marginal man" „lebt in zwei Welten, in beiden davon ist er mehr oder weniger ein Fremder" (Park 1928, S. 893, übers. von mir, B. H.). Park wählt als Beispiel den Mulatten (Mulatten sind Nachkommen eines weißen und eines schwarzen Elternteils). Übertragen auf den Feldforscher heißt das: Sowohl in der Welt seiner Wissenschaft, aus der er herkommt, als auch in der Welt des Alltags, die er untersucht, ist er ein Fremder.[136]

Dazu ein Beispiel: Wenn der Soziologe als Klinischer Soziologe mit landwirtschaftlichen Betriebsberatern arbeitet, kann er wieder gehen, während der Betriebsberater anderntags seiner Aufgabe, die Einhaltung von Tierschutzregeln zu kontrollieren, nachgeht und von einem Landwirt mit einer vorgehaltenen Mistgabel bedroht wird. Der landwirtschaftliche Betriebsberater wird wissen, dass dem Soziologen derlei nicht begegnen wird. Daher gehört er nicht dazu. Dasselbe gilt auch für die Feldforschung in der Jugendhilfe. Der Jugendamtsmitarbeiter weiß, dass er bei Hausbesuchen in die Gefahr geraten kann, von Klienten bedroht zu werden. (Mir ist das allerdings auch schon passiert, und nur durch zügigen Rückzug aus dem Feld konnte ich dieser Gefahr entgehen.) Erzählt man darüber ausführlich im Jugendamt, verschafft das dem Feldforscher Respekt, er ist dann etwas weniger fremd, den Mitarbeitern dort ist derlei auch schon begegnet. Übertreiben sollte man es mit dem Teilen solcher Erlebnisse allerdings nicht, sonst droht Distanzverlust.

In der Feldforschung spricht man von einem Kontinuum von Beobachtung als Teilnahme und Teilnahme als Beobachtung (Schatzman und Strauss 1973, Kap. 4). Beobachtung als Teilnahme heißt, in einem Feld teilzuhaben und nicht erkennen zu geben, dass die Teilhabe auch der Beobachtung dient.

Das Konzept des „marginal man" verweist auf den Akteur an der Grenze. Die Tatsache, dass der Feldforscher sich an der Grenze der von ihm zu untersuchenden sozialen Welt befindet, bringt bedeutende Vorteile zutage: Das hängt damit

---

Erfahrungen als Mitarbeiter von Daimler-Benz führen. - Dieses Beispiel zeigt, dass für den Soziologen, im Unterschied zum Naturwissenschaftler, die gesamte Welt ein Labor ist, in welchem man Erkenntnisse gewinnen kann. Man benötigt nicht formale und damit künstliche Interviewformate, wie das „narrative Interview", um Interessantes zu erfahren; die höfliche Neugier des Fremden genügt.

136 Und wenn der Soziologe aus einem, wie Pädagogen zu formulieren belieben, „bildungsfernen" Milieu stammt, dann kann es ihm geschehen, dass er auf Familienangehörige trifft, die ihm auf der Grundlage sorgfältiger, aber regelmäßiger Lektüre der Bäckerzeitung oder der Apothekenumschau die Welt auf soziologische Art erklären wollen. Spätestens dann weiß er, was Marginalisierung heißt.

zusammen, dass soziale Welten sich an ihren Grenzen artikulieren und dort in ihrer Strukturiertheit[137] zu erkennen geben.

Wenn ich eine Familienstudie durchführe, schaue ich mir immer genau an, wie sich die Familie nach außen präsentiert (Gestaltung der Haustür, Namensnennung an der Türklingel), wer den Fremden begrüßt, ob ich bereitwillig eingelassen werde oder ob das Gespräch an der Tür stattfindet. Geht es um Organisationen, analysiere ich zunächst den Briefkopf sowie den Internetauftritt und die Lage der Organisation in ihrem sozialen Umfeld.

Dazu ein Beispiel: Wir haben Jugendämter in vier Landkreisen, zwei davon in Ostdeutschland, zwei davon in Westdeutschland, untersucht. In zweien dieser Landkreise residiert die Landkreisverwaltung in einem ehemaligen Schloss. In einem dieser Landkreise ist auch das Jugendamt im Schloss untergebracht, in dem anderen hat das Jugendamt im Schloss keinen Platz gefunden, sondern wurde in einem Gebäude untergebracht, welches früher der Militärverwaltung der DDR oder gar noch Schlimmerem diente.

Im Nachhinein hat es sich gezeigt, dass die berufliche Praxis in den Jugendämtern dieser beiden Landkreise sich massiv unterscheidet: Wo das Jugendamt in der ehemaligen Wehrkreisverwaltung residiert, herrscht gegenüber der Klientel ein bürokratisch-administrativer, herrischer Umgangston (Bohler u. a. 2012). Das hat sich allerdings erst im Nachhinein gezeigt. Aus dem Ort der Unterbringung des Jugendamts im Vorhinein eine starke Hypothese zu formulieren und diese für die Realität zu halten, ohne sie sorgfältig zu testen, wäre ein großer Fehler gewesen.

Ich beende an dieser Stelle meine Übersicht über die Bedeutung der Feldforschungserfahrung für den künftigen Klinischen Soziologen. Es sollte deutlich geworden sein, dass gerade am Feldzugang es sich erweisen wird, ob ein Soziologe über jene kommunikativen Kompetenzen verfügt, die erforderlich sind, um sich in einem Forschungsfeld zu bewegen. Das Grüßen sollte er jedenfalls schon einmal gelernt und habitualisiert haben, und er sollte in der Lage sein, seine theoretischen Vorannahmen einzuklammern und sie auf den Prüfstand der empirischen Erfahrung im Feld zu stellen. Um die Daten aus dem Feld zu analysieren, sollte er sich zudem

---

137 Für alle, die sich an dem Begriff der Strukturiertheit stoßen und in dessen Erwähnung einen Widerspruch zu den Ausführungen im ersten Teil dieses Buchs sehen, zitiere ich Maurice Merleau-Ponty, um einen aus meiner Sicht adäquaten Strukturbegriff kenntlich zu machen: „Dem Philosophen weist die Struktur (...) einen Ausweg aus der Subjekt-Objekt-Beziehung, welche die Philosophie von Descartes bis Hegel beherrscht. Sie läßt in besonderem Maße verstehen, wie wir mit der gesellschaftlich-geschichtlichen Welt kreisförmig zusammengeschlossen sind, sofern sich der Mensch sich selbst gegenüber exzentrisch verhält und das Soziale nur in ihm sein Zentrum findet" (Merleau-Ponty 1986, S. 25; vgl. auch Hildenbrand 2003).

eines der gängigen sequenzanalytischen Verfahren verfügbar machen (Luckmann 2013; Maiwald 2005; Wernet 2000; Strauss 2004).[138]

Darüber hinaus kann die Feldforschung ein guter Türöffner dafür sein, einen Auftrag als Klinischer Soziologe zu erhalten. So ging es mir, nachdem es sich herumgesprochen hatte, dass ich mich im Bereich landwirtschaftlicher Familienbetriebe soziologisch auskannte. Aus Kreisen der Telefonberatung, also der Beratung landwirtschaftlicher Familienbetriebe in der Krise (Bohler und Hildenbrand 1997), erhielt ich Anfragen für die Beratung von Beratern, daraus entwickelte sich eine Kolumne in der Zeitschrift eines großen Futtermittelhändlers in der Schweiz; dem schloss sich ein Weiterbildungsprogramm für landwirtschaftliche Betriebsberater an, bei welchem ich nach einigen Versuchen mit einer Erwachsenenbildnerin zusammenarbeitete; schließlich führte ich Einzelberatungen auf Anfrage durch, stieß dort aber an meine Grenzen im Bereich der Betriebswirtschaft, weshalb ich mich mit der Kompetenz einer entsprechend ausgebildeten Kollegin, der oben erwähnten Erwachsenenbildnerin, fallweise versicherte (Hildenbrand 2014).

Man kann als Soziologe mit seiner theoretischen und methodischen Erfahrung relativ weit kommen. Ist man sich dieser aber nicht sicher, besteht leicht die Neigung, mangelnde Kompetenzen durch die Aneignung weiterer Methoden auszugleichen. Das ist der Ausgangspunkt dafür, dass viele gute Klinische Soziologen in das Feld der Beratung überwechseln und entsprechende Zusatzausbildungen absolvieren.[139] Das erwähnte Handbook Clinical Sociology (1991) weist diesbezüglich einige Beispiele auf.

Klinische Soziologen haben ihre eigenen Kompetenzen: Sie rekonstruieren im Beisein ihrer Klienten und mit diesen Fälle, verwenden dabei Verfahren, insbesondere solche der oben erwähnten Sequenzanalyse,[140] und wenn es gut geht, fallen dabei bei den Klienten Erkenntnisse ab, die sich für sie als nützlich erweisen. Wer sequenzanalytisch vorgeht, stellt mit den Klienten Fragen an das Material, legt den Klienten nahe, selbst solche Fragen zu erfinden und nach Antworten dafür zu suchen, und einen Blick für die Regelmäßigkeiten, die im Verlauf einer Sequenzanalyse sichtbar werden, zu entwickeln. Damit praktiziert der Klinische Soziologe

---

138 Eine Bemerkung am Rande: Manch einer denkt auch, er könne die harte Arbeit des Interpretierens einer Maschine überlassen. Jedoch ist kein computergestütztes Analyseprogramm in der Lage, Sinnrekonstruktionen angemessen durchzuführen, es sei denn, man verbleibt auf dem dürftigen Niveau einer Inhaltsanalyse. Noch so auf Hochglanz polierte Programme ersetzen nicht Papier und Bleistift.

139 Auf Namensnennung will ich hier verzichten, weil ich nicht weiß, ob das den Kollegen recht wäre und ob sie meiner Deutung zustimmen würden.

140 Meine bevorzugte Variante der Sequenzanalyse ist die Genogrammanalyse (vgl. Hildenbrand 2015b, 2018).

eine mäeutische Vorgehensweise. In freier Übersetzung heißt das: Es ist nicht die Aufgabe des Klinischen Soziologen, Weisheit zu erzeugen, sondern Weisheit bei den Klienten hervorzubringen (vergleiche dazu Teil 1). Man nennt das auch sokratisches Gespräch, und dieses mit einer reflexiven Praxis zu verwechseln, halte ich für einen Kategorienfehler.

Weil der Klinische Soziologe kommt und wieder geht, wird er sich damit abfinden müssen, vom Feld als „marginal man" betrachtet und behandelt zu werden. Wer das nicht aushalten kann, steht in der Gefahr, diese Situation beseitigen zu wollen. Ich habe oben darauf hingewiesen, dass die Strategie der „männerbündischen Vergemeinschaftung" in diesem Zusammenhang nicht selten beobachtet werden kann, aber dem Anliegen des Klinischen Soziologen nicht nur nicht dienlich ist, sondern jede Erkenntnisbildung durch Distanzverlust zu zerstören droht. Eine andere Strategie, die darin besteht, dem Feld ständig zu erklären, wie gut man sich in diesem Feld auskennt, ist auch nicht hilfreich, ebenso wie das „going native", also so zu tun, als ob man dazu gehöre.

Und um die Sache weiter zu komplizieren: Der Klinische Soziologe kommt, nicht nur im Feld, auch dort, wo er es nicht vermutet, in unterschiedlicher Weise in Situationen des „marginal man":

- Während der Studie eines landwirtschaftlichen Familienbetriebs (Hildenbrand u. a. 1992, Fall Eckert) war der Betriebsleiter, ein studierter Agrarökonom, mit meiner Interviewstrategie nicht einverstanden. Ich hatte das Interview als familiengeschichtliches Gespräch angelegt, er jedoch forderte einen Katalog von Fragen, den ich abarbeiten sollte. Ich hielt dem entgegen, dass dies aus methodischen Gründen nicht zu meiner Vorgehensweise gehöre. Schließlich ließ er sich auf ein Gespräch ein, wandte sich jedoch in der Folge ausschließlich an meinen Kollegen Reinhold Schmitt, den er als Mitarbeiter einschätzte, während ich der Projektleiter war.
- Wie oben bereits erwähnt: Während einer Fallarbeit mit den Mitarbeitern eines Jugendamts sowie einer medizinischen Kinderschutzambulanz warf eine Sozialarbeiterin vom Jugendamt, die auch sonst nicht auf den Mund gefallen ist, im Zusammenhang mit der Dokumentation in Jugendamtsakten, ein: „Im Studium habe ich gelernt, beobachten genau ohne Interpretation."[141] Sie berief sich dabei auf einen Dozenten an der HTWK in Leipzig. Für einen Soziologen, der auf der Grundlage einer Verstehenden Soziologie von einer durch und durch sinnstrukturierten Welt ausgeht, ist diese Einlassung grotesk, und er ist wenig erfreut, wenn ihm auf der Grundlage einer sozialpädagogischen *Halbbildung*

---

141 Es handelt sich hier um eine Transkription gesprochener Sprache.

(dieser Begriff stammt von Theodor W. Adorno. Wem das nicht gefällt, kann Goethes Begriff der *Halbgewissheit* verwenden, was auf dasselbe herauskommt) die Soziologie erklärt wird.
- Ebenfalls bereits erwähnt: Demgegenüber mischt sich ein Lehrstuhlinhaber der Sozialpädagogik in eine Fallrekonstruktion ein und fordert, „vorsichtiger zu interpretieren". Die Formulierung präzise formulierter, dadurch scheiternsfähiger Hypothesen ging ihm gegen den Strich, so auch die klare Benennung von Strukturmerkmalen misslungenen sozialpädagogischen Handelns in der Kinder- und Jugendhilfe..
- Von meinen eigenen Kollegen in der Soziologie wurde mir mehrfach bedeutet, nicht Soziologie, sondern Psychologie zu betreiben. Auch in meiner beruflichen Heimat bin ich als Klinischer Soziologe ein „marginal man", also ein Fremder, was mitunter sogar wohltuend ist.

Diese Beispiele zeigen, dass der Klinische Soziologe nicht nur in der Arbeit mit Alltagshandelnden, auch in der Arbeit mit Berufsgruppen, die sich aufgrund einer akademischen Ausbildung bemüßigt fühlen, beim spezifischen Blick des Soziologen mitzureden, aus seinem Fach ausgegrenzt wird. Wenn er in einer Situation dieser Art sich dazu verführen lässt, eine Einführung in soziologisches Denken und in die unterschiedlichen soziologischen Schulen zu halten, macht er einen großen Fehler, denn er verlässt den vorgegebenen Handlungsrahmen.

Ich werde im übernächsten Kapitel an diesem Thema weiterarbeiten. Das Konzept des „marginal man", der im Nirgendwo steht, provoziert die Frage, mit der das entsprechende Kapitel überschrieben ist: Auf wessen Seite steht der Klinische Soziologe? Vorerst ist allerdings noch ein anderes Thema abzuhandeln.

5.7 Eine nicht-cartesianische Biografieforschung als Ansatz für die Klinische Soziologie

Die Rezeption alltagsbezogener Ansätze in der deutschen Soziologie, gespeist aus Phänomenologie und Symbolischem Interaktionismus, zog zunächst eine Orientierung an Verfahren der Feldforschung nach sich. Diese werden noch im selben Jahrzehnt aus Gründen, die sogleich darzulegen sind, abgelöst durch biografische Verfahren, bei denen Phänomenologie und symbolischer Interaktionismus nicht die entscheidende Rolle spielen.

Von einem Fortschritt kann diesbezüglich nicht die Rede sein. Der Kerngedanke des Symbolischen Interaktionismus besteht darin, dass ein menschliches Leben in

5.7 Eine nicht-cartesianische Biografieforschung

Interaktion entsteht und die Aneignung dieses Lebens ebenfalls eine sozial eingebettete Angelegenheit ist. Dieser Kerngedanke wurde durch die Konstruktion des „narrativen Interviews" ad absurdum geführt. Die Regel dort lautet, dass der Interviewer eine Frage nach „der Biografie" des Probanden stellt, diesen erzählen lässt, gelegentlich durch Rezeptionssignale erkennen lässt, dass er noch da ist und sich die im Verlauf des Erzählens entstehenden Nachfragen für die Zeit nach dem Interview aufhebt. Soweit in meinen Worten die „Grundregel der narrativen Interviewführung". Offiziell heißt es:

> „Ich versuchte, mich darauf zu beschränken, die Darstellung durch spontane erzählunterstützende Signale („hm", nicken, lachen usw.) zu begleiten" (Riemann 1987, sich beziehend auf Schütze 1977).

Eine solche Vorgehensweise hat den Vorzug, sich nur einmal ins Feld begeben zu müssen, Material zu erhalten, das als Abschrift in der Folge dem Interviewer zur Verfügung steht und so erlaubt, mithilfe von ein paar Standardregeln die „Prozessstrukturen des Lebensablaufs" (Schütze 1981) zu erschließen. Nicht ums Wunder ist das narrative Interview gerade deshalb, weil es nur geringe Anforderungen an diejenigen, die es anwenden, stellt, auf dem Niveau von ersten Qualifikationsarbeiten und Dissertationen die erste Wahl, und auch im Bereich der Pädagogik ist das „narrative Interview" die bevorzugte Methode.

Jedoch ist der methodische Ansatz des narrativen Interviews im Kern fehlgeleitet. Er löst personale Identität aus dem Ort ihres Entstehungszusammenhangs, der Interaktion, und unterstellt die Existenz einer Innerlichkeit, ist also so gesehen typisch deutsch. Der Pietismus lässt grüßen. Das Argument auf ein etwas höheres philosophisches Niveau gehoben, haben wir es hier mit einer „cartesianischen Biografieforschung" zu tun:

> „Biografie in diesem (cartesianischen – B.H.) Sinne wird als lebensgeschichtliche Entwicklung personaler Identität verstanden, die analog der Ungereimtheiten und Mysterien der Historie hermeneutisch Schicht für Schicht zu erschließen ist (...) Die ‚Einzigartigkeit' der Person entzieht sich der regelhaften Analyse aufgrund einer unhaltbaren Fundamentalisierung; die ‚Eigentlichkeit' der Person wird durch die cartesianische Konzeption der Biografie erst gesetzt" (Grathoff 1989, S. 86-89).

Richard Grathoff ist nicht der Einzige, der dem Konzept einer cartesianischen Konzeption der Biografie kritisch gegenübersteht. Auch Claude Lévi-Strauss hat sich entsprechend geäußert, wenn er auch unter cartesianischer Identität etwas anderes versteht:

> „Zwei Identitätsbegriffe konkurrieren: einerseits die rationale, kartesianische Identität, die des Einwohnerregisters. Und andererseits jene durchaus einmalige Art von Identität, die gleichzeitig aus allen Blickwinkeln besteht, unter denen die Gemeinschaft den Einzelnen betrachtet, aus einer Vielzahl von Perspektiven" (Zonabend 1980, S. 247f.).

Was ist die Alternative? Grob gesprochen, besteht die Alternative in der Integration biografietheoretischer Ansätze in solche der Feldforschung. Konkret sieht das so aus: Zunächst geht es um ein Arrangement *gemeinsamen* Erzählens (Hildenbrand und Jahn 1988). Kern des empirischen Materials unserer Studien landwirtschaftlicher Familienbetriebe sind gemeinsame familiengeschichtliche Gespräche zu Zeitpunkten, an denen die Familien ohnehin zusammenkommen. Das ist in Bauernfamilien der Samstagnachmittag, wenn die Arbeit getan ist und mit einem gemeinsamen Kaffeetrinken sowie Verzehr von Hefekuchen die Woche abgeschlossen wird. Üblicherweise gibt es einen Vorlauf mit Betriebsbesichtigung. Sowohl dazu wie auch zum Gesprächsverlauf werden Beobachtungsprotokolle im Stile von Schatzman und Strauss angefertigt. Bis ich die Biografieanalyse auf der Grundlage einer Genogrammanalyse verfeinert hatte, habe ich zusätzlich auch narrative Interviews nach der Logik von Schütze durchgeführt. Später habe ich dann mehr auf die Geschichten geachtet, die im Zuge einer Genogrammrekonstruktion erzählt worden sind.

Ingeborg Weber Kellermann, die Marburger Volkskundlerin, äußerte Zweifel an der Künstlichkeit solcher Arrangements und empfahl uns die Anwesenheit bei Geburtstagen in den zu untersuchenden Familien. So viel Zeit hatten wir jedoch nicht. Auch Feste wie goldene Hochzeiten etc. wären ein günstiger Erhebungspunkt. Das fügt sich allerdings der Pragmatik eines Forschungsprojektes nicht, welches von vornherein zeitlich begrenzt ist. Man kann nicht darauf warten, bis solche Ereignisse anstehen.

Damit ist es jedoch nicht getan. Mit Alfred Schütz verstehen wir menschliches Handeln als Entwurfshandeln, welches Spuren in der Alltagswirklichkeit der Akteure hinterlässt. Diese Spuren können übersichtlich in einem Genogramm (Stammbaum), welches sich über drei Generationen erstreckt, angeordnet werden. So entstehen Daten, die sequenziell analysiert werden können. Es war Ulrich Oevermann, der mich auf diese Arbeitsweise in einem gemeinsam verantworteten Forschungsprojekt über landwirtschaftliche Familienbetriebe in der Krise aufmerksam gemacht hat, jedoch gibt es auch andere Vorbilder: Bertaux und Bertaux-Wiame (1991), Bourdieu (1990, 1998b). Ich kann mir an dieser Stelle viel Platz sparen, wenn ich für die weitere Argumentation den Leser auf meinen Beitrag in der Zeitschrift Sozialer Sinn Heft 1 (2012) verweise. Demgegenüber ziehe ich es vor, im Folgenden einen dort dargestellten Fall (Sascha Kucharczyk), hier aktualisiert, vorzustellen.

5.7 Eine nicht-cartesianische Biografieforschung

Der Kontext:
Sascha lernte ich kennen in einer Einrichtung für Drogenabhängige, die infolge ihrer Drogenkarriere eine Psychose entwickelten.[142] Dort hatte ich Gelegenheit, Sascha über mehr als zehn Jahre zu begleiten, indem wir ihn in Fallbesprechungen regelmäßig zum Thema machten. Das begann zunächst mit einer Rekonstruktion seiner Familiengeschichte, später kamen dazu Diskussionen über spezifische, auf Wendepunkte verweisende Ereignisse seines Aufenthalts in dieser Einrichtung und ihrer zahlreichen Bestandteile, die nach dem Prinzip der von Schatzman und Strauss vorgeschlagenen Beobachtungsprotokolle datentechnisch erfasst worden waren.[143] Saschas Familie selbst konnten wir nicht sprechen, denn aus Gründen, die in der Falldarstellung zum Ausdruck kommen werden, hat er sich von dieser schon lange gelöst. Nun zum Fall:[144]

Sascha Kucharczyk: Der 1978 geborene Sascha Kucharczyk, das ist nicht sein richtiger Name, wurde im April 2005 in eine psychiatrische Klinik verlegt, die auf die Behandlung von Patienten mit Drogenabhängigkeit und psychischen Störungen spezialisiert und auf Langzeitaufenthalte eingerichtet ist. Es ist eine „tätige Klinik" im Sinne von Hermann Simon; sie verfügt über Gewerke wie Bauernhof, Käserei, Laden, Schreinerei, und in ihren Wohngruppen versorgen die Patienten sich selbst. Kunst und Theater spielen des Weiteren eine wichtige Rolle in dieser Einrichtung. Sascha kam direkt aus dem Gefängnis, wo er über drei Jahre wegen Drogenhandels und schweren Raubs eingesessen hatte. Die letzten acht Monate hatte er in Isolationshaft verbracht; so sollte verhindert werden, dass er und ein Mithäftling aneinandergerieten. Im Oktober 2006 wird er nach einem Medikamentendiebstahl aus dieser Klinik entlassen und zurück ins Gefängnis geschickt. Im Mai des folgenden Jahres bittet er die Klinik um Wiederaufnahme, der Bitte wird stattgegeben.

Hinsichtlich der Falldarstellung gebe ich zunächst die üblichen anamnestischen Daten wieder, die ich in vier Rubriken aufteile:

---

142 Von meiner Arbeit dort hätte es in diesem Buch noch viel zu berichten gegeben. Ich habe darauf verzichtet, um den Leser nicht über Gebühr mit psychiatrischen Themen in Anspruch zu nehmen.

143 Einige Jahre zuvor habe ich in der Drogentherapiestation start again in Zürich das bei Schatzman und Strauss im Rahmen von Feldforschung vorgeschlagene Dokumentationsschema mit den drei Rubriken Beobachtungsnotizen/theoretische Notizen/methodische Notizen auf Anregung von Mitarbeiterinnen umgebaut in drei Rubriken, die anders überschrieben waren: Was war los? Was denke ich mir dazu? Wie weiter? Es ging dabei um die Dokumentation von Therapieverläufen.

144 Ich berichte diesen Fall so, wie man ihn einem psychiatrischen Auditorium vorstellen würde. Tatsächlich habe ich diesen Fall in einen Vortrag am psychiatrischen Krankenhaus Weißenau bei Ravensburg eingebaut.

Jahr	Institutionen-Geschichte	Drogen-Karriere	Delikt-Geschichte	Symptom-Geschichte
1985	Pflegefamilie		Diebstähle ab 6. Lj.	Selbstverletzungen ab 6., Suizidgedanken ab 8. Lj.
1987	Pflegefamilie gibt auf			
1990	Heim	Alkohol und Cannabis		
1991	disziplinarisch aus Heim entlassen; pädagogisches Schiff, wo er eine Kochlehre beginnt.	Heroin nasal		
1994	nach Schiff WG, Hauptschulabschluss in VHS			
1995	ohne festen Wohnsitz	LSD, Kokain, Extasy, Speed	Drogenhandel	
1998	Jugendgefängnis, danach 3 Mo. bei seiner Mutter			
2002	4,5 J. Gefängnis		Bewaffneter Raubüberfall	
2005	Therapie stationär			
2006	disziplinarisch entlassen, nach zehn Monaten Wieder-Aufnahme		Medikamenten Diebstahl	
2012	Abschluss Schreinerlehre mit Gesellenprüfung			
1/2013		Drogenszene Frankfurt/Main	Erneut Medik. Diebstahl	
1/2015	Forensik mit offenem Ausgang			
2017	Therapeutische Wohngemeinschaft			

Abb. 1 Institutionengeschichte, Drogenkarriere, Deliktgeschichte, Symptomgeschichte Sascha Kucharczyk (Quelle: Notizen des Autors)

Unsere Frage anhand dieser Lebenslaufdaten lautet: Vor welchem Familienhintergrund kann sich eine solche Karriere entwickeln?[145] Saschas Mutter heißt Manuela, ist 1959 geboren und weiß von ihren leiblichen Eltern nichts. Mit vier Jahren wurde

---

145 Genogramm auf S. 155.

5.7 Eine nicht-cartesianische Biografieforschung

sie von einem kinderlosen Ehepaar adoptiert. Bei diesem Ehepaar besteht eine Frauendominanz insofern, als die Adoptivmutter von Manuela ein Damenoberbekleidungsgeschäft besitzt und führt, in welchem ihr Mann, gelernter Zimmermann, mitarbeitet und in dem die Adoptivtochter eine Lehre macht.

Diese Konstellation einer Adoptivfamilie kann sich nun in der Richtung entwickeln, dass die Adoptivtochter als Nachfolgerin ihrer Adoptivmutter aufgebaut wird und insofern eine akzeptable Position in dieser Familie erhält. Danach sieht es aber nicht aus. Manuela wird von ihrem Adoptivvater sexuell missbraucht. Ihrer Persönlichkeitsbildung wird dieser Umstand, der vermutlich auch der Adoptivmutter bekannt war, erheblich geschadet haben. Die Partnerwahl kann nun so ausfallen, dass Manuela einen Mann sucht, mit dem sie eine vertrauensvolle Beziehung in der Weise aufbauen kann, dass ihre sexuelle Traumatisierung zunehmend in den Hintergrund tritt. Sie kann aber auch ihre Partnerwahl so organisieren, dass sie einen Mann sucht, von dem von vornherein keine Verlässlichkeit zu erwarten ist, denn so hat sie dies auch von ihrem Adoptivvater kennen gelernt. Letzteres tritt ein: Mit 18 Jahren, kurz nach Beendigung ihrer Lehre, wird sie von einem als jähzornig und unzuverlässig bekannten Mann schwanger, einem Einzelhandelskaufmann, den sie seit etwa anderthalb Jahren kennt. Sascha wird 1978 geboren, sein Vater erkennt ihn als Sohn nicht an und verschwindet nach dessen Geburt aus der Gegend.

Zurück zur Mutter: Dieser Fluchtversuch Manuelas aus einer unerträglichen Familiensituation ist also misslungen. Ihr nächster Partner ist Joachim Kucharczyk. Die Frage ist, ob er ein Gegenstück zu Saschas leiblichem Vater darstellt. Seine Familiengeschichte entwickelt sich folgendermaßen:

Das Landarbeiterpaar Wilhelm (*1881) und Marie (*1887) Kucharczyk, das aus der Nähe von Wolin, heute Polen, stammt, hat vier Kinder. Das jüngste Kind, Hildegard, geboren 1925, hat mit dem gleichaltrigen Melker Herbert Hannes im Alter von 15 Jahren einen Sohn, Siegfried. Das Paar heiratet, allerdings fällt Hannes 1942 im Krieg. Wir können davon ausgehen, dass Siegfried seinen Vater kaum kennen lernen konnte – ein Schicksal, das er mit vielen seiner Generation teilt und insofern nicht ungewöhnlich ist, als es dafür kollektive Lösungen gibt. Er wird mit seiner Mutter zusammen bei seinen Großeltern mütterlicherseits aufgewachsen sein. Als sein Großvater mütterlicherseits 1951 stirbt, Siegfried ist nun 11 Jahre alt und steht kurz vor der Pubertät, flieht er mit seiner Mutter und seiner Großmutter in die Nähe einer norddeutschen Hafenstadt.

Siegfrieds Mutter heiratet nicht mehr, allerdings hat sie mit einem Metallarbeiter, der auf Montage und damit häufig abwesend ist, noch drei Söhne. Siegfried aus der ersten Ehe gerät damit zunehmend in ein beziehungsmäßiges Niemandsland: Der Großvater als männliche Bezugsperson ist ausgefallen, der zweite Mann seiner Mutter, Willi Strasser, ist zwar Erzeuger seiner drei Söhne, aber diese heißen jeweils

Kucharczyk, Willi spielt demnach in dieser Familie keine große Rolle, und wir können von einer Vaterschwäche in diesem Familiensystem sprechen.

Uns interessiert im Weiteren der Jüngste aus der Reihe der drei Brüder aus Hildegards zweiter Beziehung, Joachim. Die Idee, dass Siegfried die Vaterstelle bei seinen Stiefbrüdern habe vertreten können, verwerfen wir. Einmal deshalb, weil Siegfried selber kein Vatervorbild hat, aber auch, weil Willi Strasser zwar häufig abwesend, aber doch als leiblicher Erzeuger präsent ist. Stattdessen nehmen wir an, dass neben Siegfried Joachim Kucharczyk von allen der vier Brüder derjenige ist, für den die mangelnde Vaterpräsenz ein biografisches Thema ist.

Joachim macht eine Lehre und ist als Vorarbeiter im Schiffbau tätig. Dieser Information entnehmen wir, dass er in seiner Sozialisation immerhin mit den Fähigkeiten ausgestattet wurde, die Anforderungen einer Lehre zu meistern. Die Frage ist nun, wen er heiraten wird. Typischerweise finden wir bei Jüngsten eine Partnerkombination mit einer Ältesten vor; auf diese Weise wird Kreativität mit Verlässlichkeit kombiniert. Tatsächlich verheiratet sich Joachim mit Manuela, also jener Frau, die schon einmal mit einem unzuverlässigen Mann schlechte Erfahrungen gemacht hat, von ihrem Adoptivvater missbraucht wurde und in einer Familienkonstellation aufgewachsen ist, in der sie als Person nicht respektiert wurde. Sascha ist zum Zeitpunkt der Heirat 3 Jahre alt, also bereits damit beschäftigt, erste Autonomisierungsschritte weg von der Mutter zu unternehmen. Diese hat jetzt allerdings andere Interessen, als sich um ihren Sohn zu kümmern sie steht in doppelter, widersprüchlicher Loyalität zu Sohn und Partner. Der spätere Stiefvater, Joachim also, wird in der sich neu entwickelnden Paarbeziehung Sascha eher als Störenfried erlebt und später sein Hauptaugenmerk auf die beiden eigenen Kinder, zwei Töchter, gerichtet haben.[146] Zumal Joachim ja selbst keine verlässliche Vaterbeziehung erlebt und insofern mit derlei keine Erfahrungen hat. Folgerichtig beginnt Saschas Karriere in der öffentlichen Erziehung in dem Jahr, in dem seine erste Stiefschwester geboren wird. In diesem Familienzusammenhang stört er. Allerdings berichtet Sascha auch, dass Joachim Sascha sexuell missbraucht hat, was für Stiefväter nicht ungewöhnlich ist. Aus der dänischen Datenbasis über Kinder wissen wir, dass das Risiko von Kleinkindern, das dritte Lebensjahr nicht zu erleben, bei den leiblichen Eltern das geringste ist, deutlich größer ist es bei Alleinerziehenden, und am größten ist es in Stieffamilien. Untersucht wurden nur Kinder zwischen dem ersten und dem dritten Lebensjahr, um Geburtsrisiken auszuschließen.

Diese Falldarstellung abschließend skizziere ich nun den Verlauf des stationären Aufenthalts von Sascha. Bei der Aufnahme berichtet er, er stamme aus Danzig, sein Vater sei ein Pole mit Vornamen Pjotr, woraus sich auch sein Nachname erkläre.

---

146 Zum Thema Stieffamilien vgl. Funcke und Hildenbrand (2009).

5.7 Eine nicht-cartesianische Biografieforschung

Erst ein Gespräch der aufnehmenden Ärztin mit Saschas Mutter macht deutlich, dass diese Angaben nicht stimmen können. Die ursprüngliche Annahme der aufnehmenden Ärztin, es handle sich bei der Etikettierung des leiblichen Vaters als Polen um eine psychotische Wahnvorstellung Saschas, wird verworfen.

Die Mitarbeiter der Einrichtung arbeiten für die ersten Monate des Aufenthalts folgende Themen in der Arbeit mit Sascha heraus:

- Bei ihm seien Vertrauen und ein rigider Ehrenkodex dominant; werden diese missachtet, kann es rasch zum Konflikt auf Leben und Tod kommen.
- Zweitens könne Sascha Dreieckskonstellationen schlecht aushalten.

Im Verlauf der ersten Monate kommt es zu einem Rückfall mit Cannabis und Opiaten, es wird aber auch festgestellt, dass in der Arbeit mit Sascha Struktur und Verbindlichkeit im Rahmen konkreter Aktivitäten zu erzielen seien. Dazu gehören seine Mitarbeit in einer Musikgruppe, zu der er selbstverfasste Lieder mit Texten beisteuert, wie auch die Mitarbeit in der Küche der Einrichtung. Hier kann er seine auf dem Schiff erworbenen Fertigkeiten einsetzen, und seine Vorgesetzte ist eine gestandene Frau, die nicht leicht aus der Ruhe zu bringen ist.

Im Februar 2006, zehn Monate nach der Aufnahme, verübt er einen Einbruch in die medizinische Abteilung der Einrichtung, mit der Folge, dass er sofort zurückgeschickt wird in die Forensik.

Zwischenbetrachtung

1. Inwiefern ist nun Sascha ein Beispiel für das Werden, für den Übergang vom Vorgegebenen zum Aufgegebenen, wie in der anthropologischen Psychiatrie angenommen wird? Einen Hinweis darauf erhalten wir, wenn wir erfahren, dass Sascha der Auffassung ist, sein leiblicher Vater sei ein gewisser Pjotr Kucharczyk, der in Polen lebe. Er wolle sich demnächst auf die Suche nach diesem Vater machen. Sascha hat demnach intuitiv die Vaterschwäche über mehrere Generationen in seiner Familiengeschichte erkannt, und er ist dabei, diese durch die Installation eines „richtigen", wenn auch fiktiven Vaters zu korrigieren. Immerhin erhalten die Therapeuten durch diese Idee Saschas, die ohne lebensgeschichtliches Wissen vom Patienten zunächst als „Wahnidee" klassifiziert wurde, einen Hinweis auf das weitere Vorgehen.
2. Dass Sascha Schwierigkeiten hat mit Dreieckskonstellationen, weist zurück auf die lange Tradition in dieser Familie mit abwesenden Vätern, also auf unvollständige

Triaden. Der Tübinger Psychiater Wolfgang Loch hat für diesen Zusammenhang den Begriff der Telemachie, das ist die Suche nach dem Vater, vorgeschlagen.
3. Der Einbruch könnte gedeutet werden als Saschas Versuch, sich abzeichnende Möglichkeiten einer Verselbstständigung zu unterbinden. Es ging hier also nicht um ein Nicht-erwachsen-Werden-*Können* als Merkmal einer psychotischen Adoleszenzkrise, wie Wolfgang Blankenburg (1983) das formulierte, sondern um ein Nicht-erwachsen-Werden-*Wollen*.

Weiter im Verlauf: Im Oktober 2006, nach der Rückkehr Saschas in den Maßregelvollzug, bittet er brieflich um Wiederaufnahme in der oben beschriebenen psychiatrischen Einrichtung. Das dahinterstehende Bemühen wirkt überzeugend, wie eine von mir mit den Mitarbeitern dieser Einrichtung durchgeführte Sequenzanalyse des Schreibens zeigte. Der Bitte wird stattgegeben. Sascha zieht also wieder ein, entwickelt alsbald eine stabile Beziehung zu einer 1985 geborenen und damit acht Jahre jüngeren Frau, die aus Russland (!) stammt, mit ihrer Familie in der nahegelegenen Stadt lebt und eine Banklehre angetreten hat. Parallel dazu nimmt Sascha eine Schreinerlehre auf. Im Februar 2012 macht er seinen Lehrabschluss. Zusammen mit seinem Gesellenstück erscheint sein Bild in der Lokalzeitung, da er als Jahrgangsbester abgeschlossen hat.

Jetzt, als Geselle, könnte Sascha sich aufmachen, die Institutionen hinter sich lassen und ein selbstständiges Leben führen. Dafür fehlt ihm aber noch die Basis. In dieser Zeit trennt sich seine Freundin von ihm, zieht in eine größere Stadt und erwartet von ihm, dass er auf eigene Beine kommt. Er bricht erneut in der Apotheke der Einrichtung ein; seiner Darstellung nach war er an dieser Tat unbeteiligt, gleichwohl wird er zu zehn Monaten Haft mit Bewährung verurteilt, er ist aber nicht bereit, den Namen des ihm bekannten Täters preiszugeben (er ist dem „convict code" verpflichtet, der sich für gewöhnlich unter Gefängnisinsassen einrichtet). Auch dieser Verselbständigungsversuch ist misslungen. Erneut ist Sascha der Situation des Erwachsenwerdens zu nahegekommen, und wieder weiß er dies durch eine geeignete Maßnahme zu verhindern.

Sascha zieht in die Stadt, in der seine Freundin wohnt und arbeitet; die Freundin sendet bezüglich der Beziehung ambivalente Signale aus. Sascha kommt damit nicht zurecht und unternimmt einen bewaffneten Überfall, um an Geld für die Beschaffung von Drogen zu kommen. Dabei wird er erwischt, und er landet für unbefristete Zeit in einem Gefängnis (im Hochsicherheitstrakt einer forensischen Abteilung).

Zusammenfassend beobachten wir bei Sascha Kucharczyk ein zentrales Lebensthema, den abwesenden Vater, den er in Polen vermutet und für den er zunächst einen geeignet erscheinenden Ersatz, einen russischen Schwiegervater mit entsprechendem Familienanschluss, gefunden zu haben meint. Vielleicht ist

5.7 Eine nicht-cartesianische Biografieforschung

ihm deutlich geworden, dass diese Lösung aus seiner eigenen Familie und aus deren eigener, biografisch vermittelter Dynamik stammt und ihm im weiteren Lebensablauf vielleicht hinderlich sein könnte. Das wäre ein erheblicher Schritt der Verselbstständigung. Darüber hinaus hat er im Kleinkrieg einer auf alltägliche Aktivitäten gerichteten psychiatrischen Einrichtung über Jahre hinweg die Fähigkeit zu Strukturierung aufbauen können, die er aber jeweils entwertet, wenn ein neues Stadium an Autonomie erreicht ist.

Wenn Karl Jaspers sich im Biografiekapitel seiner Allgemeinen Psychopathologie kritisch zu der Annahme eines Ganzen einer Biografie äußert, möchte ich diese Annahme ergänzen um die Behauptung, dass Biografien jeweils aus bestimmten Perspektiven rekonstruiert werden und dass die Fülle der Perspektiven unendlich ist. Am Ende gelangt man dann wie Jean-Paul Sartre, der am Beispiel der Biografie von Gustave Flaubert zeigen wollte, wie eine Biografie aussieht, die wissenschaftlich sowohl vom Individuum her als auch von der Gesellschaft her entwickelt wird, bei 4000 Seiten. Und da war er immer noch nicht fertig. Ich selbst könnte mir vorstellen, dass die Arbeit an der Biografie von Sascha an Komplexität gewinnen würde, wenn man die vorliegenden Daten mit einem zu Perspektivenvielfalt fähigen Psychoanalytiker diskutieren würde.

Ich ziehe ein Fazit: Auch wenn man die lebensgeschichtlichen Themen eines Patienten erkannt hat und an diesen entlang einen Rehabilitationsprozess in einer geeigneten Einrichtung organisiert, der auf die Gewinnung von Autonomie der Lebenspraxis zielt, ist das noch lange nicht die Gewähr dafür, dass damit Heilung möglich wird. Der Fall Sascha Kucharczyk zeigt, dass es immer neuer, kleiner Sequenzen von Ereignissen bedarf, in welchen der Patient lernen kann und die irgendwann zu einer Verselbstständigung führen, wenn es gut geht.

Ich will noch auf einen wünschenswerten Nebeneffekt für die biografische Arbeit in der psychiatrischen Praxis hinweisen: Die psychiatrische Arbeit wird bunter, lebendiger und zufriedenstellender, wenn die Hauptaktivität psychiatrischen Bemühens sich nicht nur darauf richtet, für einen Patienten die passende diagnostische Schublade zu finden, sondern auch darauf, mit ihm zusammen seine Lebensthemen zu entdecken, um damit von der Krankengeschichte zur eigentlichen Krankengeschichte i. S. V. v. Weizsäckers vorzustoßen. Die aufgewandte Zeit ist gut angelegt.

Für diese Überlegungen kann sogar Sascha Kucharczyk ein gutes Beispiel sein, denn in seinem Rehabilitationsverlauf beobachten wir eine allmähliche Aufwärtsspirale der Autonomisierung, welche aus seinen lebensgeschichtlichen Zusammenhängen und aus den Leistungen der Einrichtung, die ihm die erforderlichen Angebote vermitteln konnte, verstehbar wird. Außerdem ist die lebensgeschichtliche Rekonstruktion nicht die Bedingung für Therapie, sondern Therapie selbst, sofern sie in Interaktion mit dem Patienten vorgenommen wird.

Noch einmal zurück zu dem Vortrag in einem psychiatrischen Krankenhaus, aus dem ich soeben zitiert habe. Bevor ich diesen Fall nach Rücksprache mit dem behandelnden Arzt von Sascha Kucharczyk vorgetragen habe, gab ich den Text Sascha zu lesen, damit er ihn kommentieren könne, und ich besuchte ihn im Gefängnis, nachdem er auf Anfrage mit diesem Besuch einverstanden war. Sascha hatte gegen die Falldarstellung nichts einzuwenden, korrigierte sie aber in zwei Punkten: An dem Apothekeneinbruch sei er nicht beteiligt gewesen, und er sei auch gegenüber seiner Freundin nicht gewalttätig geworden. Beides habe ich in dem vorgetragenen Text korrigiert.

Sascha empfing mich zum Gespräch – mit Unterstützung einer Wärterin – mit Kaffee und Keksen. Das Gespräch dauerte insgesamt zwei Stunden, er beklagte in dessen Verlauf, dass er seine Gitarre samt Verstärker verliehen habe, aber nicht mehr wisse an wen, und dass er beide derzeit gut gebrauchen könne. Dies teilte ich dem behandelnden Arzt in der Drogentherapieeinrichtung mit, der ihm bald danach beides im Gefängnis vorbeibrachte.[147]

Auch war Sascha damit einverstanden, als ihn danach fragte, ob ich das Vortragsmanuskript seinem behandelnden Arzt im Gefängnis zur Verfügung stellen könne, was vielleicht zu einem besseren Verständnis seines Falls beitragen würde. Im April 2017 wurde Sascha aus der Forensik entlassen, er lebt nun in einer therapeutischen Wohngemeinschaft in einer Großstadt. Sein Wunsch wäre gewesen, in die oben beschriebene Einrichtung zurückzukehren, jedoch habe er sich aufgrund der vergangenen Vorfälle nicht getraut, um eine Wiederaufnahme zu bitten.

---

147 Diese Art der Arbeit mit Patientendaten wird zurzeit durch die leitende Ärztin der forensischen Abteilung, Roswita Hietel-Weniger, am psychiatrischen Krankenhaus Weißenau, deren medizinische Dissertation ich in Marburg unter Anleitung von Wolfgang Blankenburg betreut habe, in Baden-Württemberg propagiert (Reutter und Hietel-Weniger 2018). Die beiden Fallrekonstruktionen bei Patienten, die ich bisher mit dem Personal dieser Abteilung durchgeführt habe, haben dort zu Konsequenzen geführt. Die eine Konsequenz besteht darin, dass ein Patient früher als geplant entlassen werden konnte, während bei dem anderen Patienten deutlich wurde, warum vorerst eine Entlassung wohl nicht infrage kommen wird, eine Einschätzung, die das Personal deutlich entlastet habe, wie mir berichtet wird.

5.7 Eine nicht-cartesianische Biografieforschung

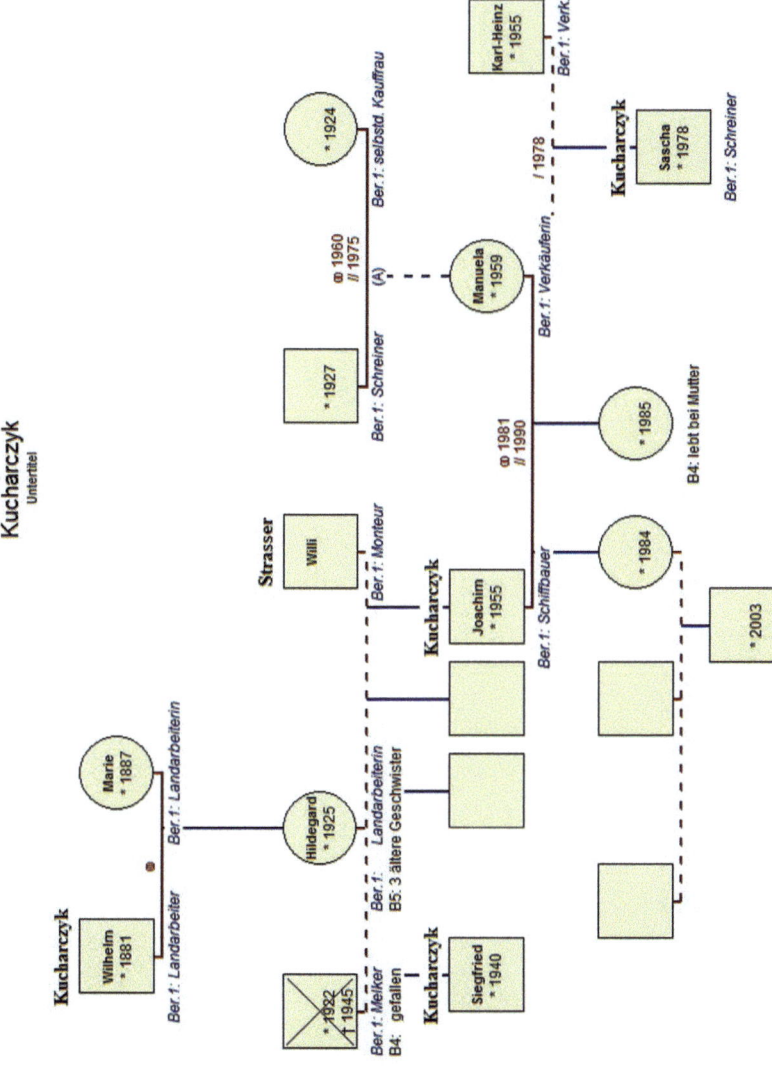

Abb. 2 Genogramm der Familie Kucharczyk (erstellt durch Therapieeinrichtung)

Auf wessen Seite steht der Klinische Soziologe? 6

6.1 Die Opferlastigkeit soziologischer Menschenbilder

Einen Eintrag zum Begriff „Menschenbild" sucht man in klassischen Lexika und Einführungen zur Soziologie vergebens. Quer durch die Paradigmen wird die Auseinandersetzung mit diesem Thema für unerheblich gehalten, oder man nimmt an, dass jeder schon wissen werde, was ein Mensch ist, weshalb eine Erläuterung dieses Themas unerheblich scheint. Manche unterstellen auch jedem, der den Begriff Menschenbild in Gebrauch nimmt, Normativität.

Ernst Cassirer, auch er ein Exilant, der an der Yale University untergekommen ist, beginnt seinen „Versuch über den Menschen" (1990) damit, diesen als *„animal symbolicum"* (1990, S. 51) zu definieren, um dann mit den Themen Zeitlichkeit und Reflexivitätsfähigkeit fortzufahren. Damit ergeben sich bereits erste Bestimmungen, die mit Normativität nichts zu tun haben.[148] Der Hund kann halt nicht sprechen (Loriot), das ist ein Sachverhalt und keine Wertung.

Wertend allerdings ist, Akteure, mit denen es die Soziologie zu tun bekommt, als Opfer abzuhandeln und damit auszuschließen, dass sie ihr Schicksal selbst in die Hand nehmen können (wenn auch unter vorgefundenen Umständen). Soziologen haben ein Faible für Opfer, was man unter anderem daran ablesen kann, dass das Buch von Didier Eribon (2016 in 6. Aufl. erschienen), eine larmoyante Schmonzette, sich hierzulande großer Aufmerksamkeit erfreut (Annie Ernaux, *Die Jahre*, Suhrkamp: Berlin 2017; seither weitere Auflagen).

---

148 Zum Menschenbild in der Medizin vgl. Girke und Matthiessen 2015. Wer sich an meinem Beharren auf dem Vorwurf Normativität stört, sei darüber informiert, dass es sich bei diesem Vorwurf um eine jener Heckenschützenaktionen von Seiten soziologisch Halbgebildeter, aber notorisch Empörter handelt, die einen Klinischen Soziologen meist außerhalb der Universität ständig überraschen, auf die man sich aber einrichten muss.

Eribon präsentiert sich gleich als doppeltes Opfer: (1) Er ist ein Arbeiterkind – wenn es auch eine Weile dauert, bis er damit herausrückt, welche Art Arbeiter seine Eltern waren. Der Vater war Vorarbeiter in einer Fabrik (es bleibt unklar, was dort produziert wurde, so detailgetreu muss man als Soziologe nicht sein, jedenfalls wird deutlich, dass der Vater der Klasse der Graukittel angehört haben muss und insofern hierarchisch über den Blaukitteln stand, den Arbeitern); die Eltern erfreuten sich eines für die damaligen Verhältnisse bescheidenen Wohlstands: Sie besaßen ein Haus und einen PKW, einen Simca. (2) Eribon[149] ist schwul. Das ist für einen 1953 Geborenen sicher kein Honiglecken gewesen, aber heute haben sich die Verhältnisse in Frankreich gründlich geändert.

Eribon könnte seine Geschichte auch ganz anders erzählen: Ja, ich bin ein Arbeiterkind, aber jetzt lehre ich Soziologie an der Universität von Amiens. Ja, ich bin schwul, das war früher schlimm, und ich traute mich lange nicht, das meinen Eltern zu erzählen, aber heute ist das nicht mehr skandalös. Von meinen schwierigen Startbedingungen ins Leben habe ich mich nicht unterkriegen lassen. Wegen meiner sexuellen Orientierung habe ich die Provinz verlassen und bin nach Paris gezogen, wo sich gute Möglichkeiten für meine berufliche Orientierung ergaben.

Eribon zieht es vor, sich als Opfer darzustellen, und hat damit großen Erfolg, vor allem in der Soziologie. Eine Opferrhetorik passt hervorragend in das von der Soziologie innigst gepflegte, wenn auch unverstandene, weil reflexiv nicht durchdrungene Menschenbild: Menschen sind anonymen Mächten, vorzugsweise Strukturen, ausgeliefert und können dagegen wenig tun, es sei denn, sie schließen sich zusammen und starten eine Revolution.[150] Andere Deutungsmuster, die darauf hinauslaufen, dass die Bewältigung schwerer gesellschaftlicher Krisen nicht zum individuellen Absturz führen muss, sondern in späteren Generationen zu besonderen Fähigkeiten disponiert, Krisen zu bewältigen (Conger und Elder1994), ebenso die Annahme, dass man auch unter schwierigen Umständen gedeihen kann (Resilienzforschung, vgl. Welter-Enderlin und Hildenbrand 2016), haben in der Soziologie bis auf wenige Ausnahmen (Kohli 1978) wenig Anklang gefunden, dafür umso mehr in der Entwicklungspsychologie.

Ein Beispiel: In einem Lehrforschungsprojekt über arme Familien untersuchten wir eine Familie mit mehreren Kindern, die von Sozialhilfe lebte. Trotz angespann-

---

149 Der oben erwähnte Michel Onfray ist Landarbeitersohn, wählt aber, um damit umzugehen, anders als Eribon nicht den Weg der Larmoyanz. Stattdessen geht er der französischen Geistesaristokratie unablässig auf die Nerven. Zugleich verbündet er sich mit einem anderen Landarbeitersohn: Albert Camus.

150 Im Klappentext der deutschen Ausgabe des Buchs von Eribon wird ein junger französischer Schriftsteller zitiert: „Es ist auch eines der sehr wenigen Bücher, die eine Revolte entzünden und den Lauf eines Lebens verändern können."

ter finanzieller Situation hat diese Familie ein Pflegekind aus dem Bekanntenkreis aufgenommen, ohne dies dem Jugendamt anzuzeigen. Damit verzichtet man auf eine nicht unerhebliche monatliche Unterstützung. Vielleicht folgt diese Familie auch nur weise dem Ratschlag: „Geh nicht zum Fürst, wenn du nicht gerufen wirst." Das ist eine sinnvolle Überlebensstrategie. Der rechtlich korrekte Weg wäre gewesen, sich vom Jugendamt als Pflegefamilie anerkennen zu lassen. Das aber hätte bedeutet, dem Jugendamt ständig Zutritt zur Familie einzuräumen. Man hätte dafür einen erheblichen Teil seiner Privatsphäre aufgeben müssen, und außerdem kann man nicht im Vorhinein abschätzen, mit welchem Jugendamtmitarbeiter man es zu tun bekommt.

Im Familiengespräch ließen die Teilnehmer überdies durchblicken, auf welchen – legalen und illegalen – Wegen sie ihr bescheidenes Monatseinkommen aufbessern.

Sind das aus soziologischer Sicht Opfer oder einfach Akteure, die ihr Schicksal selbst in die Hand nehmen? Ist derlei soziologisch überhaupt vorgesehen, gibt es dafür Konzepte?

Klinische Soziologen, um diese Überlegungen abzuschließen, bewegen sich zumeist im Kontext sozialer Probleme, da ist es nicht unwahrscheinlich, dass ihnen Opferzuschreibungen (eigene und fremde) begegnen. Weil aber der Klinische Soziologe es mit Fällen zu tun hat, erfasst er deren komplexe Problemlagen, er reduziert sie nicht auf wenige Variablen, und es ist nicht in jedem Fall eindeutig, auf wessen Seite er steht. Für mich jedenfalls verdient eine auf Sozialhilfe angewiesene Familie, der es gelungen ist, staatliche Bevormundungen zu unterlaufen, höchsten Respekt, und ich stehe – weit davon entfernt, sie für Sozialbetrüger zu halten – auf ihrer Seite.

6.2 Die Frage „Auf wessen Seite stehen wir?" ist falsch gestellt

1963 veröffentlichte Howard Becker, der bereits erwähnte Soziologe der Chicago School, eine Studie mit dem Titel „Außenseiter – zur Soziologie abweichenden Verhaltens" (dt. Neuauflage 2014). Er analysiert zwei Sozialfiguren abweichenden Verhaltens: Marihuana-Raucher und Jazzmusiker. Das wirkt aus heutiger Sicht kurios, aber die gesellschaftlichen Vorstellungen über abweichendes Verhalten ändern sich.

1967 erscheint in der Zeitschrift *Social Problems* ein weiterer Text von Howard Becker mit dem Titel „Whose side are we on?" Auf den ersten Blick ist das eine merkwürdige Frage, da sie im Kontext von Wissenschaft gestellt wird. Kann man sich vorstellen, dass die Antwort auf diese Frage lautet: Wir stehen auf keiner Seite? Allerdings ist die hier zu verhandelnde Wissenschaft die Soziologie, die von Anfang an eine Wissenschaft gesellschaftlicher Umbrüche war, wovon die ersten großen soziologischen Arbeiten zeugen: 1897 erschien von Emile Durkheim die Studie „Le Suicide", laienhaft übersetzt mit „Der Selbstmord" (1983), denn diesen Begriff vermeidet man seit langem, um die damit verbundenen moralischen Verurteilungen zu umgehen. Durkheim behandelt das Thema Suizid nicht als individuelles Phänomen, sondern als ein gesellschaftliches, welches vorwiegend im Zusammenhang mit Zerfallserscheinungen der gesellschaftlichen Ordnung diskutiert wird.

Max Weber untersuchte die Lage der ostelbischen Landarbeiter, eine Studie, die dadurch motiviert war, dass der „Verein für Socialpolitik" eine Erhebung zu demselben Thema durchgeführt hat, jedoch nur die Grundbesitzerseite hörte. Das gefiel Max Weber nicht, weshalb er eine Studie aus Sicht der Landarbeiter und ihnen nahestehenden Berufsgruppen (Pastoren) durchführte. Um die Landarbeiter ging es ihm aber nicht, sondern ihn interessierte nur die soziale Lage der Landarbeiter sowie „deren Stellung innerhalb der Nation" (1988, S. 470).

Soziale Probleme spielen also aus gegebenem Anlass früh eine Rolle in der Soziologie, allerdings werden sie unter spezifisch soziologischen Vorzeichen behandelt: Als Soziologe unterliegt man der Tendenz, den Fokus im Bereich sozialer Probleme weg vom Individuum und hin auf die Gesellschaft zu richten.

Howard Becker rückt in seinem Aufsatz die Frage, auf wessen Seite wir stehen[151] in den Kontext des Werturteilsstreits gleich am Anfang seiner Überlegungen. Dabei geht es um die Frage des Verhältnisses der Soziologie zur Sozialpolitik. Dieser Streit hatte seinen Ausgangspunkt in dem eben erwähnten Verein für Socialpolitik. In Max Webers Vortrag „Wissenschaft als Beruf", der am Beginn dieses Buchs diskutiert wird, findet dieser Streit ausführliche Beachtung.

Soweit der soziologische Rahmen der von Howard Becker gestellten Frage. Becker stellt in seinem Aufsatz fest, dass immer dann, wenn Soziologen soziale Probleme untersuchen, sie sich in einer Situation widerstreitender Erwartungen befinden: Die eine Seite fordert strikte Neutralität und Objektivität (ein Begriff, der bei Max Weber in Anführungszeichen steht), zu erreichen durch methodisch „saubere" Studien; die andere Seite fordert Engagement vom Soziologen.

Das ist eine Fragestellung, die primär akademische Soziologen etwas angeht. Wenn der Klinische Soziologe sich ins Feld begibt, kann er gar nicht anders, als Stellung zu beziehen. Alles, was er tut, steht bei den Akteuren, mit denen er es zu tun hat, unter dem Vorzeichen: Ist er für mich oder ist er gegen mich? Dem akademischen Soziologen begegnet eine solche Situation im Forschungsprozess nicht, da er mit seinen Daten, meist Statistiken und Umfrageergebnisse und mehr oder weniger standardisierten Interviews, nicht in Interaktion treten muss. Wer

---

151 Mit „wir" ist vermutlich die soziologische Community gemeint.

6.2 Die Frage „Auf wessen Seite stehen wir?" ist falsch gestellt

es allerdings mit Akteuren zu tun hat, wird feststellen, dass eine Forschung, die frei ist von persönlichen und politischen Sympathien, nicht möglich ist. Daher formuliert Becker folgende These: „Die Frage ist nicht, ob wir Stellung beziehen, sondern auf wessen Seite wir stehen."

Dem werde ich am Ende dieses Kapitels eine Position entgegenstellen, mit der ich Becker kritisiere. Vorerst werde ich die Position von Becker referieren:

Zunächst fragt er, auf wessen Seite wir stehen, wenn wir Devianz untersuchen. Wer Stellung bezieht, drückt gleichermaßen Gefühle aus, die allerdings selten thematisiert werden. Der Grund dafür ist der, dass ein Forscher, der seine Gefühle im Forschungsprozess expliziert, mit dem Vorwurf konfrontiert sein wird, dass seine Sympathien (Becker setzt Gefühle mit Sympathien gleich) seine Arbeit beeinflussen und seine Ergebnisse stören. Dasselbe kann natürlich auch gelten für den Fall, dass die Klienten im Feld dem Forscher unsympathisch sind. Becker gibt nun ein Beispiel: Es könne passieren, dass Stereotype über eine soziale Gruppe sich als zutreffend erweisen.

Ein Beispiel: Gesa Anne Busche war Mitarbeiterin einer Beratungsstelle für Folteropfer und hatte somit einen privilegierten Zugang zu dieser gesellschaftlichen Problemlage. Sie untersuchte die Frage, wie kurdische Frauen in Deutschland Erfahrungen von Folter und Flucht überleben konnten. Dabei fand sie heraus, dass diese Frauen nicht nur Gewalt seitens des türkischen Staats erfahren haben, sondern auch seitens ihrer eigenen Gruppe. Kurden, die sich hierzulande mit guten Gründen als Opfer präsentieren, können auf Grundlage dieser Befunde diesen Status nicht mehr uneingeschränkt für sich in Anspruch nehmen. Frau Busche hat diese Ergebnisse nicht geheim gehalten, sondern in einem Buch veröffentlicht (Busche 2013). Wenn es um die Frage geht, auf wessen Seite sie steht, wird ihr die Antwort nicht schwerfallen: auf der Seite der Frauen, aber nicht notwendig auf der der Kurden.[152]

Insofern ist Howard Becker zuzustimmen, wenn er befindet, dass Soziologen dafür bekannt seien, Ergebnisse, die für die Beforschten nachteilig sind, zurückzuhalten. Ich kann nicht einschätzen, ob diese optimistische Einschätzung heute noch gilt. In Zeiten überbordender politischer Korrektheit ist das eher unwahrscheinlich.

Der Vorwurf, dass Soziologen nachteilige Ergebnisse zurückhalten, werde aber noch übertroffen von folgendem Vorwurf, den Becker für plausibler hält. Er schreibt:

„Wir entwickeln im Lauf der Zeit so viel Sympathie mit den Untersuchten, dass wir denken, dass sie auch nicht schlimmer als andere sind. Das führt dazu, dass wir kein

---

152 Zur Illustration vgl. den Film „My sweet pepper land", Frankreich/Deutschland 2013.

ausgewogenes Bild abgeben und stattdessen die anständigen Bürger verantwortlich machen für die Erzeugung von Devianz" (Becker 1967, S. 240)[153].

Becker führt dann diesen Vorwurf weiter aus: Erstens verhandelt er die Beziehung von Devianten unter dem Aspekt der Beziehung zu hierarchisch übergeordneten Instanzen. Wenn der Feldforscher die Perspektive der untergeordneten Gruppe einnimmt und ihr Glauben schenkt, ignoriert er die Perspektive der hierarchisch übergeordneten Gruppe, was zu folgendem Fazit führt:

> „Wir sind parteiisch zu Gunsten der untergeordneten Seite, wenn wir die Geschichte aus deren Standpunkt erzählen. Wir ziehen uns den Vorwurf, parteiisch zu sein, dann zu, wenn wir sagen, dass die untergeordnete Seite auch das Recht habe, gehört zu werden" (Becker 1967, S. 241).

Becker bläst hier ein Scheinproblem zu einem substantiellen Problem auf: Mit Sicherheit ist es fachlich nicht korrekt, wenn man ein soziales Phänomen, zum Beispiel die Karriere von Drogenabhängigen, nur aus deren Sicht erfasst, indem man beispielsweise glaubt, es reiche aus, sich von diesen Drogenabhängigen die Lebensgeschichte erzählen zu lassen (siehe oben: Sascha Kucharczyk). Das hieße, die Perspektive der Untersuchung zu reduzieren auf die Perspektive der Betroffenenseite. Da Drogenabhängige aufgrund ihrer langen Behandlungskarriere mit der Zeit gelernt haben, Deutungen von Therapeuten zu übernehmen und sich als Opfer auszugeben, werden bald auch Schuldige gefunden: Dies sind je nach Einstellung der Therapeuten die Familie, die Gesellschaft etc. Die Verkürzung einer Studie über Drogenabhängigkeit auf die Perspektive der Abhängigen macht die Studie weitgehend wertlos. Man entgeht dieser Problematik, indem man die Studie multiperspektivisch anlegt, also auch die hierarchisch Übergeordneten untersucht.

Becker allerdings behandelt das vorliegende Problem nicht als eines der Methodik. Er zieht eine andere Kategorie bei, die der Glaubwürdigkeit: Wer nur hierarchisch Untergeordnete untersucht, ignoriert den Anspruch der hierarchisch Übergeordneten auf das Deutungsmonopol. Damit wird die etablierte Ordnung aus guten Gründen missachtet.

Becker fragt sich dann, woher diese Vorwürfe der Unausgewogenheit stammen. Zunächst befasst er sich mit Situationen, die nicht als politische definiert sind. Sein Argument läuft darauf hinaus, dass die Einnahme der Perspektive der hierarchisch

---

153 In den 1970er Jahren war es üblich, Drogenabhängige soziologisch zu untersuchen und ihre Lebensführung zu idealisieren (vgl. den Film „Easy Rider", wo es um Dealer geht). In der anthropologischen Literatur über Feldforschung spricht man in diesem Zusammenhang von „Going native".

6.2 Die Frage „Auf wessen Seite stehen wir?" ist falsch gestellt

Untergeordneten dazu führen könne, dass die Position der hierarchisch Übergeordneten als Lüge entlarvt werden könne. Man könne nicht mit dem *Common sense* annehmen, dass die Offiziellen es am besten wissen, sondern müsse auch die andere Seite zu Wort kommen lassen.

Nun befasst sich Becker mit Situationen, die politisch definiert sind. Das sind solche Situationen, bei denen die Untergeordneten organisiert sind und einen Sprecher haben. Die Sprecher beider Seiten beobachten sorgfältig die Umtriebe der Soziologen und versuchen, ihre Definition des vom Soziologen untersuchten Problems durchzusetzen. Damit nimmt die Situation eine andere Bedeutung an als in Situationen, die nicht politisch definiert sind:

Erstens kommen nun problemlos beide Seiten zur Sprache.

Zweitens: Weil die meisten Soziologen liberal (liberal steht in den USA für: links) sind, stehen sie in der Regel auf der Seite der Unterprivilegierten. In diesem Fall diktiert dann die politische Präferenz, auf welcher Seite der Soziologe steht.[154]

Ein Beispiel: In Familien von Afroamerikanern ist die Abwesenheit des Vaters typisch. Historisch hat das vermutlich seine Wurzeln in der Tradition der Wanderarbeit.[155] Der auf nicht-verbale Kommunikation spezialisierte Forscher A. E. Scheflen untersuchte dieses Phänomen in Familien von Afroamerikanern und stellte dabei fest, dass die Körperkommunikation der Frauen in diesen Familien, also der Mütter, darauf angelegt war, die Väter fernzuhalten. Als es sich abzeichnete, dass dieses Ergebnis sich stabilisierte, brach er die Forschung ab, um diese Familien nicht in ein schlechtes Licht zu rücken.

Anderes Beispiel: 1986, auf dem Rückflug von einer Tagung, erzählte mir ein Kollege, dass er körperliche Gewalt in der Ehe untersuche. Seine Universität (es handelt sich um eine US-amerikanische Universität) habe ihm die Fortführung dieser Studie untersagt, als sich abzeichnete, dass er eine ungefähr gleichmäßige Verteilung der Gewaltausübung bei beiden Geschlechtern entdecken werde. Einfacher ausgedrückt: Frauen sind ungefähr ebenso gewalttätig wie Männer. Jedenfalls war zu erwarten, dass das Wunschergebnis: Frauen sind Opfer der Männer, sich

---

154 Wenn in den Medien Forschungsergebnisse berichtet werden, kann man schon am Duktus der Ergebnisse ablesen, welche Stiftung diese Ergebnisse finanziert hat. Diese These kann man im Selbstversuch überprüfen. In der Regel aber werden Ergebnisse aus Feldforschungen nicht berichtet. Es sei denn, sie haben besonderes Krawallpotenzial. Eine beachtliche Ausnahme stellen die Arbeiten von Arlie Russel Hochschild dar (zuletzt Strangers in their own land – Anger and Mourning on the American Right. New York and London: The New Press 2016, ein Bestseller in den USA). Die Rezeption ihrer Werke in Deutschland sagt viel über den Stand der Soziologie hierzulande aus.

155 Vgl. dazu den Film „Gottes Werk und Teufels Beitrag" (The Cider House Rules), der auf das gleichnamige Buch von John Irving zurückgeht.

nicht bestätigen lassen würde, deshalb wurde die Fortführung der Studie nicht mehr unterstützt.

Diese beiden Beispiele weisen darauf hin, dass es vielfach nicht darum geht, dass der Soziologe die Dinge aus der falschen Perspektive sieht bzw. nur aus einer einzigen Perspektive. Das mag die Situation gewesen sein zu der Zeit, als Becker diesen Aufsatz schrieb. Offenbar war damals das Land noch nicht so von Schützengräben der politischen Korrektheit durchzogen, wie das heute der Fall ist.

Howard Becker fährt fort mit der Forderung, dass unabhängig vom jeweiligen politischen Standpunkt die Untersuchung strikten methodischen Standards genügen muss. Standortungebundenheit sei nicht zu erreichen, jedoch notwendig. Das Problem der Standortgebundenheit sei dadurch in den Griff zu bekommen, dass man in seiner Studie möglichst vielfältige Perspektiven in den Blick bekommt.

Hier ein Beispiel für die Einnahme beider Perspektiven: In einem Forschungsprojekt, das wir im Rahmen des Programms „Gewalt und organisierte Kriminalität" im Rahmen des Schweizer Nationalfonds durchführten und wo es speziell darum ging, die lokalen Folgen der Einführung einer kontrollierten Heroinabgabe in der Stadt Zürich und dem besonders belasteten Stadtkreis vier zu untersuchen, machten wir auch die Polizeiarbeit zum Thema. Die Kantonspolizei war zwar bereit, uns ein offen geführtes Interview zu geben, stellte jedoch jedem zu einem Interview autorisierten Polizisten einen höheren Dienstgrad beiseite, der den Interviewverlauf strikt kontrollierte. Zugleich erlaubte dieselbe Organisation dem Schweizer Fernsehen, 24 Stunden lang nonstop und weitgehend unzensiert die Zürcher Polizeiarbeit zu filmen. Dieses Material diente uns dann als Ersatz für eigene Beobachtungen. Hier ein Beispiel:

Während des Films berichtete der Einsatzleiter von einer Situation auf dem Letten,[156] in der er sich in Lebensgefahr wähnte. Durch die Intervention einer Drogenkonsumentin sei er schließlich dieser Gefahr entronnen. Der Reporter fragt, was diese Drogenkonsumentin bewogen haben könnte, dem Polizisten zu helfen. Dazu weiß der Einsatzleiter, trotz sichtlich angestrengten Nachdenkens, keine Antwort.

Dieser Polizist sieht, so kann man dies interpretieren, Drogenabhängige unter dem Vorzeichen von unpersönlichen Ablauftypen. Angemessener wäre es, sie würde Drogenabhängige – situationsspezifisch – als personale Typen[157] wahrnehmen. Denn das würde bedeuten, dass Polizisten Drogenabhängige zwar *als* Drogenabhängige und damit der Dynamik ihrer Sucht unterworfene Personen wahrnehmen,

---

156 Schauplatz des Drogenhandels vor der Einführung der kontrollierten Heroinabgabe, danach wurde Drogenhandel in der Öffentlichkeit polizeilich strikt verfolgt.
157 Diese Unterscheidung stammt von Alfred Schütz (vgl. Schütz 1971, S. 22ff. Freie Auslegung von B. H.).

dahinter aber auch noch *etwas anderes* sehen können, das diese Personen ausmacht Z. B., dass auch Drogenabhängige Wertmaßstäbe bzgl. des Schutzes menschlichen Lebens nicht nur kennen, sondern auch bereit sind, für ihre Durchsetzung, also menschlich, zu handeln (Berger, Hildenbrand und Somm 2002, S. 139).[158]

Was also ist zu tun? Vor allen Dingen gilt es, so Howard Becker, Sentimentalität zu vermeiden. Damit ist gemeint:

- Sentimental sind wir, wenn wir zurückweisen, eine Angelegenheit zu untersuchen, die problematisch ist.[159]
- Sentimentalität ist auch im Spiel, wenn Sachverhalte nicht untersucht werden, die erkennen lassen, dass die zu erwartenden Ergebnisse unseren Vorannahmen zuwiderlaufen werden.
- Fazit: Es gilt, die eigene Forschungsarbeit daraufhin zu analysieren, ob die methodische Konzeption offen genug ist, einseitige Betrachtungen zu vermeiden.
- Howard Becker kommt dann zu einem Schluss, der nicht anders als naiv zu betrachten ist: Er ist der Auffassung, dass auf lange Sicht jede „einseitige" Studie weitere Untersuchungen produzieren wird, womit alle Facetten eines Sachverhalts erfasst werden können. - Ich würde dies als ungedeckten Scheck auf die Zukunft bezeichnen.

Was tun wir einstweilen?

„Wir beziehen Position, wie unsere persönlichen und politischen Verpflichtungen es verlangen, benutzen unsere theoretischen und technischen Ressourcen, um Verzerrungen in unserer Arbeit zu vermeiden, begrenzen unsere Schlussfolgerungen sorgfältig, erkennen die Hierarchie der Glaubwürdigkeit als solche an und erkunden so gut es geht die unvermeidlichen Beschuldigungen und Zweifel" (Becker 1967, S. 247).

Ob sich der Klinische Soziologe auf eine Seite stellt, und auf welche, hängt vom Fall ab.

---

158 Es war dies ein Forschungsprojekt unter dem Vorzeichen einer Klinischen Soziologie. Unsere Forschungsergebnisse legten das Konzept eines „community policing" nahe, was uns bei der Basler Polizeidirektion Respekt einbrachte, die selbst diesem Konzept positiv gegenüber stand (vgl. auch Bittner 1972 als zentrale Inspirationsquelle).

159 Ich erfuhr von einem im Auftrag eines Kantons tätigen landwirtschaftlichen Betriebsberater, dass manche Landwirte aus Zorn über die strikten ökologischen Auflagen der Schweizer Landwirtschaftsgesetzgebung mutwillig ihre Tiere quälen. Ich schlug ihm daraufhin eine Studie vor, jedoch fehlte ihm der Mut, mit mir gemeinsam das nötige Material zu erheben. Wäre er ein Soziologe, müsste man ihn mit Howard Becker sentimental nennen.

Mich stellt Beckers Schlussfolgerung nicht zufrieden, ebenso sehe ich in der Materialferne dieses Aufsatzes einen Mangel. Außerdem zielt er auf den forschenden Soziologen, nicht auf den Klinischen Soziologen ab. Ich werde nun einen Fall vorstellen, in welchem so gut wie alle Themen vorkommen, die Howard Becker in diesem Aufsatz angesprochen hat, und werde am Ende zu einem Fazit kommen, das darauf hinausläuft, dass es vom jeweiligen Fall abhängt, auf wessen Seite wir stehen.

Ein Beispiel: Ein Jugendamt (es ist nicht identisch mit dem Jugendamt, das wir im Rahmen eines Transferprojekts begleiten. Es liegt in Thüringen, aber das tut insgesamt nicht viel zur Sache, denn der beschriebene Sachverhalt könnte in auch andernorts in Deutschland aufgefunden werden[160]) meldet bei einer medizinischen Kinderschutzambulanz (MKSA) einen Fall mit Verdacht auf sexuellen Missbrauch. Es handelt sich um ein Mädchen namens Katharina.[161] Zur Vorgeschichte wird mitgeteilt:

Die Grundschule, die das Mädchen besucht, wendet sich auf Grundlage des § 8a SGB VIII an den oben erwähnten ASD (Allgemeiner Sozialer Dienst des fraglichen Jugendamts), weil dieses Mädchen auffälliges Verhalten zeige und ihre Mitschülerinnen „sexualisiere", d. h., sie ziehe sich die Hose runter und zerre Jungen in ihrem Alter ins Gebüsch; sie erzähle, dass sie „gefickt" worden sei und auch an einem Penis „gelutscht" habe. Der ASD habe wiederum den lokalen Kinderschutzdienst des Jugendamts verständigt, der nach Rücksprache mit Katharina befunden habe, dass sie sexuell missbraucht worden sei, nachdem diese dort ihre Äußerungen wiederholt hat.

Weiter heißt es: Auf Grundlage der Aussagen des Mädchens, die es auch gegenüber einer Mitarbeiterin des Kinderschutzdienstes geäußert haben soll, wurde das Mädchen in Obhut genommen und in einem Kinderheim im Landkreis untergebracht.

Angaben über den Familienhintergrund von Katharina kann das Jugendamt spontan nicht machen, teilt aber auf Nachfrage telefonisch mit:

Die Familie sei im Jugendamt nicht bekannt. Das siebenjährige Mädchen Katharina lebe zusammen mit seinem zwölfjährigen Bruder Benedikt bei der Mutter und ihrem Mann, der nicht der Vater der Geschwisterkinder sei. Katharina und ihr älterer Bruder seien Halbgeschwister und hätten nicht denselben Vater. Das Mädchen habe Kontakt zu seinem leiblichen Vater – gemeinsam würden sie die

---

160 Die gesetzlich geforderte Einbeziehung eines Familiengerichts bei einer Inobhutnahme durch ein Jugendamt ist deutschlandweit insofern ein verbreitetes Problem, als das Gesetz nicht durchweg respektiert wird. (Quelle: Eine Fachanwältin für Familienrecht im Süden Baden-Württembergs).

161 Inzwischen ist dieser Fall zensiert publiziert, vgl. Hildenbrand 2017). Vgl. oben, Fußnote 97.

Wochenenden und die Ferien verbringen. Katharinas Vater wohne im selben Mietshaus wie seine Mutter. Ob Benedikt Kontakt zu seinem Vater hat, sei nicht bekannt. Über die Berufe der Eltern lägen keine Informationen vor, wie auch von der ASD-Mitarbeiterin über die Eltern des Mädchens keine Angaben gemacht werden können.

Eine Mitarbeiterin der MKSA fordert die ASD-Mitarbeiterin zur Vorstellung des Kindes auf und schlägt einen Termin in der MKSA vor. Das Kind solle von den Eltern sowie von der zuständigen ASD-Mitarbeiterin begleitet werden. Diese lehnt allerdings die Begleitung ab und sagt eine Vorstellung des Mädchens in Begleitung der Leiterin des Heimes zu, in welchem Katharina zurzeit untergebracht ist, ohne dass wegen dieser Maßnahme das Einverständnis der Eltern von Katharina eingeholt worden wäre, auch ein Familienrichter wurde bei der Entscheidung nicht hinzugezogen.

Verlauf der Vorstellung von Katharina: Die Heimleiterin berichtet, dass auf der Fahrt zur MKSA im Zug Katharina zum ersten Mal von einem „bösen Geheimnis" gesprochen habe, das sie erst nicht erzählen wollte. Katharina vertraute sich der Heimleiterin auf der Zugfahrt dann aber doch an und erzählte ihr, dass sie „am Penis gelutscht habe". Die Heimleiterin habe dann nicht weiter nachgefragt, weil sie in einem vollen Zugabteil saßen, und sie wollte verhindern, dass andere Fahrgäste mithören. Sie teilt des Weiteren mit, dass das Mädchen weiter in der Einrichtung betreut werden soll, angemeldet sei es in der Grundschule am Ort, in dem das Heim liegt. Ab der kommenden Woche soll Katharina dort eingeschult werden.

Der Kontakt zu den Eltern sei auf unbestimmte Zeit zu unterbinden wie auch der Kontakt zum leiblichen Vater, so die Heimleiterin, die sich auf die fallbetreuende Sozialarbeiterin beruft, weil das Mädchen erzählt haben soll, dass es mit dem Vater Pornos angesehen habe.

Medizinisches Untersuchungsergebnis: Während der Untersuchung stellt die Ärztin Fragen, die das Kind nicht beantwortet. Das Mädchen scheint der Ärztin nicht zuzuhören, denn es erzählt Geschichten aus losgelösten Kontexten. Von sexuellen Handlungen erzählt das Mädchen nichts und spricht „abfällig" über seine Mutter. Im Einzelnen sagt Katharina, sie habe ihre Mama nicht lieb, ihre Mama sei böse, sie vermisse ihre Mama nicht, die Mutter wolle ein neues Baby haben. Von hier aus kommt Katharina dann zu ihrem Geheimnis und verkündet: „Ich habe ein Geheimnis." Die Ärztin will mehr über dieses Geheimnis wissen, daraufhin kündigt Katharina an: „Ich erzähle dir jetzt einen Witz", und sie beginnt mit einer Geschichte über einen Hund, der tot sei. Fazit der Untersuchung: Es gebe keinen körperlich begründbaren Befund über einen sexuellen Missbrauch, jedoch gehe es bei Katharina möglicherweise darum, dass sie Unterstützung zur Findung eines Platzes in ihrer Familie benötige. Das ist eine die im vorliegenden Fall mutmaßliche Familiendynamik betreffende Hypothese, die an dieser Stelle nicht von den im Prinzip dafür Zuständigen (vom ASD), sondern von einer Ärztin kommt. Aufgrund dieser Vermutung schlage man eine Überweisung an eine Psychologin vor. Eine solche könne über das Heim vermittelt werden, versichert die begleitende Heimleiterin.

Eine soziologische Einschätzung des vorliegenden Falls tut hier nichts zur Sache. Mir geht es hier um die Frage, ob das beobachtete Verfahren rechtsstaatlichen Gesichtspunkten genügt. Deshalb komme ich gleich zur Würdigung des beobachteten Vorgehens im vorliegenden Fall im Licht des § 42 SGB VIII (Inobhutnahmen) und des Frankfurter Kommentars zum SGB VIII (Ausgabe 2006, S. 548-583; die durch das Kinder- und Jugendhilfe-Weiterentwicklungsgesetz von 2005 eingetretenen Änderungen sind dort bereits berücksichtigt).

Die Sachlage zusammengefasst:

- Der MKSA wird ein Fall unter dem Stichwort Kindeswohlgefährdung vorgestellt, ohne dass objektive Belege vorgelegt werden. Die gegebenen Informationen folgen dem phänomenologischen Konzept der alltagsweltlichen Appräsentation („Wo Rauch ist, ist auch Feuer"). Sie unterscheiden sich nicht von den Befunden von Lehrern. Eine sozialpädagogische Fachkompetenz ist nicht erkennbar.
- Die MKSA fordert valide Informationen ein, indem Fragen nach minimalen sozialanamnestischen Angaben gestellt werden; insofern versucht die MKSA, einen Teil der bisher bekannt gewordenen jugendamtlichen Informationsmängel zu korrigieren.
- Das fragliche Jugendamt beantwortet die Fragen der MKSA auf lückenhafte und dürftige Weise; offenbar ist dort nicht bekannt, wie eine Sozialanamnese durchgeführt wird.
- Die anstehenden sozialpädagogischen Aufgaben werden an ein Kinderheim delegiert; das weitere Prozedere wird an die MKSA verwiesen.
- Das fragliche Jugendamt skandalisiert den von der Grundschule gemeldeten Fall, ohne zur weiteren Klärung des Sachverhalts beizutragen: Das in § 42 SGB VIII sowie im Frankfurter Kommentar geforderte Prozedere bei Inobhutnahmen spielt beim Vorgehen dieses Jugendamts keine Rolle. Die Gesetzeslage wird ignoriert wie auch
- belastbare Hypothesenbildungen der MKSA, die Familiendynamik in der Herkunftsfamilie von Katharina betreffend.

Damit beende ich diese Fallvorstellung. Nun will ich die Frage abhandeln, auf wessen Seite hier der Klinische Soziologe steht. Denn man kann hier von Klinischer Sozio-

6.2 Die Frage „Auf wessen Seite stehen wir?" ist falsch gestellt

logie sprechen, da das Berichtete im Kontext eines Forschungsprojekts zum Transfer sozialwissenschaftlichen Wissens in die Praxis der Kinder- und Jugendhilfe steht.

Zunächst einmal ist festzustellen, dass hier hierarchisch Übergeordnete ein Deutungsmonopol zum Teil autoritär durchsetzen:

Die Leiterin der MKSA, die ich mit dem Gedanken konfrontierte, dass sie mit ihrer Einrichtung in der Gefahr stehe, sich zum Komplizen des Rechtsbruchs inkompetenter Jugendämter zu machen, zog mein Argument in den Kontext von „die Welt retten zu wollen".[162]

Bis auf Katharina selbst kommen hierarchisch Untergeordnete nicht vor, obwohl sie gesetzlich Anspruch auf Gehör und mehr hätten. Diese Untergeordneten sind weder organisiert, noch haben sie einen Sprecher (wir arbeiten darauf hin, nach bewährtem finnischem Vorbild, diese Situation zu ändern. Ich wage jetzt schon die Prognose, dass daran das Projekt scheitern wird, und wenn, wird es nicht an uns gelegen haben.[163]

Damit dürfte klar geworden sein, auf wessen Seite ich stehe: Ich stehe sicher nicht auf der Seite der hierarchisch Übergeordneten (also der MKSA und des Jugendamts). Ich stehe auch nicht auf der Seite von Katharina, deren Perspektive zu einer Einschätzung des Falls unter dem Aspekt des Auf-einer-Seite-Stehens nicht ausreicht. Bis zur Klärung des Falls stehe ich auf der Seite der Familie von Katharina und fordere, dass sie gehört wird, worauf sie einen rechtlichen und darüber hinaus grundgesetzlich garantierten Anspruch hat, wenn schon der Anstand nicht ausreicht, um dieser Familie respektvoll zu begegnen. Falls sich dabei herausstellen sollte, dass die Vorwürfe von Katharina stimmen und ihre Mutter von den Ereignissen gewusst, sie aber stillschweigend gebilligt hat, stehe ich natürlich auf der Seite von Katharina (ob ihr das was nützt, ist eine andere Frage, die ich hier nicht zu klären habe).

Eine Zeitlang habe ich sogar überlegt, aus diesem Vorfall eine große Sache zu machen und ihn zu skandalisieren. Davon habe ich allerdings nach einigem Überlegen Abstand genommen. Der Grund dafür ist, dass, wie erwähnt, die be-

---

162 Konkret sagte sie: „Das tut jetzt erst einmal nichts zur Sache, die Welt retten wir später."
163 Tatsächlich ist das Jugendamt, mit dem wir einen Transfer sozialwissenschaftlichen Wissens vereinbart haben, an unseren Befunden kaum interessiert, die sich in folgenden Begriffen zusammenfassen lassen: dominante Handlungsmuster dort sind: verwalten, kontrollieren, Schuld zuweisen. Man geht also eher defensiv mit Fällen um. Ein interaktiver Prozess des Austauschs über die von dem Soziologen vorgeschlagenen Konzeptbildung, wie Glaser und Strauss ihn sich vorstellen, kann so nicht zustande kommen. Auch ist das fragliche Jugendamt nicht bereit, Zeit für entsprechende Gespräche zur Verfügung zu stellen: Der Zeitrahmen von Dienstbesprechungen (alle 14 Tage zwei Stunden) muss genügen. Die Prognose ist eingetroffen, der Transfer ist gescheitert.

schriebenen Rechtsbrüche verbreitet in Jugendämtern in Deutschland vorkommen. Nur unser privilegierter Datenzugang hat es ermöglicht, das zu entdecken, was sonst sorgsam in der Kinder- und Jugendhilfe verborgen wird und erst dann zutage tritt, wenn Untersuchungsausschüsse medial skandalisierte Vorfälle (Kevin in Bremen, Lea-Sophie in Schwerin, vgl. Biesel 2011) genauer unter die Lupe nehmen. Einzelaktionen bringen den Soziologen in die Lage von Michael Kohlhaas: Wenn er von außen in einen Landkreis eindringt und dort Unruhe stiftet, werden sich die lokalen Interessengruppen sofort zusammenschließen, sodass die Kritik am Landkreis abprallt und am Ende der Soziologe als der Dumme dasteht, denen, die es angeht, allerdings auch nicht geholfen ist..

Fazit: Impulsiv sich auf eine Seite nach der Täter-Opfer-Logik zu stellen nützt nichts. Ohne den gesamten Sachverhalt zu kennen, kann der Klinische Soziologe sehr rasch ins Abseits geraten. Er sollte den Fall und die vorliegenden Perspektiven methodisch sauber rekonstruieren, bevor er sich auf jemandes Seite stellt (falls das überhaupt nötig ist und das irgendeiner Problemlösung dient).

Im vorliegenden Fall hätte es gereicht, der betroffenen Familie zu raten, sich einen Rechtsbeistand zu nehmen. Das war aber nicht möglich, weil dieser Fall uns anonymisiert zur Kenntnis gelangt ist.

Zum Abschluss dieses Kapitels komme ich noch einmal zurück auf den im Biografiekapitel (5.7) vorgestellten Fall von Sascha Kucharczyk. Als ich ihn im Gefängnis „hinter der Mauer besuchte", trat ich ihm in einer freundlich grundierten affektiv neutralen Haltung entgegen. Weder erschien er mir als Opfer, das vor der Gesellschaft geschützt werden müsse, noch als Täter, vor dem die Gesellschaft geschützt werden müsse. Für mich ist er einfach jemand, der unter schwierigen Umständen versucht hat, aus seinem Leben das Beste zu machen. Wenn er damit eher schlecht zurechtgekommen ist, ist das kein Grund, ihn geringschätzig zu behandeln (das gilt nicht nur für ihn, sondern für jedermann, der für einen Soziologen zum Fall wird). Saschas Biografie verdient meinen Respekt.

III
Der Klinische Soziologe als absurder Held

7 Der dornige Weg des Klinischen Soziologen

7.1 Ein Test auf die Tragfähigkeit meines Konzepts einer Klinischen Soziologie

Vorgeschichte: Von einer früheren Studierenden, die ich während meiner Zeit als Fachleiter für Arbeit mit psychisch Kranken und Suchtkranken an der Berufsakademie Villingen-Schwenningen kennengelernt habe und die inzwischen Personalverantwortliche an einem Berufsförderungswerk ist, erhalte ich die Anfrage, an einem von ihr gestalteten Organisationsentwicklungstag mitzuwirken. Sie würde sich ein „Impulsreferat" zum Thema „Fachliches Know-how stärken" wünschen, wobei ihr besonders daran gelegen wäre, ich würde meinen biografischen Ansatz zum Thema machen.

Zunächst kann ich mir keinen Reim darauf machen, worauf die Anfrage hinauslaufen soll, weshalb ich einen Gesprächstermin vereinbare, um Näheres über die Absichten zu erfahren und das Thema genauer auszuhandeln. Dass ich die Anfrage positiv beantworten würde, war von Anfang an klar. Ich entschied schon früh, dass ich nicht ablehnen würde, und war froh über die Gelegenheit, in Sachen Klinischer Soziologie unterwegs sein zu können. Auch aus der Verpflichtung gegenüber einer früheren Studentin heraus kam eine Absage für mich nicht infrage – vorausgesetzt, sie und ich könnten uns im Vorgespräch auf ein Konzept einigen.

Am Ende kam dann folgender Vortragstitel heraus: „Chronische Krankheit, Krise und biografische Bewältigung".[164] Zugeschnitten habe ich dieses Thema auf die Klientel eines Berufsförderungswerks, wo Berufstätige, die aufgrund von Unfall oder Krankheit ihren Beruf nicht mehr ausüben können und mit Unterstützung von Fachkräften (Ingenieure, Mediziner, Psychologen, Pädagogen, Techniker) sich

---

164 Daraus ist inzwischen ein Aufsatz entstanden, der in einem Band zu Ehren von Anselm Strauss erscheinen wird (Heike Ohlbrecht, Hrsg.): Unausgeschöpftes im Werk von Aselm Strauss und Juliet Corbin

eine neue berufliche Perspektive erarbeiten. Das Finden einer solchen Perspektive gilt dann als gelungen, wenn nach dem Aufenthalt der Klient in Arbeit vermittelt werden kann.

Letzteres ist aus soziologischer Sicht ein heikles, wenn auch aus Sicht des Kostenträgers nachvollziehbares Kriterium, aus preußischer Sicht ist es sogar ein Strukturproblem, ähnlich jenem Problem, welches die zeitliche Befristung von Behandlungsprozessen in einer psychosomatischen Klinik betrifft. Denn es könnte ja sein, dass jemand in einem solchen Rehabilitationsprozess neue Perspektiven für sich entdeckt, nach Kanada auswandert und dort Fallensteller wird. Das wäre kein zählbares Ergebnis, aus lebenspraktischer Sicht aber wohl. Wollte man als Klinischer Soziologe auf dieser Problematik herumreiten, könnte man es gleich bleiben lassen. Es gibt Grenzen für Wandel in Organisationen, mit denen sich auch der Klinische Soziologe arrangieren muss (siehe oben Diskussion Oevermann, auch Bourdieu, der solche Strukturprobleme in seinem Vortrag benennt). Jedoch kann der Klinische Soziologe auf die vorliegende Problematik hinweisen, wenn er schon nicht in der Lage ist, einen Strukturwandel zu bewirken.

Dieses Kapitel ist wie folgt aufgebaut: Übergreifendes Thema ist, was man als Klinischer Soziologe einem mit der Soziologie nicht vertrauten Publikum zumuten kann. Das Zugemutete muss strengen fachlichen Standards genügen, darf aber die Anwesenden nicht überfordern. Dementsprechend habe ich das gerade erwähnte Strukturproblem am Anfang ausgeklammert und in die Diskussion verlagert. Ich habe auch anderes ausgeklammert, das ich für die Zwecke dieses Kapitels jedoch nicht unterschlagen, sondern durch eine andere Formatierung (grau unterlegt) kenntlich machen werde. Das Etikett „dorniger Weg" verweist auf die Spannung zwischen soziologisch Zumutbarem und soziologisch zu Verschweigendem. Dornig ist dieser Weg deshalb, weil er das Publikum im Vorhinein nicht einschätzen kann und damit rechnen muss, auf Heckenschützen zu treffen, denen es wichtig ist, dem Soziologen ein Bein zu stellen. Es ist beträchtlich einfacher, als Soziologe Vorträge vor Kollegen zu halten.

7.2 Chronische Krankheit, Krise und biografische Bewältigung

Bevor ich meinen Vortrag beginnen konnte, lockerten die beiden Leiter der Einrichtung die Runde (etwa 100 Mitarbeiter waren anwesend) auf. Sie fragten, wer wie lange im Unternehmen sei, und bat alle, für die eine Zeitvorgabe (z. B. einen bis drei Monate, länger als fünf Jahre) zuträfe, sich zu erheben. Es dauerte nicht lange, dann verbreitete sich heitere Stimmung im Saal, und schon befand ich mich als Soziologe wieder in der Situation des „marginal man".[165] Dann aber wurde nach der Zugehörigkeit zu Berufsgruppen gefragt. Es zeigte sich, dass die Berufsgruppenzugehörigen in Clustern zusammensaßen.

Diese Beobachtung bot für meinen Vortrag einen entscheidenden Hinweis. Denn ich wollte darauf aufmerksam machen, dass jeder Rehabilitationsprozess Interdisziplinarität fordere. Wenn aber die Berufsgruppen sich nicht mischen, stehen die Zeichen für Interdisziplinarität schlecht. Ich komme nun zu meinem Vortrag:

Zunächst soll es um die „Hauptarbeitslinien bei der Bewältigung einer chronischen Erkrankung" sensu Corbin und Strauss gehen, also um die Ausgangsbedingungen, mit denen die Fachleute an dieser Institution konfrontiert sind. Dann soll der Prozess der Krankheitsbewältigung selbst zum Thema werden. Dem folgen Fallbeispiele und ein Fazit, um abschließend die Frage aufzuwerfen: „Wie kann man die Hauptarbeitslinien der Krankheitsbewältigung in den Alltag einer Rehabilitationseinrichtung integrieren?"[166]

„Chronisch" bedeutet, dass es sich bei der Krankheitsbewältigung um *„Arbeit und Mühe ohne Ende"* handelt. Krankheit wird behandelt als eine kritische Lebenssituation welche einen

- *biografischen* Bruch herbeiführt, indem
- *Routineannahmen und Routinepraktiken* nicht mehr gelten,
- das *Ich* infrage gestellt ist und
- *Ressourcen* mobilisiert werden müssen.

Hinsichtlich der Frage, welcher Arbeitsbegriff diesen Überlegungen zugrunde liegt, unterscheiden die Autoren zwischen „welche Arten von Arbeit mit welchen Arten von Berufen verbunden sind und welche Unterschiede die Arbeit im Hinblick auf

---

165 Das ist ungefähr so, wie wenn man irgendwo eingeladen wird, und man trifft die wartende Gruppe im Stuhlkreis sitzend an. Umgekehrt geht es bei Soziologen zu: Wünscht man dort eine Flipchart, um einen Zusammenhang zu skizzieren, gilt dies als zu viel Konkretion, und der ältere der anwesenden Kollegen entgeht knapp einem Herzanfall (ich übertreibe).

166 Ich beziehe mich auf das Werk von Juliet Corbin und Anselm Strauss, „Unending Work and Care – Managing Chronic Illness at Home", erschienen 1988. Eine erste deutsche Ausgabe erschien 1993 im Verlag Piper, allerdings war sie gekürzt um den theoretischen Teil, denn dieses Buch sollte nach Maßgabe des damaligen Verlagsleiters „gebildete Laien" als Leser ansprechen. Später entschied sich der Verlag Hans Huber, Bern, eine vollständige Ausgabe mit dem Titel „Weiterleben lernen. Verlauf und Bewältigung chronischer Krankheit" (2. Aufl. 2004, 3. Aufl. 2010, übs. von Astrid Hildenbrand) zu veröffentlichen.

die Vorgänge zwischen den Vertretern desselben Berufs bzw. unterschiedlicher Berufe hervorbringt" (Corbin und Straus 2010, S. 24f.).

Das ist typisch Strauss. Auf Fragen der Definition des Arbeitsbegriffs geht er nicht ein. In einer Diskussion mit Kollegen in Europa müsste er sich gefasst machen auf die Frage, ob er sich bei seinem Arbeitsbegriff auf den frühen Marx oder auf den späten Marx beziehe. Strauss lässt erkennen, dass derlei Fragen bei der Erörterung eines materialen Themas nur aufhalten, weshalb er ohne Scheu von „Gefühlsarbeit" bzw. „Biografiearbeit" spricht. Preußen sind von einer solchen Haltung nur begrenzt amüsiert.

Ich fahre fort mit der Erläuterung der von Strauss verwendeten Begrifflichkeit: *Bruch von Routineannahmen und Routinepraktiken.* Man könnte sich hier mit dem Begriff der *habits* (Charles Sanders Peirce, William James) behelfen, um in Strauss' eigenem Paradigma zu bleiben, ich aber ziehe die Behandlung dieses Themas in der an der Phänomenologie orientierten Soziologie von Alfred Schütz vor. Mit Schütz in Anlehnung an Husserl kann man davon ausgehen, dass mit dem Einbruch einer chronischen Krankheit die „Generalthesen der natürlichen Einstellung" nicht mehr greifen, einschließlich der Idealisierung des „und so weiter" und des „ich kann immer wieder" (Schütz 1972, S. 269).[167]

Krise, kritische Lebenssituation. Die Preußen warten an dieser Stelle gerne auf mit Krisentypen, gerne auch Prototypen (Garz und Raven Kap. 2.3; Oevermann 2005) auf, während der Däne Viktor von Weizsäcker folgende leicht fassliche Definition gefunden hat:

„Denn das in der Krise befindliche Wesen ist aktuell nichts und potentiell alles" (1973, S. 269f.).

Nichts ist der Mensch wegen der oben beschriebenen verlorengegangenen natürlichen Einstellung. *Alles* ist er wegen des vor ihm stehenden Raums problematischer Möglichkeiten [auch hier hilft Husserl weiter: Er schreibt von „offenen" und „problematischen" Möglichkeiten (Schütz 1971, S. 91 ff.)]. Problematische Möglichkeiten sind solche, für die etwas spricht, auf sie kommt es an, während offene Möglichkeiten sich auf zukünftige Erwartungen beziehen, die definitionsgemäß völlig offen sind.

---

167 Ich verzichte darauf, meine eigene Situation als linksseitig Gelähmter nach Schlaganfall hier auszubreiten, lege aber Wert auf die Feststellung, dass bei der Reflexion Erfahrung, auch am eigenen Leib, hilft, solange sie mit dem nötigen Abstand reflektiert ist. Strauss hat, wenn es um Herzinfarkt ging, einen „Professor Einschtein" erwähnt und damit sich selbst gemeint.

Das Ich. Das zugrundeliegende Konzept von Ich oder Identität ist hier das des Symbolischen Interaktionismus, im Zentrum stehen also Interaktion, Spiegelungsprozesse im Anderen, Perspektivenübernahmen (Strauss 1968; Krappmann 1973). Dies alles geht dem Klinischen Soziologen durch den Kopf, wenn er diese Themen ausführt bzw. diese Begriffe anspricht. Ob er sein wissenschaftliches Schatzkästlein nun auspackt, hängt von der Situation ab, und falls er zu einem Exkurs über Erving Goffman, der auch in diese Reihe gehört, anhebt, muss er diesen Übergang entsprechend rahmen, und er muss sich ständig versichern, dass er im Lauf seines Exkurses nicht das Publikum verliert.[168]

Krankheitsbewältigung als Zustand und als Arbeit (Prozess): Mit dem Zustand sind zunächst einmal nur die Aufgaben genannt, also die Hauptarbeitslinien, zu denen gehören: Krankheit/Alltag/Biografie. Diesen können Berufsgruppen zugeordnet werden: Die Arbeitslinie Krankheit gehört zur Medizin, die des Alltags zur Sozialarbeit bzw. Sozialpädagogik, die der Biografie zur Psychologie. Ich kann mir gut vorstellen, dass angesichts der wachsenden Vermischung von Disziplingrenzen über diese Zuordnung schnell Streit entstehen kann, aber es kommt mir hier nicht darauf an, in einen solchen Streit einzutreten. Manche sind sogar der Ansicht, dass Sozialarbeiter nicht unbedingt alltagstauglich sind. Deshalb habe ich in Korbach für das tagesstrukturierende Programm eine Heilpädagogin eingestellt, eingedenk des damals schon kursierenden Witzes: „Fragt einer einen Sozialarbeiter: Wo geht es zum Bahnhof? Dieser antwortet: Das weiß ich nicht, aber gut, dass wir darüber geredet haben."

Soweit zum Thema Krankheitsbewältigung, insofern der *Zustand*, also die Ausgangslage betroffen ist. Nun komme ich zur Krankheitsbewältigung als *Prozess*.

Für den Symbolischen Interaktionisten ist alles Prozess. Dieser Prozesscharakter alltäglichen Handelns findet im Ansatz von Corbin und Strauss seinen Begriff in dem des *Trajekts* oder auch der *Verlaufskurve*. Bevor ich allerdings dazu komme, möchte ich mich auf ein Konzept beziehen, das der Mediziner Frederic E. Flach 1997 vorgelegt hat. Er bedient sich des damals gerade populär werdenden Konzepts der Resilienz.

---

168 Meine Zürcher Kollegin Rosmarie Welter-Enderlin erlebte derlei öfters bei mir, jedenfalls in den Anfangsjahren. Sie nannte das „seine Bildung amortisieren". Später ist es mir gelungen, meine wissenschaftliche Schatzkiste situativ angemessen geschlossen zu halten.

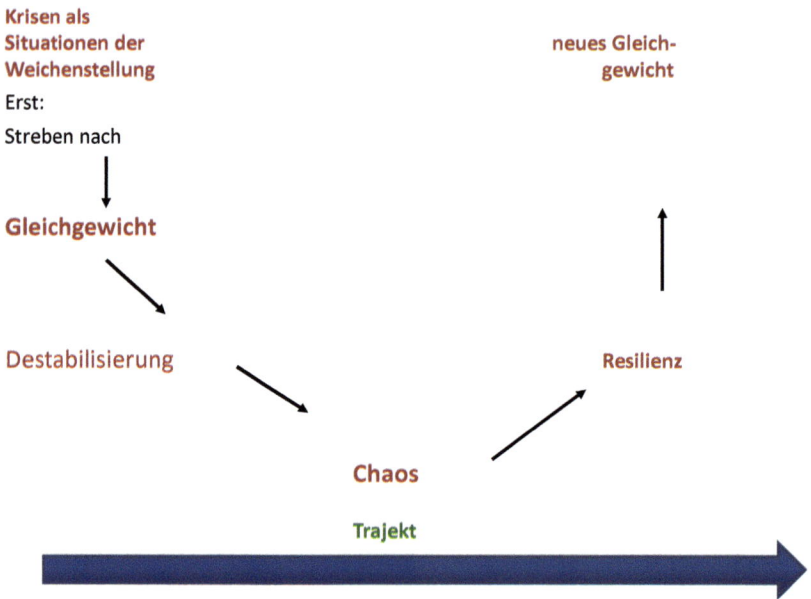

Abb. 3 Krankheitsbewältigung als Prozess (erweitert von Bruno Hildenbrand in Anlehnung an Flach (1997, 2004) S. 22f.)

Flach ist Mediziner, sozialwissenschaftliche Forschungen nimmt er nicht zur Kenntnis. Er zieht es vor, die Welt neu zu erfinden: Le roi règne par lui-même.

Wenn es um Resilienz geht, findet man bei Ingenieuren, Technikern usw. leichten Zugang. Resilienz ist ein Begriff der Materialforschung und bezeichnet dort die Fähigkeit eines Materials, nach Belastung zum ursprünglichen Zustand zurückzukehren. Im Bereich der Sozialwissenschaften meint Resilienz „Gedeihen trotz widriger Umstände" (Welter-Enderlin und Hildenbrand 2016). Soziologen haben meines Wissens bisher das Resilienzkonzept noch nicht zur Kenntnis genommen, das hängt wohl zusammen mit der von mir weiter oben konstatierten Opferorientierung der Soziologie (6.1), die im Resilienzkonzept keine Rolle spielt. Dort geht es eher um die Frage, wie Individuen, die widrige Umstände durchleben mussten, daran nicht zerbrochen sind, sondern Möglichkeiten der Bewältigung gefunden haben, die sie auch später bei neuen Krisen, nutzen konnten.

Flach skizziert mit seinem Schema zwar einen Verlauf, schenkt aber den Prozesscharakter und der Prozessdynamik dieses Verlaufs keine Beachtung. Corbin und Strauss (2010) handeln dieses Thema unter dem Aspekt des *Trajekts* (auch *Verlaufskurve*) ab:

> „Obwohl ein Zukunftsbild vom Krankheitsverlauf und seinen Auswirkungen entworfen werden kann und wird, ist die endgültige Form einer Verlaufskurve wegen der möglichen Schicksalswendungen und Unwägbarkeiten erst am Ende eines Menschenlebens erkennbar. Trotzdem können wir im theoretischen Sinn auf die Entwicklung einer Verlaufskurve zurückblicken und deren Form bis zum gegenwärtigen Augenblick verfolgen" (Corbin und Strauss 2010, S. 56, Hervorhebung von mir, B. H.).

Das heißt auch, dass keine lineare Beziehung besteht zwischen den Entscheidungen, die am Beginn eines Krankheitsverlaufsprozesses getroffen werden, und dem Ende dieses Prozesses. Das hängt damit zusammen, dass die Zukunft nicht vorhergesagt werden kann.

Ich komme nun zu fünf Beispielen:

Fall 1: die Familie Mailänder

Frau Mailänder war eine der ersten Patientinnen, die mir als Mitarbeiter der offenen Akutstation der psychiatrischen Klinik der Philipps-Universität Marburg anvertraut wurden. Sie hatte zu diesem Zeitpunkt eine lange Odyssee stationärer psychiatrischer Behandlungen hinter sich, zuletzt war sie für mehrere Monate Patientin an einem psychiatrischen Krankenhaus in ihrer Heimat. In dieser Situation, in der sich die Psychiatrie am Ende ihrer Weisheit wähnte und alle Möglichkeiten einer psychopharmakologischen Behandlung offenbar ausgeschöpft waren, konnte man den Soziologen auf die Probe stellen. Meinem Können als Anfänger gemäß versuchte ich zunächst, mit dieser Frau ins Gespräch zu kommen. Also bat ich sie, mir ihre Lebens- und Familiengeschichte zu erzählen (im Hintergrund dieser Vorgehensweise stand, durchdacht oder nicht, Viktor Emil von Gebsattels Diktum, dass Krankheiten auf eine „Stagnation des Werdens" (1963) hinweisen. Fragt man biografisch, wird man schon zu der Stelle gelangen, an der das Werden stagniert.)

Das klingt simpel, führte aber zügig zum gewünschten Erfolg. Frau Mailänder begann, von ihrer kleinen Familie zu erzählen (von Beruf war sie Kindergärtnerin in leitender Position), von schönen Campingurlauben, von der Tätigkeit ihres Mannes als Wissenschaftler, auch von ihrem gemeinsamen fünfjährigen Sohn. Dann aber trübte sich ihre Stimmung ein: Ihr Mann verhalte sich in der letzten Zeit merkwürdig, trage seidene Unterwäsche, sei abends oft lange weg. Direkt gefragt, stimmte sie meiner Einschätzung zu, dass ihr Mann möglicherweise schwul sei (das war damals, 1979, noch ein Tabuthema. Auf einen schwulen Außenminister und auf einen solchermaßen orientierten Hauptstadtbürgermeister musste das Land noch eine Weile warten). Im weiteren Verlauf des Gesprächs wurde deutlich, dass der gesamte Lebensentwurf dieser Frau mit ihrer Erkenntnis von der sexuellen Orientierung ihres Mannes zusammengebrochen war und sie vor den Scherben ihrer Existenz stand.[169] Der Versuch, ihr labiles Gleichgewicht aufrechtzuerhalten, war schiefgegangen, jetzt war sie in der Phase der Destabilisierung ihrer Biografie, die sich im vorliegenden Fall in einer Regression in der Depression zeigte.

Als nächstes schlug ich der Patientin vor, unverzüglich ihren Mann zu einem Paargespräch einzuladen. Herr Mailänder sagte problemlos zu. Im Gespräch verstanden wir uns gut, da wir gleich zu Beginn einen guten Anknüpfungspunkt fanden, der mit seiner wissenschaftlichen Tätigkeit zu tun hatte.[170] Die aktuelle Situation der Außenorientierung von Herrn Mailänder – behutsam, denn es stand mir nicht zu, ein coming-out herbeizuzwingen - wurde zur Sprache gebracht, offenbar zum ersten Mal. Ich lenkte das Gespräch dann *nicht* in die Richtung, dass unverzüglich über Konsequenzen aus dieser Offenbarung gesprochen werden müsste. Stattdessen war ich der Ansicht, der Prozess sei nun angeschoben, für alles Weitere würden die beiden Eheleute schon selbst sorgen.

Später berichtete Frau Mailänder im Einzelgespräch, dass ihr Mann manchmal gemeinsam mit ihrem Sohn bade und dass sie die Sorge habe, es könne zu einem Übergriff kommen. An dieser Stelle war mir wichtig, den unterstellten Zusammenhang von gleichgeschlechtlicher Orientierung und Pädophilie als Fantasie zu deklarieren. Es wäre dem bevorstehenden Trennungsprozess sicher nicht förderlich, sie würde auf bloßen Verdacht ihrem Mann eine Straftat unterstellen. Dieses Thema verschwand dann auch aus den Gesprächen.

Bald danach konnten wir die Entlassung von Frau Mailänder ins Auge fassen. Vorher aber bot ich ihr an, mit ihr und ihren Kolleginnen ihre Rückkehr

---

169 Die Diagnose beim Eintritt der Patientin in die Klinik lautete „Depression". Heute würde man ihren Zustand vermutlich als „Burn-out" einschätzen und den Fokus der Behandlung auf ihre Situation am Arbeitsplatz, wo vermutlich Arbeitsüberlastung, eine zunehmende Zahl von Kindern mit ADHS und dergleichen, unkooperative Eltern nicht zu vergessen, als Laienerklärung für die bedauernswerte Situation der Patientin herangezogen würden. Damit befände man sich aber vollständig auf dem falschen Gleis.

170 Ich betone dies, weil ich zu diesem Zeitpunkt schon 14 Tage lang mit Frau Mailänder gearbeitet hatte und Herr Mailänder möglicherweise die Ansicht entwickelt hatte, ich stünde auf ihrer Seite und er müsse im Gespräch auf der Bank des Angeklagten Platz nehmen.

7.2 Chronische Krankheit, Krise und biografische Bewältigung

an ihre frühere Arbeitsstelle und in die Leitungsfunktion zu besprechen. Auch dort zeigten sich keine unüberwindlichen Hindernisse, und damit konnte ein Ende des stationären Aufenthalts geplant werden. In den folgenden vier Jahren hatte Frau Mailänder keinen Kontakt mehr zur Klinik, eine Katamnese zum Zweck dieser Falldarstellung verlief ergebnislos (offenbar haben die Eheleute Mailänder in den letzten Jahrzehnten die Stadt verlassen).

Zurück zu Corbin und Strauss: Bezogen auf die Hauptarbeitslinien der Krankheitsbewältigung zeigt sich Folgendes: Körpermedizinische Symptome lagen nicht vor, weshalb es diesbezüglich auch nichts zu bewältigen gab. In Bezug auf den Alltag stand vor Frau Mailänder die Aufgabe, sich auf ein Leben als alleinerziehende Mutter einzurichten, biografisch hieß das, bisherige Lebensentwürfe zu verabschieden und auf neue hinzuarbeiten. Da ich Frau Mailänder aus den Augen verloren habe, kann ich über den gesamten Prozess der Krankheitsbewältigung bis zu seinem Abschluss nichts aussagen.

Einige Wochen nach der Entlassung erhielt ich einen Brief von der Mutter der Patientin, in welchem sie mir überschwänglich für meine Hilfe dankte. Wir hätten ihrer Tochter geholfen, einen langen Krankheitsprozess zum Abschluss zu bringen.

Diese Falldarstellung zeigt, dass der vorliegende Fall über nicht wenige Resilienzquellen verfügen konnte, die den Verlauf begünstigten. Dazu zähle ich: Kommunikationsbereitschaft des Ehepaars Mailänder, Bereitschaft, gemeinsam schwierige Themen anzusprechen, unterstützungsbereite Kolleginnen am Arbeitsplatz, um die wichtigsten zu nennen.

Dieser im Ganzen unspektakuläre Fall diente mir im Rahmen dieses Vortrags dazu, auf die Bedeutung der biografieorientierten Arbeit in einem Berufsförderungswerk hinzuweisen. Ich bin nach wie vor davon überzeugt, dass die Frage nach der biografischen Situation, in welcher sich die Patientin beim Eintritt in das Krankenhaus befand, der entscheidende Auslöser für eine Wende in einem bis dahin unglücklich verlaufenden Therapieprozess war.

Fall 2: der afrikanische Schutzengel[171]

Der folgende Fallverlauf wartet gleich mit zwei Vorzügen auf: Zum einen gibt er Gelegenheit, einen kompletten Resilienzverlauf zu verfolgen, zum anderen ist er als Film jedermann zugänglich. Es handelt sich um den sehr erfolgreichen Film „Ziemlich beste Freunde", der im französischen Originaltitel *Les Intouchables* (*Die Unberührbaren*) heißt.

Es geht um eine wahre Geschichte, in der zwei Personen die Hauptrolle spielen: Abdel Sellou, ein Algerier, und Philippe Pozzo di Borgo, geboren in Tunesien. Sellou wird im Film von einem Schwarzafrikaner verkörpert. Vielleicht hat der Regisseur einem Nordafrikaner nicht zugetraut, glaubwürdig Lebensfreude zu verkörpern, die man eher in Schwarzafrika vermutet. Pozzo gehört der französischen Oberschicht an, war früher Geschäftsführer eines namhaften Getränkeherstellers (Hennessey). Seit einem Sportunfall ist er vom Hals abwärts gelähmt.

Die beiden begegnen sich, als für Pozzo ein neuer Pfleger gesucht wird. Seit dem Unfall von Pozzo hat sich um ihn herum ein rigides System der Pflege entwickelt, welches einen strikt einzuhaltenden Tagesablauf vorsieht und bei welchem die Belange nur einer Hauptarbeitslinie der Krankheitsbewältigung, nämlich der medizinischen, im Vordergrund stehen.

Beziehen wir uns auf den von Flach vorgeschlagenen Zyklus, ist bis hierher die linke Seite des Diagramms bereits abgearbeitet und Pozzo befindet sich in der Phase des Chaos. Im vorliegenden Fall ist das Chaos eine eingefrorene Situation, in der sich nichts mehr bewegt – bis eben Sellou auf die Bildfläche tritt. Sellou, gerade aus dem Gefängnis entlassen, bewirbt sich auf die ausgeschriebene Stelle als Pfleger. Ernsthaft interessiert ist er daran nicht, es geht nur darum, das Arbeitsamt davon zu überzeugen, dass er sich um Arbeit bemüht hat, um weiterhin Arbeitslosenunterstützung zu erhalten.

Pozzo findet an dem unbotmäßig und lässig auftretenden Sellou Gefallen und bestellt ihn ein zweites Mal ein, um ihm zu verkünden, dass er die Arbeitsstelle erhalten wird. Das ist Sellou zunächst einigermaßen unangenehm, aber er richtet sich ein. Unverzüglich bringt er das von einigen strengen Damen, die um Pozzo herumschwirren, sorgfältig ausgeklügelte Pflegesystem durcheinander. Eine dieser Damen versucht er auch anzubaggern. Sie lässt ihn eine Weile zappeln, um ihm dann zu offenbaren, dass sie sich bereits in einer Paarbeziehung befinde, und zwar in einer gleichgeschlechtlichen. Das ist ein schwerer Schlag für Sellou. In einer

---

171 Mir ist schon klar, dass „Schutzengel" keine soziologische Kategorie ist, allenfalls ein „in-vivo-Konzept" (Strauss). Aber jedermann wird wissen, was damit gemeint ist.

Schlüsselszene, die gleich am Beginn des Films zu sehen ist, erweckt Sellou im Hof der Pariser Stadtvilla, in der Pozzo lebt, einen unter einer Plane vor sich hin gammelnden Maserati zum Leben. Gemeinsam mit seinem neuen Arbeitgeber durcheilt er die Stadt Paris unter Missachtung sämtlicher Verkehrsregeln, was sofort die Aufmerksamkeit der Polizei auf sie zieht. Sellou gibt der Polizeistreife an, sein Arbeitgeber befinde sich gerade in einem kritischen Zustand, er müsse unverzüglich ins Hospital gebracht werden, Pozzo spielt mit, mimt den Sterbenden und verscheucht so die Polizei. Diese Szene ist die Ouvertüre zu einigen weiteren Unkonventionalitäten, mit denen Sellou das eingefrorene Pflegesystem aufweicht: Er unternimmt mit Pozzo einen Bordellbesuch, erfährt dabei, wie ein Querschnittgelähmter sexuell stimulierbar ist, und beschafft ihm des Nachts in einer Situation unerträglicher Schmerzen Marihuana. Pozzo seinerseits ist auch nicht faul: In einer Nacht-und-Nebel-Aktion entführt er seinen Pfleger nach Savoyen, um mit ihm Gleitschirmfliegen im Tandem zu veranstalten. Sellou hat eine Heidenangst, Pozzo ist über die Maßen glücklich, und aufgrund dieser Aktion befinden sich nun beide in einer Beziehung Ebenbürtiger.

Die bisherigen Bewältigungsversuche bis zum Auftreten von Sellou sind dadurch gekennzeichnet, den *status quo* durch sorgsam austarierte medizinische Interventionen zu sichern. Das führt dazu, dass weder die Schmerzen des Patienten gelindert noch Entwicklungen möglich werden: Die Situation ist, wie erwähnt, eingefroren. Die Hauptarbeitslinien Alltag und Biografie spielen bis hierhin keine Rolle. Als jedoch Sellou auf den Plan tritt, taut diese Situation allmählich auf, und ein Wandel tritt ein im Rahmen der erwähnten kleinen Fluchten (Autofahrt, Prostituierte, Kiffen, Gleitschirmfliegen).

Exkurs zum Thema Wandel:

Im Handbuch für Klinische Soziologie wird dem Thema Wandel breiter Raum gewidmet. Ich will mich diesbezüglich hier kurz fassen und lediglich berichten, dass die landläufige Annahme, dass Wandel sich ereignet, wie der Blitz einschlägt (Daniel Stern, The Present Moment, 2004), und dass man nur den rechten Zeitpunkt abwarten muss, um den Wandel seine Chance zu geben (Kairos), naiv ist.

In der Zusammenarbeit mit einer Klinik für Drogenabhängige mit Psychosenerkrankung (im Zusammenhang mit Sascha Kucharczyk bereits erwähnt) über mehr als 20 Jahre haben wir feststellen können, dass Wandel sich ereignet über die Anhäufung vieler kleiner Ereignisse über lange Zeit, die sich immer wieder wiederholen. Diese Erfahrung wird auch von der Klinik La Borde (Jean Oury 1986) bestätigt. Diese Beobachtung widerspricht nicht der Annahme, dass

> die Krise ein zentraler Generator von Wandel ist (Viktor von Weizsäcker 1973, S. 249ff.), auch nicht, dass die Krise die Chance der Erwachsenenbildung ist (Martin Buber 1934). Der Soziologe kann daraus die Lehre ziehen, dass, wenn es um individuellen Wandel geht, ein kontinuierlich krisenerzeugender Rahmen um das Individuum herum dem Wandel förderlich ist. Mit Anselm Strauss können wir auch feststellen, dass dabei ein ständiger Wechsel der Bezugsgruppen unabdingbar ist (Strauss 1968, Kap. V).

Ich fahre fort mit der Falldarstellung von Sellou und Pozzo. Sellous Ausbrüche aus dem starren Behandlungsregime bricht, wie erwähnt, eine eingefrorene Entwicklung auf. Die Verlaufskurve, die nach dem Unfall zunächst direkt nach unten gezeigt hat, kann nun die Richtung ändern, und zwar nach oben.

Die Arbeitslinie der Medizin tritt in ihrer Bedeutung zurück, der Alltag und die Biografiearbeit erhalten ihr Recht zurück. Über einige Schritte, die im Film nicht gezeigt werden, kommt es zu einem neuen Gleichgewicht, das wir nur vermuten können. Ob dieses neue Gleichgewicht dem Kranken nun ein höheres oder niedrigeres Niveau an Lebensqualität vermittelt, kann nur dieser selbst entscheiden. Pozzo selbst spricht in einem Interview mit der ZEIT davon, dass er zwei Leben gehabt habe, und lässt durchblicken, sein zweites, also jetziges Leben sei das bessere.

Über Pozzos Situation heute berichtet Sellou der *Wiener Zeitung* am 11.1.2013:

> „Manchmal denke ich, ich bin der Behinderte, weil er, im Gegensatz zu mir, ständig auf Achse ist. Früher scherzte ich: Tetraplegiker bewegen sich nicht, sie bleiben dort, wo man sie stehen lässt. Aber jetzt ist er es, der sich bewegt, während ich gar nicht mehr vom Fleck komme (…) Er ist sehr aktiv, vor allem auf europäischer Ebene."

Dem Außenstehenden bleibt die Einschätzung, dass das Gleichgewicht, das sich in diesem Resilienzprozess zeigt, ein anderes ist als das, welches das Leben von Philippe Pozzo vor seinem Unfall zeigte. Es ist nicht ein neues, sondern ein anderes Gleichgewicht.

Ein Gleichgewicht jedoch, welches, folgen wir George Herbert Mead, sicher mit dem früheren Leben des Philippe Pozzo in einer Verbindung steht: Mead schreibt:

> „Das Neue folgt – wenn es in Erscheinung tritt – immer aus der Vergangenheit, doch bevor es auftritt, folgt es per definitionem nicht aus der Vergangenheit" (Mead 1969, S. 230).

In Bezug auf die konditionelle Matrix vermittelt dieser Fallverlauf interessante Erkenntnisse: Eine gute materielle Ausstattung muss nicht förderlich für den

Verlauf einer Krankheitsbewältigung sein, sondern kann diesen sogar behindern. Soziologen, die notorisch opferorientiert sind und in der Armut die Quelle allen Unheils entdecken, können aus dieser Beobachtung etwas lernen, sofern sie sie nicht als Einzelfall abtun.

Der Film endet damit, dass Sellou in eine bestehende, platonische Liebesbeziehung zwischen Pozzo und einer Dame aus Belgien eingreift, die über Jahre nur als Brieffreundschaft bestanden hat. Eigenmächtig lädt Sellou diese Dame ans Meer ein und arrangiert ein Treffen. Damit endet dieser Film, und es bleibt offen bis auf ein paar Anmerkungen am Schluss, was aus der Sache wird.

Im wirklichen Leben heiratet Pozzo und lebt mit seiner Familie im Königreich Marokko an einem bekannten Ferienort, das Paar hat zwei Kinder. Die abstrakte Helfergemeinschaft wurde nun abgelöst durch die Solidargemeinschaft einer Paar- und Familienbeziehung. Sellou ist zurückgegangen in sein Heimatland, nach Algerien, und betreibt dort eine Geflügelfarm in Massentierhaltung, was ihm im Gespräch mit der europäischen Journalistin peinlich ist.

Fall 3: der Querschnittgelähmte als Selfmademan

Die Behinderung, um die es hier geht, ist identisch mit der des Philippe Pozzo, ansonsten geht es um einen maximalen Kontrast. Pozzo stammt aus dem Pariser Großbürgertum und wurde umgeben von einem Schwarm von Helferinnen, Willy ist ein mittlerer Unternehmer, und wie Philippe hat er einen kompletten Resilienzverlauf hinter sich gebracht.

Hier die Geschichte: Ich entnehme sie der in Frankreichs Süden weit verbreiteten Tageszeitung *Midi Libre*, Lokalredaktion Montpellier. Dort erschien im Frühjahr 2016, als der von Willy mit einem Bootsbauer entworfene Katamaran in Gebrauch genommen wurde und Willy im Begriff stand, mit seiner Ehefrau zu einem Segeltörn nach Polynesien aufzubrechen, ein Artikel über ihn.

Die Vorgeschichte: Aufgewachsen ist Willy in einem kleinen Fischerort am Mittelmeer, Le Grau du Roi, seit den 1970er Jahren eine touristische Retortenstadt. Schon als Kind segelte er. Als Erwachsener führte er eine Schreinerei und eine Spiegelfabrik, vor einigen Jahren jedoch erlitt er eine Querschnittslähmung und sitzt seither im Rollstuhl. Im Unterschied zu Philippe kann er seine Arme gebrauchen. In den Jahren, die der Querschnittslähmung folgen, versucht Willy mit aller Gewalt, in seinem aktuellen Zustand zu segeln und sein Boot entsprechend umzurüsten, muss sich aber nach erfolglosen Jahrzehnten sein Scheitern eingestehen. Zu diesem Zeitpunkt schlägt ihm ein Freund und Bootsbauer vor, einen Katamaran auf Willys Bedürfnisse hin zu entwerfen. Das gelingt nach einiger Zeit, und zusammen mit seiner Ehefrau konnte Willy seinen Traum verwirklichen, nach Polynesien zu segeln.

In Bezug auf den Resilienzverlauf zeigt dieser Fall Folgendes: Auf der Strecke zwischen Unfall und Chaos versucht Willy, den *status quo* wiederherzustellen, agiert verbissen und scheitert. Dann lässt er zunächst die Sache auf sich beruhen, bis wie bei Philippe Pozzo jemand auf die Szene tritt, der in der Lage ist, die Stagnation der Verlaufskurve aufzuweichen und ihr eine andere Richtung zu geben. Aus Willys Sicht zeigt diese Richtung nach oben.

Im Zentrum der Hauptarbeitslinien stehen bei diesem Fall Alltag und Biografie. Willys Biografie ist um das Segeln herum organisiert, der Alltag davon bestimmt. Es gelingt ihm, die Frage der medizinischen Hauptarbeitslinie diesen Belangen unterzuordnen. Und er hat ein Umfeld, das ihn dabei unterstützt.

Bezogen auf die konditionelle Matrix stelle ich mir Folgendes vor: Willy wird im Artikel des *Midi Libre* präsentiert als selbstständiger Unternehmer, der eine Schreinerei und eine Spiegelfabrik betreibt. Diese beiden Daten, erweitert um ein drittes, seinen Vornamen, ermöglichen es, folgende Geschichte zu konstruieren, zu deren Überprüfung mir die Daten fehlen: Willy hat die Schreinerei von seinem Vater übernommen, der offensichtlich ein unkonventioneller Mensch war, denn anstatt seinen Sohn Guillaume zu nennen, wählt er den deutschen Vornamen Willy. Das ist die Kurzform von Wilhelm. Wilhelm II. war der letzte deutsche Kaiser und König von Preußen und dankte ab, nachdem Deutschland im Ersten Weltkrieg kapituliert hatte. Im Unterschied zum Zweiten Weltkrieg ist der Erste Weltkrieg in Frankreich im kollektiven Gedächtnis immer noch dominant präsent, er heißt La Grande Guerre, und überall in Frankreich kann man in jedem Dorf einen Platz entdecken, in dessen Mitte ein Denkmal steht, auf dem alle Söhne des Dorfs, die im Großen Krieg gefallen sind, namentlich erwähnt werden. Am 8. Mai (Tag der Befreiung nach dem Zweiten Weltkrieg) findet dort die traditionelle Parade statt. Wenn also ein Vater seinen Sohn nach dem (im damaligen Verständnis) Erbfeind benennt, dann verhält er sich schon deutlich seiner Umgebung gegenüber unkonventionell und vermittelt an seinen Sohn die Botschaft, ebenso unkonventionell sein Leben zu organisieren. Mit dieser Deutung wundert uns das Folgende überhaupt nicht mehr: Angenommen, Willy hat seine Schreinerei vom Vater übernommen und betreibt diese in der nun vierten Generation, dann bleibt er nicht bei diesem traditionellen Lebensentwurf, sondern er betätigt sich auch als Fabrikant in einem Erwerbszweig, der nicht zwingend aus dem Geschäftsbetrieb einer Schreinerei hervorgeht: Er stellt Spiegel her. Willy erscheint damit als jemand, der Vorgegebenes nicht einfach übernimmt, sondern aktiv gestaltet.

Mit diesem Habitus hat er es auf der Strecke der Wiederherstellung des *status quo* zunächst übertrieben. Jedoch war er in der Lage, damit abzuschließen und die Dinge sich entwickeln zu lassen. Diese Chance hatte Philippe Pozzo erst einmal nicht. Er benötigte einen Schutzengel, der ihn aus den Klauen seiner Klasse befreite. Willy seinerseits versuchte zunächst einmal, wie ein wahrer Selfmademan, sich selbst zu helfen, und verließ sich auf einen Schutzengel, nachdem dieser sich in einer Situation des Scheiterns anbot. Das war nach Lage der Dinge der Bootsbauer.

Fall 4: noch ein Schutzengel

Im Vortrag verwendete ich dann noch ein anderes Fallbeispiel. Es handelt von Jean-Dominique Bauby, ehemals Redakteur der Frauenzeitschrift Elle, der nach einem Hirnschlag an einem Locked-in-Syndrom litt. Das ist ein Zustand, bei dem sich der Patient in seinen Körper eingezwängt fühlt wie in einem Taucheranzug. Jedoch ist sein Kopf lebendig, die Gedanken fliegen wie Schmetterlinge. Daher auch der Titel seines Buchs und des dazugehörenden Films: „Schmetterling und Taucherglocke".

Auch Bauby hatte einen Schutzengel, und zwar in Gestalt einer Logopädin, die seinen Zustand erkannte und ihm vorschlug, ihm anhand einer von ihr selbst verfertigten Schrifttafel einen Text zu diktieren. Sie zeigte mit einem Stift auf einen Buchstaben, und über Augenzwinkern waren mit Bauby Zeichen vereinbart, ob dieser Buchstaben übernommen werden sollte. Daraus entstand das erwähnte Buch mit einem Umfang von knapp 130 Seiten. Wenige Tage nach dessen Veröffentlichung verstarb Bauby.

Bezogen auf den Resilienzverlauf schließt der Autor mit seiner schier übermenschlichen Aktion an seine früheren Aktivitäten an und strebt so nach der Wiederherstellung eines verloren gegangenen Gleichgewichts. Weil er nach der Vollendung seiner Leistung stirbt, können wir nun nicht wissen, wie es in diesem Fall weitergegangen wäre. Jedenfalls endet das Buch wie folgt:

„Gibt es in diesem Kosmos einen Schlüssel, um meine Taucherglocke aufzuriegeln? Eine Metrolinie ohne Endstation? Eine genügend starke Währung, um meine Freiheit zurückzukaufen? Ich muss anderswo suchen. Ich mache mich auf den Weg" (Bauby 1998, S. 129).

Immerhin kann man von diesem Fallbeispiel lernen, dass eine normative Behandlung von Resilienzverläufen in dem Sinne, dass nur dann ein Leben lebenswert ist, wenn die Phase des verloren gegangenen Gleichgewichts überwunden wird, die Phase des Chaos gemeistert und ein neues Gleichgewicht installiert wird, in die Irre führt. Auch hier ist wieder zu sehen, dass Modelle regelmäßig am Fall scheitern, weshalb an dieser Stelle Friedrich Nietzsche zuzustimmen ist, der irgendwo gesagt haben soll, dass, wer in Modellen denkt, zu faul ist zum Denken.

Nach dem Vortrag, der mit Interesse aufgenommen wurde, sprach mich in der Pause ein älterer Mitarbeiter, ein Pädagoge, der kurz vor Eintritt in den Ruhestand stand, an und teilte mit, er hätte während meines Vortrags an einen Fall denken müssen, den er mir nun erzählen wolle:

Fall 5

Ein weiterer Fall, Auftritt von Luzifer: Es handlt sich um einen Bäckermeister, der einen Arm verloren hat und der deshalb seinen Beruf nicht mehr ausüben kann. Auf der Suche nach einer Umschulung durchläuft er im Berufsförderungswerk zunächst einige Bereiche, auch den Metallbereich, der ihm aber nicht liegt. „Ich bin ein Mehler, kein Metaller", soll er gesagt haben. Dennoch sei er im Metallbereich, so die Mitteilung des Anleiters, durch seine Genauigkeit aufgefallen. Diesen Umstand habe er mit dem Bäcker erörtert, und auf der Suche nach einer Verbindung von Genauigkeit und Bäckerei sei man auf das Thema Qualitätssicherung gekommen (diese Informationen erhalte ich erst später, ich komme darauf zurück). Der Idee der Qualitätssicherung konnte der Bäcker ein Interesse abgewinnen, das merke er, der Pädagoge, immer daran, dass ein Leuchten in den Augen der Klienten aufscheine. Eine solche Umschulung wurde in Angriff genommen, es wurde auch ein Ausbildungsbetrieb gefunden. Der Juniorchef einer Großbäckerei stellte ihn ein. Damit war aber Schluss, als der Seniorchef dieser Bäckerei nach einer Auszeit wieder in den Betrieb zurückkehrte; in meiner Terminologie ist er das Gegenstück von einem Schutzengel, nämlich Luzifer. Qualitätssicherung sei während seines Berufslebens nicht nötig gewesen, in seinem Betrieb sei eine Qualitätssicherung entbehrlich, sprach der Seniorchef und entließ den Mann.

Einen Monat später hielt ich diesen Vortrag erneut, dieses Mal in der Zentrale des vorgenannten Berufsförderungswerks. Den Fall des Bäckermeisters baute ich jetzt ein, und während der Diskussion stand der erwähnte Pädagoge auf, gab an, dass das sein Fall gewesen sei, und trug das Detail von der Genauigkeit und dem Leuchten in den Augen des Bäckers nach.

Der Klinische Soziologe als absurder Held 8

Ich habe weiter oben bereits erwähnt, dass ich zum Zeitpunkt der Abfassung dieses Buchs ein Forschungsprojekt bearbeitet habe, welches von der Deutschen Forschungsgemeinschaft für drei Jahre.finanziert wird und im Juni 2018 abgeschlossen wurde. Ziel dieses Forschungsprojekts ist, die Ergebnisse des Sonderforschungsbereichs 580 an den Universitäten Jena und Halle („Gesellschaftliche Entwicklungen nach dem System Umbruch – Diskontinuität. Tradition. Strukturbildung", Best und Holtmann 2012) in die gesellschaftliche Praxis zu transferieren. Aus verschiedenen, weiter oben erwähnten Gründen drohte dieses Projekt von Anfang an zu scheitern, was bei mir nachhaltige Skepsis hinsichtlich der Leistungsfähigkeit einer Klinischen Soziologie aufkommen ließ. Ein Test in einem anderen Handlungsfeld als dem der Jugendhilfe, in einem Berufsförderungswerk, von dem ich im vorigen Kapitel berichtet habe, ließ Zweifel am Zweifel aufkommen. Die Einschätzung „dorniger Weg" ist dem Zweifel gewichen. Um aber den Zweifel nicht vorzeitig zu eliminieren, komme ich auf Albert Camus, der bereits am Beginn dieses Buchs eine Rolle gespielt hat, zurück. Ihm folgend, ist der Weg des Klinischen Soziologen nicht mehr ein dorniger, der Klinische Soziologe wird zum absurden Helden.

Das folgende Bild scheint mir geeignet für die Veranschaulichung der Tätigkeit des Klinischen Soziologen. Die *Pakete* auf dem Karren entsprechen den im vorigen Kapitel ausgewiesenen, im Vortrag vor Praktikern unterschlagenen und grau unterlegten Passagen.

Abb. 4 Maultier am Karren (Quelle Google Pictures, www. Spassfieber.de bilder/esel-karren-wird-hoch-gehoben-eselkarren.html)

- Die Ladung auf dem Karren könnte als gestapeltes Wissen der Sozialwissenschaften gedeutet werden. Dieses Bild ist allerdings schief, denn nach meiner Vorstellung haben die Klinischen Soziologen nicht Wissen als *Inhalt* zu transferieren, sondern *Haltungen*.
- Dennoch könnte der Haufen der Pakete mit den Sozialwissenschaften in Verbindung gebracht werden. Denn Sozialwissenschaftler neigen dazu, Beobachtetes so lange zu komplizieren, bis sie ihm auf den (vermeintlichen) Grund gekommen sind. Das können sie sich dadurch leisten, dass sie handlungsentlastet sind; aber darin liegt auch die Schwierigkeit ihres Handelns im Umgang mit der gesellschaftlichen Wirklichkeit.
- Das in der Luft hängende Maultier, vielleicht ist es auch ein Esel, verkörpert den Klinischen Soziologen.
- Der Mann, der im Hintergrund links vorübergeht und interessiert zuschaut, ist vermutlich ein Sozialpädagoge[172]. Ihm kann es recht sein, wenn der Sozial-

---

[172] Wer vermutet, ich hätte einen unreflektierten Affekt gegen die Pädagogik im Allgemeinen und die Sozialpädagogik im Besonderen, sei beruhigt. Meine Skepsis gegenüber diesem Berufsstand rührt aus langen Erfahrungen, die teils mit Kränkungen und Beleidigungen verbunden waren. Der oben zitierte Pädagoge aus einem Berufsförderungswerk ist ein Musterbeispiel für fachliches Handeln. Ich habe mich auch gefragt, wie er diese Fähigkeiten des Fallverstehens in der Begegnung (Welter-Enderlin und Hildenbrand 2004) ausbilden konnte. Des Rätsels Lösung ist, in Orientierung an Anselm Strauss, Spiegel und Masken, wo dieser ein Konzept von Identitätswandel vorlegt: Dieser Mann hat

wissenschaftler hilflos in der Luft hängt, mit den Hufen scharrt und kein Bein auf den Boden bekommt. So hat er sich das schon immer gedacht bzw. erhofft.

Bei der Betrachtung dieses Bildes drängt sich der Mythos des Sisyphos auf. Ich will ihn nun in der Fassung von Albert Camus (2003, neue Übersetzung) in Erinnerung rufen:

> „Die Götter hatten Sisyphos dazu verurteilt, einen Felsblock unablässig den Berg hinauf zu wälzen, von dessen Gipfel der Stein kraft seines eigenen Gewichts wieder herunterrollte. Sie meinten nicht ganz ohne Grund, es gäbe keine grausamere Strafe, als unnütze und aussichtslose Arbeit" (ebd. S. 155).

Es gibt zu diesem Mythos noch einen Seitenstrang; er soll nicht unerwähnt bleiben:

> „Es heißt auch, Sisyphos wollte, als es ans Sterben ging, törichterweise die Liebe seiner Frau auf die Probe stellen. Er befahl ihr, seinen Leichnam unbestattet auf den Marktplatz zu werfen. Sisyphos fand sich in der Unterwelt wieder. Dort war er von ihrem Gehorsam, der aller Menschenliebe widersprach, derart aufgebracht, dass er von Pluto die Erlaubnis erwirkte, auf die Erde zurückzukehren und seine Frau zu bestrafen. Als er aber diese Welt noch einmal geschaut, das Wasser und die Sonne, die warmen Steine und das Meer wieder geschmeckt hatte, wollte er nicht mehr in sein Schattenreich zurück. Alle Aufforderungen, Zornesausbrüche und Warnungen fruchteten nichts. Er lebte noch viele Jahre an der Bucht des Golfes, am leuchtenden Meer, auf der lächelnden Erde. Es bedurfte erst eines Erlasses der Götter. Merkur packte den Vermessenen beim Kragen, entriss ihn seinen Freunden und brachte ihn gewaltsam in die Unterwelt zurück, in der sein Felsblock schon bereit lag" (Camus 2003, S. 155f.).

An dieser Stelle hält Camus inne und schreibt: „Es ist nicht schwer zu verstehen: Sisyphos ist der absurde Held."

Camus stellt sich vor, wie Sisyphos den Berg erreicht, dort den Stein liegen lässt und lässig den Berg hinunter schlendert. Meistens wird diese Geschichte auf den Satz reduziert: „Man muss sich Sisyphos als glücklichen Menschen vorstellen." Aber das ist nicht die ganze Geschichte, denn bei Camus heißt es weiter:

---

sein Leben lang als Pädagoge im interdisziplinären Kontext gearbeitet, mit Technikern und Ingenieuren, auch mit Kaufleuten. Alle Verirrungen, die ihm die Pädagogik nahegelegt hätte, wurden so im Ansatz korrigiert. Demgegenüber haben Sozialpädagogen an Jugendämtern selten Gelegenheit, sich im Licht anderer Berufsgruppen (Richter, Polizei, Medizin) zu spiegeln, und wenn, dann verstehen sie es, diese Berufsgruppen zu dämonisieren. Aber auch das ist kein Pauschalurteil: Die Welt ist komplizierter als ein Schwarz-Weiß-Gemälde - die Wirklichkeit ist meistens grau.

> „Diese Stunde, die gleichsam ein Aufatmen ist und ebenso zuverlässig wiederkehrt wie sein Unheil, ist die Stunde des Bewusstseins. In diesen Augenblicken, in denen er den Gipfel verlässt und allmählich in die Schlupfwinkel der Götter entschwindet, ist er seinem Schicksal überlegen. Er ist stärker als sein Fels" (ebd. S. 157).

Es ist dieser Absatz, der den Klinischen Soziologen, so er sich mit Camus als Sisyphos und damit als absurden Helden[173] begreift, trotz aller erfahrenen Einschränkungen sein Werk fortsetzen lässt; *denn er hat seine Situation selbst gewählt.* Ich zitiere ein letztes Mal Camus, und zwar eine Stelle, an der es ihm darum geht, dass mit Sisyphos alles in Ordnung ist:

> „Es macht aus dem Schicksal eine menschliche Angelegenheit, die unter Menschen geregelt werden muss. Darin besteht die verborgene Freude des Sisyphos. Sein Schicksal gehört ihm. Sein Fels ist seine Sache" (ebd. S. 159).

Soviel zu Camus. Man sieht: Will der Klinische Soziologe seine Situation ertragen, muss er weit ausholen, er benötigt die Existenzphilosophie.

Was aber soll das heißen: „absurder Held"? Was heißt absurd? Dieses Wort kommt aus dem Lateinischen und heißt dort „misstönend, sinnwidrig, sinnlos". Wenn Camus an dieser Stelle von absurd spricht, denke ich an Dr. Rieux, den heldenhaften Arzt aus Camus' Roman „Die Pest", der dem Autor den Nobelpreis eingebracht hat. Dr. Rieux kämpft gegen die Pest (Metapher für Nationalsozialismus) an und weiß, dass das sinnlos ist, also absurd. Er steht jeden Morgen auf und geht an seine Arbeit, wohl wissend, dass sie vergebens ist (vorerst).

Man erinnere sich an meine Besprechung des Vortrags von Max Weber „Wissenschaft als Beruf" in diesem Buch, wo Weber darauf hinweist, dass schon die

---

173 Spätestens an dieser Stelle wird bei jedem, der mit den Entwicklungen der letzten 70 Jahre nicht vertraut ist, eine gedankliche Schublade aufgehen, die den Begriff Existenzialismus enthält und der ein übler Geruch entströmt. Er weiß nun, dass er nicht mehr weiterdenken muss. So billig kommt ein seriöser Leser nicht davon. Er muss schon einige Klassiker zur Kenntnis nehmen, Camus sowieso, aber auch Maurice Merleau-Ponty. Sartre ist entbehrlich (es sei denn, man will den Standardvorwurf gegenüber dem Existenzialismus, er sei individualistisch, überprüfen, dann muss man Sartres Flaubert-Studie lesen (Sartre 1977), bevor man ein Urteil fällt (zur Kritik an Sartres Konzeption des Alter Ego vgl. Schütz 1971, S. 227ff.). Um die Problematik dieses Vorwurfs gegen den Existenzialismus zu unterstreichen, zitiere ich obendrein Merleau-Ponty, der feststellt, dass dem Menschen die Welt anhaftet „wie ein Nessoshemd" (Merleau-Ponty 1984, S. 152). Und vor allem: Der Existenzialismus ist nicht eine Idee, nach der man sich die Welt begrifflich zurechtlegt, sondern eine Haltung. Es ist auch keine Philosophie für kleine Mädchen, wie Claude Lévi-Strauss im Einleitungskapitel zu „Die traurigen Tropen" (1978) schreibt,

Wissenschaft eine sinnlose Veranstaltung ist, weil sie weiß, dass ihre Betätigung nicht zu endgültigen Ergebnissen (gesichertem Wissen), sondern immer nur zu Vorläufigem führen kann, weshalb sie auch nicht in der Lage ist, etwas über den Sinn der Welt und des Lebens auszusagen.

Die Klinische Soziologie ist gegenüber der Wissenschaft in besonderem Maße sinnlos, nicht, weil sie in der gesellschaftlichen Praxis keine allgemeingültigen Rezepte verteilen und elementare Wahrheiten über den Sinn des Lebens verkünden kann, sondern, weil sie gegenüber der gesellschaftlichen Praxis je nachdem, auf welche Berufsgruppen sie dort trifft, ein Legitimationsproblem hat. Je nachdem, ob diese Berufsgruppen hinsichtlich der Wissenschaft ungebildet, halb gebildet oder mäßig gebildet sind, stellt sich dieses Problem anders dar. Ich komme auf eine Formulierung von weiter vorne zurück: Es kann dem Klinischen Soziologen geschehen, dass er von der gesellschaftlichen Praxis die Soziologie erklärt bekommt. Das ist umso wahrscheinlicher, je versozialwissenschaftlichter (Oevermann 1986) der Alltag daherkommt.

Nun aber zu der Frage: Was ist ein „Held"? Der „Duden - das große Wörterbuch der deutschen Sprache" beginnt mit der Definition des Helden in der griechischen Mythologie. Dort ist ein Held „ein Mann edler Abkunft", der „einzig durch große und kühne Taten besonders in Kampf und Krieg sich auszeichnet (und um den Mythen und Sagen entstanden sind)". Der negative Held ist demgegenüber „eine Hauptperson, die keine heldischen Eigenschaften besitzt, die dem Geschehen passiv gegenübersteht". In der Mitte zwischen diesen beiden Bestimmungen könnte man dann wohl den Klinischen Soziologen als Helden ansiedeln, dessen Tun allerdings absurd ist.

Die Quelle der Absurdität – im Allgemeinen betrachtet – liegt darin, dass jedes Sein ein Sein zum Tode ist (Kierkegaard). Insofern ist die Sinnlosigkeit der Wissenschaft eine Steigerung der Conditio Humana.

Dieses Sein zum Tode erlebt vor allem jemand wie Albert Camus, der seit dem 17. Lebensjahr mit einer damals nicht heilbaren Krankheit, der Tuberkulose, und dadurch mit Hoffnungslosigkeit konfrontiert ist. Die Ironie des Schicksals besteht darin, dass er nach jahrelangem Bemühen, mit dieser Erkrankung zurechtzukommen, nicht an dieser selbst stirbt, sondern sein Leben am 4. Januar 1960 infolge eines Autounfalls an einem Alleebaum lässt. Fahrer des Autos war sein Verleger, der sich so um einen Gewinne garantierenden Autor gebracht hat. Auf dem Rücksitz des Autos saßen die Ehefrauen der vorne sitzenden Männer. Alle außer Camus haben den Unfall überlebt.

Damit ist die Bedeutung des Klinischen Soziologen als einem absurden Helden im Großen und Ganzen beschrieben. Der Klinische Soziologe ist jemand, der sich hinaus in die soziale Wirklichkeit begibt mit der Absicht, in dieser sozialwissenschaftliches Wissen fruchtbar zu machen, aber aus Erfahrung bereits weiß, dass dieses Vorhaben scheitern wird und dass es ein Glücksfall ist, sollte dieses Vorhaben gelingen. Darin liegt das Heldentum – er könnte sich das Leben auch einfacher machen und in der gut geheizten Studierstube anstatt in ungeheizten Bauernhäusern herumsitzen. Weniger dramatisch formuliert: Klinische Soziologie funktioniert auch in umgekehrter Richtung. Der Klinische Soziologe kann die beschriebene Spannung reduzieren, indem er sich auf die von Glaser und Strauss vorgeschlagene Weise in die Wirklichkeit begibt, dort Feldforschung im Stil der Grounded Theory betreibt, was in der Vorstellung dieser Autoren bereits eine Transferaktivität (vulgo: Anwendung) von Wissenschaft im Alltag darstellt, aber auf der anderen Seite auch die akademische Soziologie durch erfahrungsgesättigtes Wissen befruchten kann.

Diese Gedanken führen wieder zurück zu dem eingangs dieses Buchs erwähnten Heidelberger Milieu. Bei Max Weber heißt es am Ende von „Wissenschaft als Beruf", unmittelbar, nachdem er den Wächter hat sprechen lassen:

> „Der Wächter spricht: (…) Wenn ihr fragen wollt kommt ein ander Mal wieder.' Das Volk, dem das gesagt wurde, hat gefragt und geharrt durch weit mehr als zwei Jahrtausende, und wir kennen sein erschütterndes Schicksal. Daraus wollen wir die Lehre ziehen: daß es mit dem Sehnen und Harren allein nicht getan ist, und es anders machen: an unsere Arbeit gehen und der ‚Forderung des Tages' gerecht werden – menschlich sowohl wie beruflich. Die aber ist schlicht und einfach, wenn jeder den Dämon findet und ihm gehorcht, der s e i n e s Lebens Fäden hält" (Weber 1995, S. 45).

Es ist bekannt, dass man sich im Heidelberger Milieu mit Friedrich Nietzsche beschäftigt hat. Also ist es nicht unwahrscheinlich, dass in diesem Zitat Nietzsches „amor fati", also die Annahme seines eigenen Schicksals, die uns schon bei Camus' Sisyphos begegnet ist, anklingt.

In seinem Nachwort, der die Reclam-Ausgabe dieses Vortrags von Weber beschließt, schreibt Friedrich Tenbruck:

> „Mit der Absage an die Wissenschaft als Vermittlerin von Heilswissen und Prophetie, mit der Beachtung des methodischen Kanons der Wissenschaft und der handwerklichen Arbeit an ihren gängigen Problemen ist es da noch nicht getan. Wer nicht die Kraft aufbringt, dem Betrieb der Wissenschaft doch etwas Eigenes entgegenzustellen, dem wird es schwer fallen, die Wissenschaft als inneren Beruf zu betreiben" (Tenbruck 1995, S. 77).

Solange die Klinische Soziologie, wie derzeit, im Gesamtgebiet der Soziologie eine Exotenrolle spielt, bietet sie die sichere Garantie, dem Betrieb zu entgehen und diesem etwas Eigenes entgegenzustellen.

8.1 Der Klinische Soziologe als Held des Absurden

Zwei der Handlungsfelder, mit denen ich im Laufe meiner Arbeit als Klinischer Soziologe vertraut geworden sind, sind die Landwirtschaft und die Sozialpädagogik. Das sind die beiden Felder, in denen der Klinische Soziologe sich mitunter als absurd begreift. Das ist eine starke Behauptung, sie muss belegt werden.

Zur Landwirtschaft kam ich nicht, weil sie ein so interessantes Feld ist oder weil ich mit meinen Vorfahren noch eine Rechnung offen gehabt hätte[174] – das Thema wurde mir als Mitarbeiter einer psychiatrischen Akutstation aufgezwungen. Ich hätte es auch ignorieren können, aber das hätte meinem fachlichen Anspruch widersprochen. Wenn ich als Soziologe mit einem Patienten (oder, später auf der Frauenstation, mit einer Patientin) zu tun hatte, der/die sich in einer akuten psychotischen Krise befand, richtete ich meinen Blick nicht primär auf dessen/deren inneres Erleben. Darum kümmerten sich die Kollegen, die Ärzte und Psychologen. Ich interessierte mich für den sozialen Raum, also für die Familien, aus denen die Patienten stammten. Dort sah ich Ablösungsprobleme (bereits, bevor ich Mitarbeiter in dieser Klinik wurde, richtet sich mein Arbeitsschwerpunkt auf psychotisch gefärbte Ablösungsprobleme in der Adoleszenz, kein Wunder also, dass diese Perspektive sich verstetigt hat). Darüber hinaus sah ich auf den Stationen unter anderem verzweifelte Bäuerinnen, deren Kinder von zu Hause ausgezogen waren, die nun vermehrt von der Schwiegermutter drangsaliert, vom Ehemann nicht unterstützt wurden und die als letzten Ausweg den Suizid sahen. Die Mittel dafür, derer sie sich bedienten, waren drastisch, sie entnahmen sie der Umwelt des Hofs: Sie tranken Unkrautvernichtungsmittel, sprangen in die Güllegrube, schlugen sich mit der Axt einen Arm ab. Das sind nur die Beispiele, die besonders augenfällig waren. Andere Patienten oder Patientinnen versandeten in einer anhaltenden depressiven Stimmung. Auf der Männerseite sah ich Bauernsöhne, die mit widersprüchlichen Erwartungen, den elterlichen Hof zu übernehmen und einen eigenen beruflichen Weg einzuschlagen, konfrontiert waren und über diesem Widerspruch dekompensierten.

---

174 Bauernsöhne, die ihr Erbe ausgeschlagen haben, d. h. die Nachfolge auf dem väterlichen Hof nicht angetreten haben, suchen nicht selten als Agrarsoziologen eine Entlastung von der damit verbundenen Schuld. Auf mich trifft das nur indirekt zu, denn mein Großvater mütterlicherseits war ein Kleinbauer, Waldarbeiter im Winter und Wirt.

Stellte ich solche Fälle meinen Kollegen aus dem Fach Agrarsoziologie vor, schwoll ihnen der Kamm. Von einigen von ihnen wurde ich beschimpft als jemand, der das ländliche Leben, das doch im Kern gesund sei, pathologisiere.[175]

Tatsächlich ist die Landwirtschaft heute absurd, wenn auch nicht pathologisch verfasst; ihr Grundprinzip heißt „Wachsen oder Weichen". Konsequenzen dieses Prinzips sind Massentierhaltung und das daraus u. a. resultierende Problem, dass Gülle in solchen Massen anfällt, dass sie in Tankwagen durchs Land gefahren und anderweitig ausgebracht werden muss – mit der Folge der Nitratbelastung des Grundwassers, welche demnächst den Wasserpreis für die Haushalte (auch außerhalb des ländlichen Raums) spürbar steigen lassen wird, wie das Bundesumweltamt im Mai 2017 mitteilte. Keine Rede vom Verursacherprinzip. Die Landwirte sind die heiligen Kühe der Nation, niemand wird sie mit solchen Petitessen behelligen wollen. Und wenn demnächst dieselgetriebene Kraftfahrzeuge Innenstädte nicht mehr befahren dürfen, wird das mit Sicherheit für Traktoren nicht gelten, die in Innenstädten ja auch nichts zu suchen haben, außer sie werden benötigt zum Demonstrieren.

Die Sache mit der Massentierhaltung und der Güllebelastung wäre übrigens einfach zu regeln: Es müsste nur das Grundprinzip einer bodengebundenen Tierhaltung eingeführt werden. Dann wäre auch dem Tierschutz gedient, denn die bodengebundene Tierhaltung führt zu einer natürlichen Obergrenze: für eine Kuh benötigt man 1 ha Grünland. Aber daran hat sich schon die ehemalige Landwirtschaftsministerin Künast (Die Grünen) schon nicht die Zähne ausbeißen wollen – sie hätte es mit Sicherheit mit den roten Baronen in der ehemaligen DDR zu tun bekommen – und unerwartet wurde sie für ihre Verhältnisse kleinlaut. Die danach berufenen Landwirtschaftsminister hatten schon gar nicht die Statur, sich mit der Bauernlobby anzulegen (Hildenbrand 2007).

Ein anderes Beispiel für die Absurdität der Landwirtschaft ist die Milchwirtschaft: Pro Liter Milch erhalten die Landwirte europaweit zu wenig, um die Gestehungskosten decken zu können. Kein Landwirtschaftsfunktionär wird zugeben wollen, dass dieses Problem, wie das mit der Gülle, hausgemacht ist. Produzierte früher eine Kuh ca. 3500 kg Milch im Jahr, so bringt es heute eine Hochleistungskuh auf 20.000 kg pro Jahr (SZ Magazin 48, 1.12.2017) oder mehr[176]. Wie viel Tierquälerei mit einer solchen Züchtung verbunden ist, kann ich als Laie nicht einschätzen,

---

175 Bei wem werden da nicht Erinnerungen an das tausendjährige Reich wach? Einzig der Kollege, dem in Form übler Nachrede eine Nähe zum Nationalsozialismus nachgesagt wurde, begegnete unserer Arbeit mit Respekt. Vgl. Hildenbrand 2014.

176 Auf Basis dieser Zahlen kann man sich leicht ausrechnen, wie das Überangebot an Milch in der Europäischen Union beseitigt werden könnte: man müsste nur die Hochleistungskühe durch ältere Kuhrassen ersetzen und von dem Wahn abkommen, eine hohe Milchleistung der Kuh für eine große Leistung des Landwirts als Züchter zu halten.

8.1 Der Klinische Soziologe als Held des Absurden 197

jedenfalls gilt: Solche Kühe werden nicht alt, sie sind im Unterhalt teuer, brauchen Kraftfutter und Medikamente und müssen regelmäßig vom Tierarzt untersucht werden. Rechnet man die Kosten gegen artgerecht gehaltene Kühe auf, geht das null auf null auf. Das erfuhr ich auf dem Solothurner Milchbauern-Tag, wo ein mutiger Landwirt, der seine Tiere artgerecht hält, seinen Kollegen eine klar belegte Rechnung aufmachte, ohne diese damit beeindrucken zu können. Wenn es um Rekorde in der Hochleistung geht, sind sie alle Individualisten. Ich selbst hielt dort einen Vortrag zum Thema „Psychosoziale Risiken im landwirtschaftlichen Familienbetrieb" und lernte einen Landwirt kennen, der mir mit Stolz erzählte, er habe in die Schweiz illegal Samen von Holsteiner Hochleistungskühen eingeführt. Das war nach dem Vortrag, in welchem auf die ökonomische Irrationalität der Milchproduktion mit Hochleistungskühen hingewiesen wurde. Die Botschaft hat ihn jedenfalls nicht erreicht.

Dass es einen Zusammenhang zwischen Angebot und Nachfrage gibt, scheint sich bei den Landwirten bis heute nicht herumgesprochen zu haben. Nicht, weil sie dumm sind, sondern weil sie dem Götzen „Wachsen oder Weichen" dienen, wozu sie auch von ihren Interessenvertretern, dem Deutschen Bauernverband, der in Wirklichkeit Deutscher Agrarindustriellen-Verband heißen müsste (auch so eine Absurdität), ermuntert werden. Eine Untersuchung in Kanada (Machum 2005) hat allerdings gezeigt, dass in Krisensituationen kleine Höfe den großen überlegen sind.

Über die Landwirtschaft und den dort gebotenen Irrsinn könnte man stundenlang schreiben. Als im Frühjahr 2014 wieder einmal die Vogelgrippe die Geflügelbestände im Umfeld des Bodensees bedrohte, verfügte der baden-württembergische Landwirtschaftsminister, dass die Hühner in den Stall gebracht werden. Freilaufende Hühner gab es also für eine Übergangszeit nicht mehr. Jedoch gestattete er ausdrücklich, Eier von inzwischen eingestallten Hühnern, die früher als freilaufende Hühner firmierten, als Eier aus Freilandhaltung zu verkaufen. Logisch ist das nicht, aber aus meiner Sicht gerechtfertigt. „Vernunft hat keine Unterkunft in der großen Koboldzunft", wie es bei Pumuckl heißt. Das ganze Feld ist absurd verfasst. Jedoch hat die Landwirtschaft auf Absurdität kein Monopol: Als Lösung für die Entlastung der schadstoffbelasteten Luft gilt das elektrisch betriebene Auto. Im Jahr 2013 stammten allerdings 25 % der elektrischen Energie aus Kohlekraftwerken, die für besondere Luftverschmutzung bekannt sind.

Spricht man aber mit dem einzelnen Landwirt, dann kommt in der Regel heraus, dass er ein ganz und gar vernünftiger Mensch ist. Ich habe großen Respekt vor landwirtschaftlichen Familienbetrieben. Sie haben den Irrsinn tagtäglich auszuhalten, weshalb viele von ihnen sich zügig nach Alternativen umsehen und ihr Land verpachten, (damit allerdings anderen auch helfen, noch größer zu werden, was die Wege zu einer artgerechten Tierhaltung noch mehr verschließt, oder sie wenden sich der ökologischen Landwirtschaft zu). Die im Jahre 2017 abgelaufene Diskussion um das Pflanzenschutzmittel Glyphosat wäre ein weiteres Beispiel für die „subventionierte Unvernunft" (Priebe 1985).

Dieser Respekt vor den Landwirten wird einem leichtgemacht, weil es sich in der Regel um höfliche Leute handelt, was auf die Akteure im folgenden Feld nicht notwendig und überall zutrifft.

Ich komme also zu einem anderen absurden Feld, dem der Sozialpädagogik.

Was ist der Unterschied zwischen einem Soziologen und einem Sozialpädagogen? Der Soziologe weiß, dass er kein Sozialpädagoge ist. Tatsächlich habe ich regelmäßig erlebt, dass mir Sozialpädagogen die Soziologie und die soziologische Methodenlehre erklären wollten, wovon sie außer Halbgewissheiten und aufgeschnapptem Wissen keine Ahnung hatten. Die Regel lautet: Je geringer die Ahnung, desto rüpelhafter das Auftreten (ich wiederhole mich). Dass es dabei auch Ausnahmen gibt, sagt einem schon der gesunde Menschenverstand. Pauschalurteile sind ohnehin leicht zu widerlegen.

Ich habe immer noch nicht herausgefunden, woher diese Merkwürdigkeiten in der Sozialpädagogik rühren, rate aber jedem aus eigener Erfahrung, als Klinischer Soziologe dieses Feld weiträumig zu meiden.

Das Problem ist nur, dass man es als Klinischer Soziologe meist mit sozialen Problemen zu tun hat, ein Feld, das von der Sozialpädagogik durchgängig besetzt ist. Um diesen Punkt abzuschließen: Generell rate ich von der Zusammenarbeit zwischen Klinischer Soziologie und Pädagogik ab[177].

In Bezug auf die Landwirtschaft spreche ich eine solche Empfehlung nicht aus. Dass ein Feld absurd verfasst ist, ist noch lange kein Grund, als Klinischer Soziologe dieses Feld zu meiden. Die Probleme, denen der Klinische Soziologe in Feldern begegnet, die von Fachvertretern der Sozialpädagogik dominiert sind, müssen also ihre Grundlage im Fach der Sozialpädagogik selbst haben, und zwar nicht notwendig bei den Praktikern, sondern bei den akademischen Fachvertretern, die allerdings auch für die Wissensgrundlagen der Absolventen dieser Studiengänge verantwortlich sind. An dieser Stelle will ich auf den Befund eingehen, dass die akademische Sozialpädagogik ein anderes Verständnis von Wissenschaft hat als die Soziologie.

---

177 Ich nehme damit die Ergebnisse des von mir geleiteten und von der Deutschen Forschungsgemeinschaft unterstützten Forschungsprojekts „Wissenschaftliche Unterstützung professioneller Handlungsfelder im Umgang mit Kindeswohlgefährdung und beim Aufbau tragfähiger Kooperationsstrukturen im Kinderschutz" vorweg. Dieses Projekt ist gescheitert am Widerstand der Beteiligten aus dem Fach Sozialpädagogik. Der offizielle Abschlussbericht über dieses Projekt, der den von der DFG vorgegebenen Kriterien genügt, wird in der zweiten Jahreshälfte 2018 bei der Deutschen Forschungsgemeinschaft abrufbar sein.

Integratives Diagramm 9

In folgendem Diagramm fasse ich meine Überlegungen zur Klinischen Soziologie zusammen. Die in diesem Diagramm enthaltenen Details sind weiter vorne ausgeführt, weshalb ich sie nicht wiederhole.

Die Bezeichnung „absurder Held" ist doppeldeutig. Einerseits kann sie heißen: Der Held ist absurd, oder aber: Er ist ein Held des Absurden, weil er sich mit absurd verfassten Feldern befasst. Im Diagramm ist diese Nebenbedeutung berücksichtigt:

marginal man
(der Klinische Soziologe lebt in zwei Welten, in jeder dieser Welten ist er ein Fremder)

fremd in der akademischen Soziologie	*fremd im Feld* (das er untersucht und wo er versucht, seine Ergebnisse bekannt zu machen mit dem Ziel, Wandel zu erzeugen)

• Hindernisse
  ◦ er spielt die akademischen Spiele nicht mit
  ◦ ist methodisch und theoretisch festgelegt auf: Handlungstheorie i. S. Berger/Luckmanns
 	
• Strategien
  ◦ Klassiker zitieren, möglichst anschlussfähig
  ◦ einen Paradigmenstreit in Sachen Methoden anzetteln
  ◦ Klinische Soziologie in Forschungswerkstätten simulieren
	• Hindernisse
	  ◦ die Pragmatik des Alltags überformt die Pragmatik der wissenschaftlichen Vorgehensweise
	  ◦ dem Soziologen die Soziologie erklären
	
	• Strategien
	  ◦ leutselig auftreten, sich als Kenner der Materie ausgeben
	  ◦ die Seite wechseln
	  ◦ Anspruch an Reflexion herunterfahren → noch mehr zum Fremden in der akademischen Soziologie werden

Klinischer Soziologe	
absurder Held (seine Tätigkeit ist absurd, also sinnlos)	*Held des Absurden* (das Feld, in dem er tätig ist, ist absurd verfasst)

• der Klinische Soziologe wird weder von seinen Kollegen in der Universität noch im Feld als Soziologe anerkannt
• von ihm wird der Soziologie Fremdes, nämlich Legitimation erwartet
• im Feld ist niemand an Wandel interessiert
 	
• Strategien
  ◦ amor fati
  ◦ sich in die Tasche lügen
	1. Pädagogik
	  Jugendhilfe: „I'm not there"
	  Psychiatrie; Pflegekinderwesen; Frühpädagogik
	2. Landwirtschaft; Hofübergaben; Produktionsweisen
	3. Medizin: „le roi règne par lui-même"
	
	• Strategien
	  ◦ amor fati
	  ◦ den Irrsinn ignorieren und sich in die Tasche lügen

→ Klinische Soziologie ist eine absurde Veranstaltung

Abb. 5 Marginal Man und Klinischer Soziologe (eigene Darstellung)

Literaturverzeichnis

„Bericht zur Lage der Psychiatrie", Deutscher Bundestag 7. Wahlperiode, Drucksache 7/4201.
Abbott, Andrew (1988): The System of Professions. Chicago: University of Chicago Press.
Allert, Tilman (2005): Der deutsche Gruß. Geschichte einer unheilvollen Geschichte. Frankfurt am Main: Eichborn.
Baeyer, Walter (1978): Über die Bedeutung psychiatrischer Schlüsselwörter. In: Alfred Kraus (Hrsg.): Leib Geist Geschichte. Brennpunkte anthropologischer Psychiatrie. Heidelberg: Hüthig, S. 29-44.
Bahrdt, Hans Paul (1994): Schlüsselbegriffe der Soziologie. Eine Einführung mit Lehrbeispielen, 6. Aufl. München: Beck.
Bateson, Gregory/Laing, Ronald D., Jackson, Don/Wynne, Lyman, Lidz, Theodore u. a. (1969): Schizophrenie und Familie. Frankfurt am Main: Suhrkamp.
Bauby, Jean-Domonique (1998): Schmetterling und Taucherglocke. München: dtv.
Bauer, Manfred (1977): Sektorisierte Psychiatrie. Stuttgart: Enke.
Becker, Howard (1967): Whose side are we on? In: Social Problems 14(3): 239-247.
Becker, Howard (2014): Außenseiter. Zur Soziologie abweichenden Verhaltens. Wiesbaden: Springer VS.
Becker, Howard/Geer, Blanche/Hughes, Everett C./Strauss, Anselm (1961): Boys in White. Chicago: University of Chicago Press.
Benedetti, Gaetano (1987): Todeslandschaften der Seele. Psychopathologie, Psychodynamik und Psychotherapie der Schizophrenie, 2. Aufl. Göttingen: Verl. f. Med. Psychologie.
Benoist, Jean-Marie (Hrsg.) (1980): Identität. Ein interdisziplinäres Seminar unter Leitung von Claude Lévi-Strauss. Stuttgart: Klett-Cotta.
Berger, Christa/Hildenbrand, Bruno/Somm, Irene (2002): Die Stadt der Zukunft. Leben im prekären Wohnquartier. Opladen: Leske + Budrich.
Berger, Peter L./Luckmann, Thomas (1971): Die gesellschaftliche Konstruktion der Wirklichkeit. Eine Theorie der Wissenssoziologie, 2. Aufl. Frankfurt am Main: S. Fischer Verlag.
Bergmann, Jörg (1985): Flüchtigkeit und methodische Fixierung sozialer Wirklichkeit. In: Bonß, Wolfgang/Hartmann, Heinz (Hrsg.): Entzauberte Wissenschaft. Soziale Welt, Sonderband 3, S. 299-320.
Bergmann, Jörg/Hildenbrand, Bruno (2016): Rezeption des Symbolischen Interaktionismus und der Ethnomethodologie in der deutschsprachigen Soziologie. In: Moebius, Stephan/Ploder, Andrea (Hrsg.): Handbuch Geschichte der deutschsprachigen Soziologie. Wiesbaden: Springer Fachmedien, S. 1-18.

Bergmann, Jörg/Nazarkiewicz, Detlef Dolscius/Finke, Holger (2005): Entscheidungskommunikation im Cockpit. Zur Interaktionsdynamik von Hierarchie, Arbeitsteilung und Geschlecht in einem technisch komplexen Arbeitsfeld. Forschungsprojekt 2004-2005 gefördert von der Deutschen Akademie für Flug- und Reisemedizin (Frankfurt am Main).

Bertaux, Daniel/Bertaux-Wiame, Isabelle (1991): „Was du ererbt von deinen Vätern …". Transmissionen und soziale Mobilität über fünf Generationen. BIOS Zeitschrift für Biographieforschung und Oral History 4(1): 13-40.

Biermann, Wolf (2016): Warte nicht auf bessre Zeiten! Die Autobiographie. Berlin: Propyläen Verlag.

Biesel, Kay (2011): Wenn Jugendämter scheitern – Zum Umgang mit Fehlern im Kinderschutz. Bielefeld: Transkript.

Binswanger, Ludwig (1957): Schizophrenie. Pfullingen: Neske.

Binswanger, Ludwig/Freud, Sigmund (1992): Briefwechsel 1908-1938, hrsg. von Gerhard Fichtner. Frankfurt am Main: S. Fischer.

Bittner, Egon (1972): Polizisten im Skid-Row Quartier. In: Luckmann, Thomas/Sprondel, Walter M. (Hrsg.): Berufssoziologie. Köln: Kiepenheuer & Witsch, S. 106-124.

Blankenburg, Wolfgang (1971): Der Verlust der natürlichen Selbstverständlichkeit. Ein Beitrag zur Psychopathologie symptomarmer Schizophrenien. Beiträge aus der allgemeinen Medizin 21. Heft Stuttgart: Enke.

Blankenburg, Wolfgang (1978): Was heißt ‚anthropologische Psychiatrie'? In: Kraus, Alfred (Hrsg.): Leib Geist Geschichte. Brennpunkte anthropologischer Psychiatrie. Heidelberg: Hüthig, S. 15-44.

Blankenburg, Wolfgang (1980): Ein Beitrag zum Normproblem. In: Medizinisch-psychologische Anthropologie, Sonderdruck. Darmstadt: Wissenschaftl. Buchgesellschaft, S. 273-289.

Blankenburg, Wolfgang (1983): Schizophrene Psychosen in der Adoleszenz. In: Japanese Journal of Psychopathology, S. 151-170. Dt. in: Bull. Inst. Med. Kumamoto Univ. 48, S. 33-54.

Bock, Hans Manfred (2012): Nekrologe auf Widerruf. Legenden vom Tod des Intellektuellen. In: Merkur Sonderheft: Macht und Ohnmacht der Experten. Stuttgart: Klett-Cotta, S. 866-877.

Bohler, Karl Friedrich/Engelstädter, Anna/Franzheld, Tobias/Hildenbrand, Bruno (2012): Transformationsprozesse der Kinder- und Jugendhilfe in Deutschland nach 1989. In: Best, Heinrich/Holtmann, Everhard (Hrsg.): Aufbruch der entsicherten Gesellschaft – Deutschland nach der Wiedervereinigung. Frankfurt am Main/New York: Campus, S. 280-302.

Bohler, Karl Friedrich/Hildenbrand, Bruno (1997): Landwirtschaftliche Familienbetriebe in der Krise. Sozialforschung, Arbeit und Sozialpolitik, hrsg. von Vonderach, Gerd, Bd. 3. Münster: LIT.

Bohler, Karl Friedrich/Hildenbrand, Bruno (2006): Nord – Süd. In: Lessenich, Stephan/Nullmeier, Frank (Hrsg.): Deutschland – eine gespaltene Gesellschaft. Frankfurt am Main/New York: Campus.

Bourdieu, Pierre (1974): Zur Soziologie der symbolischen Formen. Frankfurt am Main: Suhrkamp.

Bourdieu, Pierre (1990): Die biographische Illusion. BIOS Zeitschrift für Biographieforschung und Oral History 3(1): 75-81. Verändert abgedruckt in Bourdieu (1998b).

Bourdieu, Pierre (1998a): Vom Gebrauch der Wissenschaft. Für eine Klinische Soziologie des wissenschaftlichen Feldes. Konstanz: UVK.

Bourdieu, Pierre (1998b): *Anhang 1:* Die biographische Illusion. In: ders.: Praktische Vernunft. Zur Theorie des Handelns. Frankfurt am Main: Suhrkamp, S. 75-83.

Bourdieu, Pierre et al. (1997): Das Elend der Welt. Zeugnisse und Diagnosen alltäglichen Leidens an der Gesellschaft. Konstanz: UVK.

Brecht, Bertolt (1989-2000): Werke: Große kommentierte Berliner und Frankfurter Ausgabe in 30 Bänden und 1 Registerband. Berlin und Weimar: Aufbau-Verlag; Frankfurt am Main: Suhrkamp.

Buber, Martin (1934): Grundlegung. In: Mittelstelle für jüdische Erwachsenenbildung bei der Reichsvertretung der deutschen Juden (Rundbrief). Frankfurt am Main: Juni 1934, S. 2.

Bühl, Walter L. (Hrsg.) (1972): Verstehende Soziologie. Grundzüge und Entwicklungstendenzen. München: Nymphenburger Verlagshandlung.

Busche, Gesa Anne (2013): Über-Leben nach Folter und Flucht – Resilienz kurdischer Frauen in Deutschland. Bielefeld: Transkript.

Camus, Albert (1960): Fragen der Zeit. Reinbek bei Hamburg: Rowohlt.

Camus, Albert (2003): Der Mythos des Sisyphos. Reinbek bei Hamburg: Rowohlt.

Cassirer, Ernst (1990): Versuch über den Menschen. Einführung in eine Philosophie der Kultur. Frankfurt am Main: S. Fischer.

Castel, Robert/Dörre, Klaus (2009): Prekarität, Abstieg, Ausgrenzung – Die soziale Frage am Beginn des 21. Jahrhunderts. Frankfurt am Main: Campus.

Cicourel, Aaron V. (1970): Methode und Messung in der Soziologie. Frankfurt am Main: Suhrkamp.

Ciompi, Luc/Hoffmann, Holger/Broccard, Michel (Hrsg.) eBook (2011): Wir wirkt Soteria? Eine atypische Psychosenbehandlung kritisch durchleuchtet. Heidelberg: Carl-Auer.

Conger, Rand D./Elder, Glen H. (1994): Families in troubled times. Adapting to change in rural America. New York: Aldine de Gruyter.

Cooley, Charles Horton (1964): Human nature and the social order. New York: Charles Scribner's Sons.

Corbin, Juliet M./Strauss, Anselm L. (2010): Weiterleben lernen. Verlauf und Bewältigung chronischer Krankheit, 3., überarb. Aufl. Bern: Hans Huber.

De Luca Bernier, Catherine (2014): Le Veilleur de La Borde – Hommage à Jean Oury. Le Journal des Psychologues, No. 319, S. 6 – 9.

Dewe, Bernd (1985): Soziologie als „beratende Rekonstruktion". In: Bonß, Wolfgang/Hartmann, Heinz (Hrsg.): Entzauberte Wissenschaft. Soziale Welt, Sonderband 3, S. 351-390.

Dewey, John (1995): Erfahrung und Natur. Frankfurt am Main: Suhrkamp.

Durkheim, Émile (1983): Der Selbstmord. Frankfurt am Main: Suhrkamp.

Elias, Norbert (1987): Engagement und Distanzierung – Arbeiten zur Wissenssoziologie I. Frankfurt am Main: Suhrkamp.

Elias, Norbert/Scotson, John L. (1993): Etablierte und Außenseiter. Frankfurt am Main: Suhrkamp.

Enzensberger, Hand Magnus (1987): Ach Europa! Wahrnehmungen aus sieben Ländern. Frankfurt am Main: Suhrkamp.

Enzensberger, Hans Magnus (2014): Tumult. Frankfurt am Main: Suhrkamp.

Eribon, Didier (2016): Rückkehr nach Reims, 6. Aufl. Frankfurt am Main: Suhrkamp.

Eribon, Didier (2016): Rückkehr nach Reims. Berlin: Suhrkamp.

Ernaux, Annie (2017): Die Jahre. Berlin: Suhrkamp.

Etzelmüller, Thomas (2010): Die Romantik der Rationalität. Alva & Gunnar Myrdal Social Engineering in Schweden (Histoire). Bielefeld: transcript.

Faris, Robert E. L./Dunham, Warren H. (1939): Mental disorders in urban areas. Chicago: University of Chicago Press.

Flach, Frederic E. (1997): Resilience. Discovering a new strength at times of stress. New York, London: Haterleigh Press.
Foucault, Michel (1973): Wahnsinn und Gesellschaft. Frankfurt am Main: Suhrkamp.
Frake, Charles O. (1980): How to enter a Yakan house. In: Language and cultural description. Essays by Charles O. Frake, Stanford: Stanford University Press, pp. 214-232.
Frank, Manfred (1984): Was ist Neostrukturalismus? Frankfurt am Main: Suhrkamp.
Franzheld, Tobias (2017): Verdacht als theoretische Reflexion und analytische Konzeption der Kinderschutzforschung. Sozialer Sinn Bd. 18 Heft zwei, S. 255 – 280.
Freidson, Eliot (1970): Profession of Medicine. A study of the sociology of applied knowledge. Chicago: University of Chicago Press.
Fritz, Jan M. (1990): The emergence of American clinical sociology. In: Handbook of clinical sociology, ed. by Rebach, Howard M./Bruhn, John G. New York, London: Plenum Press, pp. 18-30.
Fritz, Jan M. (Ed.) (2008): International Clinical Sociology. Wiesbaden: Springer VS.
Frommer, Jörg/Frommer, Sabine (1993): Max Webers Krankheit. Soziologische Aspekte der depressiven Struktur. Fortschritte der Neurologie Psychiatrie 61(5): 161-171.
Funcke, Dorett/Hildenbrand, Bruno (2009): Unkonventionelle Familien in Beratung und Therapie. Heidelberg: Carl-Auer.
Gadamer, Hans Georg (1986): Gesammelte Werke, Bd. 2 (Hermeneutik II: Wahrheit und Methode. – 2. Ergänzungen). Tübingen: J.C.B. Mohr (Paul Siebeck).
Gadamer, Hans Georg (1987): Theorie, Technik, Praxis (1972). In: ders.: Gesammelte Werke, Bd. 4 (Neuere Philosophie II). Tübingen: J.C.B. Mohr (Paul Siebeck), S. 243-266.
Gadamer, Hans Georg (1993): Über die Verborgenheit der Gesundheit – Aufsätze und Vorträge. Frankfurt am Main: Suhrkamp.
Gadamer, Hans Georg (1995): Gesammelte Werke, Bd. 10 (Hermeneutik im Rückblick). Tübingen: J.C.B. Mohr (Paul Siebeck).
Garfinkel, Harold (1967): Studies in Ethnomethodology. Cambridge: Polity Press.
Garz, Detlef/Raven, Uwe (2015): Theorien der Lebenspraxis. Einführung in das Werk von Ulrich Oevermann. Wiesbaden: Springer VS.
Gebsattel, Viktor Emil von (1963): Die Störungen des Werdens und des Zeiterlebens im Rahmen psychiatrischer Erkrankungen. In: Die Wahnwelten (Endogene Psychosen), hrsg. von Straus, Erwin/Zutt, Jürg. Frankfurt am Main: Akadem. Verlagsgesellschaft, S. 352-369.
Gehres, Walter/Hildenbrand, Bruno (2008): Identitätsbildung und Lebensverläufe bei Pflegekindern. Wiesbaden: VS Verlag.
Giegel, Hans-Joachim/Frank, Gerhard/Billerbeck, Ulrich (1998): Die konkreten Formen der Subjektivität bei Industriearbeitern. In: dies.: Industriearbeit und Selbstbehauptung. Berufsbiographische Orientierung und Gesundheitsverhalten in gefährdeten Lebensverhältnissen. Opladen: Leske + Budrich, S. 9-21.
Giorgi, Amedeo (1970): Psychology as a human science. A phenomenologically based approach. New York: Harper & Row.
Girke, Matthias/Matthiessen, Peter F. (2015): Medizin und Menschenbild. Bad Homburg: VAS.
Glaser, Barney G. (1978): Theoretical sensitivity. San Francisco: University of California.
Glaser, Barney G., Strauss, Anselm L. (1973): The Discovery of Grounded Theory. Chicago: Aldine Publishing Company.
Glaser, Barney G./Strauss, Anselm L. (1974): Interaktion mit Sterbenden. Beobachtungen für Ärzte, Schwestern, Seelsorger und Angehörige. Göttingen: Vandenhoeck & Ruprecht.

Glaser, Barney G./Strauss, Anselm L. (2010): Grounded Theory. Strategien qualitativer Forschung, 3. Aufl. Bern: Huber.
Goffman, Erving (1974): Frame analysis. New York: Harper & Row.
Goffman, Erving (1986): Interaktionsrituale. Über Verhalten in direkter Kommunikation. Frankfurt am Main: Suhrkamp.
Göppel, Rolf, Zander, Margherita (2018): Replik auf B. Hildenbrand Besprechung zu *Resilienz aus Sicht der betroffenen Subjekte*. Familiendynamik 43. Jahrgang Heft eins, S. 67 – 71.
Gouldner, Alvin (1957): Theoretical requirements of the applied social sciences. American Sociological Review 22: 92-102.
Grathoff, Richard (1989): Milieu und Lebenswelt. Frankfurt am Main: Suhrkamp.
Grathoff, Richard, Sprondel, Walter (Hrsg.) (1976): Maurice Merleau-Ponty und das Problem der Struktur in den Sozialwissenschaften. Stuttgart: Enke.
Gurwitsch, Aron (1974): The Life- World and the Phenomenological Theory of Science. In: ders.: Phenomenology and the Theory of Science. Evanston: Northwestern University Press, pp. 3-32.
Gurwitsch, Aron 1977): Die mitmenschlichen Begegnungen in der Milieuwelt. Berlin, New York: Walter de Gruyter.
Habermas, Jürgen (1970): Technik und Wissenschaft als 'Ideologie'. Frankfurt am Main: Suhrkamp.
Habermas, Jürgen (1971): Theorie und Praxis, 4. durchg., erw. und neu eingel. Aufl. Frankfurt am Main: Suhrkamp.
Habermas, Jürgen (1986): Der philosophische Diskurs der Moderne. Zwölf Vorlesungen, 3. Aufl. Frankfurt am Main: Suhrkamp.
Habermas, Jürgen (1991a): Hans-Georg Gadamer – Urbanisierung der Heideggerschen Provinz (1979). In: ders.: Philosophisch-politische Profile. Frankfurt am Main: Büchergilde Gutenberg, S. 392-401.
Habermas, Jürgen (1991b): Alfred Schütz – Die Graduate Faculty der New School of Social Research (1980). In: ders.: Philosophisch-politische Profile. Frankfurt am Main: Büchergilde Gutenberg, S. 402-410.
Habermas, Jürgen (1991c): Max Horkheimer – Die Frankfurter Schule in New York (1980). In: ders.: Philosophisch-politische Profile. Frankfurt am Main: Büchergilde Gutenberg, S. 411-425.
Habermas, Jürgen/Luhmann, Niklas (1971): Theorie der Gesellschaft oder Sozialtechnologie – Was leistet die Systemforschung? Frankfurt am Main: Suhrkamp.
Handbook of clinical sociology (1991), ed. by Rebach, Howard M./Bruhn, John G. New York, London: Plenum Press.
Hargens, Jürgen (1995): Kurztherapie und Lösungen – Kundigkeit und Respektieren. Familiendynamik 20(1): 32-43.
Hegel, Georg Wilhelm Friedrich (1845): Werksausgabe. Duncker + Humblot.
Heller, Agnes (1978): Das Alltagsleben. Versuch einer Erklärung der individuellen Reproduktion, hrsg. von Joas, Hans. Frankfurt am Main: Suhrkamp.
Hildenbrand, Bruno (1983): Alltag und Krankheit – Ethnographie einer Familie. Stuttgart: Klett Cotta.
Hildenbrand, Bruno (1987): Wer soll bemerken, daß Bernhard krank wird? – Familiale Wirklichkeitskonstruktionsprozesse bei der Erstmanifestation einer schizophrenen Psychose. In: Bergold, Jarg B./Flick, Uwe (Hrsg.): Ein-Sichten: Zugänge zur Sicht des Subjekts mittels qualitativer Forschung. Tübingen: DGVT.

Hildenbrand, Bruno (1991): Alltag als Therapie. Ablöseprozesse in der psychiatrischen Übergangseinrichtung. Bern, Stuttgart, Toronto: Verlag Hans Huber.

Hildenbrand, Bruno (1999): Auftragsklärung und/oder Rahmung? Zur Bedeutung der Anfangssequenz in Beratung und Therapie. System Familie 12(3): 123-129.

Hildenbrand, Bruno (2003): Milieu, Struktur und Biographie. Zur theoretischen und methodischen Begründung einer sozialphänomenologischen Familienforschung. In: Srubar, Ilja/Vaitkus, Steven (Hrsg.): Pänomenologie und soziale Wirklichkeit. Entwicklungen und Arbeitsweisen. Opladen: Leske + Budrich, S. 57-83.

Hildenbrand, Bruno (2004): Gemeinsames Ziel, verschiedene Wege: Grounded Theory und Objektive Hermeneutik im Vergleich. Sozialer Sinn Heft 2: 177-194.

Hildenbrand, Bruno (2005): Fallrekonstruktive Familienforschung. Anleitungen für die Praxis, 2. Aufl. Wiesbaden: VS Verlag.

Hildenbrand, Bruno (2007): Jenseits von „Wachsen oder Weichen" - Warum der landwirtschaftliche Familienbetrieb eine Zukunft hat. Kritischer Agrarbericht 2007. Hamm: ABL-Verlag, S. 154-158.

Hildenbrand, Bruno (2011): Ereignis, Krise und Struktur – ein Konzept von Wandel in Lebenslauf und in Beratung und Therapie. Familiendynamik 36(2): 92-100.

Hildenbrand, Bruno (2012): Objektive Daten im Gespräch. Die biografische Illusion: der Gang der Argumentation bei Pierre Bourdieu. Sozialer Sinn Heft 1: 57-78.

Hildenbrand, Bruno (2013): Die Familie und die *précarité*. Fragestellungen, Methoden, Fallbeispiele. In: Krüger, Dorothea Christa/Herma, Holger/Schierbaum, Anja (Hrsg.): Familie(n) heute. Weinheim: Beltz-Juventa, S. 190-219.

Hildenbrand, Bruno (2014): Die Persistenz familienbetrieblicher Lebensformen in der Landwirtschaft. In: Karl Friedrich Bohler, Anton Sterbling, Gerd Vonderach (Hrsg.) Der bäuerliche Familienbetrieb. Buchreihe Landberichte Bd. 9. Aachen: Shaker Verlag, S. 77 - 96.

Hildenbrand, Bruno (2015): Irrwege der psychiatrischen Versorgung und Perspektiven einer unkonventionellen Psychiatrie. In: Rademacher, Sandra und Wernet, Andreas (Hrsg.): Bildungsqualen – Kritische Einwürfe wider den pädagogischen Zeitgeist, Springer VS (Wiesbaden), S. 261-278.

Hildenbrand, Bruno (2015a): Sozialpolitik gegen das Kind – alle machen mit. In: Großkopf, Steffen, Winkler, Michael (Hrsg.): Das neue Misstrauen gegenüber der Familie – kritische Reflexionen. Würzburg: Ergon, S. 15 – 33.

Hildenbrand, Bruno (2015b): Einführung in die Genogrammarbeit, 4. Aufl. Heidelberg: Carl-Auer.

Hildenbrand, Bruno (2015c): Irrwege der psychiatrischen Versorgung und Perspektiven einer unkonventionellen Psychiatrie. In: Bildungsqualen. Kritische Einwürfe wider den pädagogischen Zeitgeist, hrsg. von Rademacher, Sandra/Wernet, Andreas. Wiesbaden: Springer VS, S. 261-278.

Hildenbrand, Bruno (2017): Besprechung zu: Resilienz aus der Sicht der betroffenen Subjekte. Die autobiografische Perspektive. System Familie 42. Jg. Heft 3, S. 234-239.

Hildenbrand, Bruno (2017): Verstehen braucht Verständigung - Verständigung braucht Rahmung. Am Beispiel des Kinderschutzes. Sozialer Sinn Bd. 18, Heft zwei, S. 231-254.

Hildenbrand, Bruno (2017a): Zum Begriff der Begegnung. In: Stachowske, Ruthard (Hrsg.): Leben ist Begegnung. Systemische Therapie und Beratung. Kröning. Asanger, S. 8-17.

Hildenbrand, Bruno (2017b): Lob des Besenstils. Kritische Anmerkungen zum Aufsatz von Björn Kraus in der *Familiendynamik*, vermehrt um einen Hinweis auf eine Reflexion des Zweifels im Geist der Phänomenologie. Familiendynamik 42(2): 158-160.

Hildenbrand, Bruno (2018): Vom Vorgegebenen zum Aufgegebenen – Genogrammarbeit für Fortgeschrittene. Heidelberg: Carl Auer Systeme-Verlag (im Druck).

Hildenbrand, Bruno u. a. (1992): Bauernfamilien im Modernisierungsprozeß. Frankfurt am Main, New York: Campus.

Hildenbrand, Bruno, Bergmann, Jörg (2018): Rezeption des Symbolischen Interaktionismus und der Ethnomethodologie in der deutschsprachigen Soziologie. In: Moebius, Stephan, Ploder, Andrea (Hrsg.) Handbuch Geschichte der deutschsprachigen Soziologie Bd. 1: Geschichte der Soziologie im deutschsprachigen Raum. Wiesbaden: Springer VS, S. 619-635.

Hildenbrand, Bruno/Jahn, Walter (1988): „Gemeinsames Erzählen" und Prozesse der Wirklichkeitskonstruktion im familiengeschichtlichen Gespräch. Zeitschrift für Soziologie 17: 203-217.

Hoffmann, Wolfgang (1983): Die psychothérapie institutionnelle – Theorie und Praxis einer psychiatrischen Bewegung in Frankreich. Frankfurt am Main: Campus.

Hoffmann-Riem, Christa (1984): Das adoptierte Kind. München: Fink.

Holenstein, Elmar (1975): Roman Jakobsons phänomenologischer Strukturalismus.

Hollingshead, August/Redlich, Frederick (1975): Der Sozialcharakter psychischer Störungen. Eine Sozialpsychiatrische Untersuchung. Frankfurt am Main: S. Fischer.

Hondrich, Karl-Otto (2001) Der Neue Mensch. Frankfurt am Main: Suhrkamp.

Honneth, Axel (1998): Kampf um Anerkennung. Zur moralischen Grammatik sozialer Konflikte. Frankfurt am Main: Suhrkamp.

Houellebecq, Michel (2016): Unterwerfung. Köln: Dumont.

Hughes, Everett C. (1971): The sociological eye: selected papers. Chicago: Aldine.

Husserl, Edmund (1962): Die Krisis der europäischen Wissenschaften und die transzendentale Phänomenologie, hrsg. von Biemel, Walter, 2. Aufl. Den Haag: Martinus Nijhoff.

Illich, Ivan u. a. (1979): Entmündigung durch Experten – zur Kritik der Dienstleistungsberufe. Reinbek bei Hamburg: Rowohlt.

Janz, Dieter (Hrsg.) (1999): Krankengeschichte Biographie Geschichte Dokumentation. Beiträge zur medizinischen Anthropologie, Bd. 2. Würzburg: Königshausen & Neumann.

Jaspers, Karl (1973): Der Lebenslauf (Biographik). In: ders., Allgemeine Psychopathologie. 9. Aufl. Berlin und Heidelberg: Springer, S. 563-593.

Jaspers, Karl (1988): Max Weber. Mit einer Einführung von Dieter Henrich. München: Piper.

Joas, Hans (1980): Praktische Intersubjektivität. Die Entwicklung des Werkes von G. H. Mead. Frankfurt am Main: Suhrkamp.

Joas, Hans (Hrsg.) (1987): George H. Mead. Gesammelte Aufsätze, 2 Bde. Frankfurt am Main: Suhrkamp.

Jung, Patrick (2017): „Die 'verführerische Banalität' strukturbildender Orte. Soziologische Perspektiven auf die Gemeindepsychiatrie in Deutschland. Diss., Friedrich-Schiller-Universität Jena.

Kaube, Jürgen (2012): Macht und Ohnmacht der Experten. Merkur 66(9/10): 857-865.

Kaube, Jürgen (2014): Max Weber. Ein Leben zwischen den Epochen. Berlin: Rowohlt.

Kellner, Hansfried (1969): Vorwort und Einleitung. In: Blumenberg, Hans u. a. (Hrsg.): George H. Mead. Philosophie der Sozialität. Frankfurt am Main: Suhrkamp, S. 1-38.

Kellner, Hansfried/Heuberger, Frank (1988): Zur Rationalität der „Postmoderne" und ihrer Träger. In: Soeffner, Hans-Georg (Hrsg.): Kultur und Alltag. Soziale Welt, Sonderband 6, S. 325-340.

Kindler, Heinz (2007): Prävention von Vernachlässigung und Kindeswohlgefährdung im Säuglings- und Kleinkindalter. In: U. Ziegenhain/J. M. Fegert (Hrsg.): Kindeswohlgefährdung und Vernachlässigung. München, Basel: Ernst Reinhardt, S. 94-108.

Klatetzki, Thomas (2013): Die Fallgeschichte als Grenzobjekt. In Grenzobjekte, hrsg. von Hörster, R. et al. Wiesbaden: Springer, S. 117-135.

Kohli, Martin (Hrsg.) (1978): Soziologie des Lebenslaufs. Darmstadt, Neuwied: Luchterhand.

König, Mario/König, Oliver (Hrsg.) (2014): Briefwechsel, Bd. 2/1 und 2/2. In: René König: Schriften, Bd. 20. Wiesbaden: Springer VS.

König, René (1981): Die Situation der emigrierten deutschen Soziologen in Europa. In: Lepenies, Wolf (Hrsg.) (1981): Geschichte der Soziologie. Studien zur kognitiven, sozialen und historischen Identität einer Disziplin (vier Bände) Frankfurt am Main: Suhrkamp, S. 115-158.

Krappmann, Lothar (1973): Soziologische Dimensionen der Identität. Strukturelle Bedingungen für die Teilnahme an Interaktionsprozessen, 3. Aufl. Stuttgart: Klett.

Kraus, Alfred (1978): Existenzanalytisch-anthropologische Aspekte der Persönlichkeit Melancholischer. In: Alfred Kraus (Hrsg.): Leib Geist Geschichte. Brennpunkte anthropologischer Psychiatrie. Heidelberg: Hüthig, S. 160-171.

Krisor, Matthias (1992): Auf dem Weg zur gewaltfreien Psychiatrie. Das Herner Modell im Gespräch. Köln: Psychiatrie Verlag.

Laing, Ronald D. (1972): Phänomenologie der Erfahrung. Frankfurt am Main: Suhrkamp.

Lanzmann, Claude (2010): Der patagonische Hase. Erinnerungen. Reinbek bei Hamburg: Rowohlt.

Lee, Harper (2015): Go set a watchman. London: Penguin.

Lefebvre, Henri (1977): Kritik des Alltagslebens. Kronberg i. Ts.: Athenäum.

Lefèvre, Wolfgang (1971): Zum historischen Charakter und zur historischen Funktion der Methode bürgerlicher Soziologie. Frankfurt am Main: Suhrkamp.

Lévi-Strauss, Claude (1973): Geschichte und Dialektik. In: Ders., Das wilde Denken. Frankfurt am Main: Suhrkamp.

Lévi-Strauss, Claude (1978): Traurige Tropen. Frankfurt am Main: Suhrkamp.

Lévi-Strauss, Claude (1981): Die elementaren Strukturen der Verwandtschaft. Frankfurt am Main: Suhrkamp.

Lévi-Strauss, Claude (1986): Begegnungen mit Merleau-Ponty. In: Métraux, Aléxandre, Waldenfels, Bernhard (Hrsg.) leibhaftige Vernunft – Spuren von Merleau-Pontys Denken. München: Verlag Wilhelm Fink, S. 28-36.

Lévi-Strauss, Claude (1987): Die eifersüchtige Töpferin. Nördlingen: Greno Verlagsgesellschaft.

Lévi-Strauss, Claude (1992): Das Feld der Anthropologie. In: Ders., Strukturelle Anthropologie II. Frankfurt am Main: Suhrkamp.S. 11-44.

Lévi-Strauss, Claude, Eribon, Didier (1996): Das Nahe und das Ferne – eine Autobiografie in Gesprächen. Frankfurt am Main: S. Fischer Verlag

Löwith, Karl (1941): Von Hegel zu Nietzsche. Der revolutionäre Bruch im Denken des neunzehnten Jahrhunderts. Stuttgart: Kohlhammer.

Loyer, Emmanuelle (2017): Lévi-Strauss an – Eine Biografie. Frankfurt am Main: Suhrkamp.

Luckmann, Benita (1970): The small life-worlds of modern man. In: Social Research Vol. 37, No. 4, pp. 580-596.

Luckmann, Benita (1981): Eine deutsche Universität im Exil: Die „Graduate Faculty" der „New School for Social Research". Kölner Zeitschrift für Soziologie und Sozialpsychologie, Sonderheft 23 (Soziologie in Deutschland und Österreich 1918-1945), S. 427-441.

Luckmann, Benita (1988): New School – Varianten der Rückkehr aus Exil und Emigration. In: Exil, Wissenschaft, Identität – die Emigration deutscher Sozialwissenschaftler 1933-1945. Srubar, Ilja (Hrsg.) Frankfurt am Main: Suhrkamp.S. 353 – 378.

Luckmann, Thomas (1980): Philosophie, Sozialwissenschaft und Alltagsleben. In: ders.: Lebenswelt und Gesellschaft. Paderborn: Schöningh.

Luckmann, Thomas (1983): Vorwort. In: Hildenbrand, Bruno: Alltag und Krankheit: Ethnographie einer Familie. Stuttgart: Klett-Cotta, S. 9-14.

Luckmann, Thomas (2007): Lebenswelt, Identität und Gesellschaft. Konstanz: UVK.

Luckmann, Thomas (2013): The Communicative Construction of Reality and Sequential Analysis. A personal reminiscence. Qualitative Sociological Review Vol IX; Issue 2, S. 40 -46.

Luckmann, Thomas (2013): The communicative construction of reality and sequential analysis. A personal reminiscence. Qualitative Sociology Review, Vol. IX, Issue 2, pp. 40-46.

Luckmann, Thomas, Bergmann, Jörg, Hrsg.) (1999: Kommunikative Konstruktion von Moral. Bd. 1: Struktur und Dynamik der Formen moralischer Kommunikation; Bd. 2: Von der Moral zu den Moralen. Opladen/Wiesbaden: Westdeutscher Verlag

Luckmann, Thomas/Soeffner, Hans-Georg/Vobruba, Georg (2015): „Nichts ist die Wirklichkeit selbst." – Thomas Luckmann, Hans-Georg Soeffner und Georg Vobruba im Gespräch. Soziologie: Forum der Deutschen Gesellschaft für Soziologie 44 (4): 411-434.

Luhmann, Niklas (1991): Soziologische Aufklärung. Opladen: Westdeutscher Verlag.

Luhmann, Niklas (2003): Soziologie des Risikos. Berlin, New York: de Gruyter.

Luhmann, Niklas (2004): Schriften zur Pädagogik, hrsg. von Lenzen, Dieter. Frankfurt am Main: Suhrkamp.

Lüschen, Günther (1979): Anmerkungen zur Entwicklung und zum Praxisbezug der deutschen Soziologie. In: ders. (Hrsg.): Deutsche Soziologie seit 1945. Kölner Zeitschrift für Soziologie und Sozialpsychologie, Sonderheft 21. Opladen: Westdeutscher Verlag, S. 1-24.

Machum, Susan (2005): The Persistance of Family Farming in the Wake of Agrobusiness: A New Brunswick, Canada Case Study. In: Journal of Comparative Family Studies Volume XXXVI, Number 3, Special Issue: Farm Family Responses to Changing Agricultural Conditions: The Actor's Point of View.Charles B. Hennon. Bruno Hildenbrand, guest editors, S. 377 – 390.

Mai, Manfred (2017): Soziologie als „Marke". Soziologie 46(1): 7-16.

Maiwald, Olaf (2005): Competence and praxis: Sequential analysis in German sociology. Forum Qualitative Sozialforschung Vol. 6, No. 3, Art. 31.

Malinowski, Bronislaw (1985): Ein Tagebuch im strikten Sinne des Wortes. Neuguinea 1914-1918. Frankfurt am Main: Syndikat.

Marti, Urs (1988): Foucault. München: Beck.

Marks, Svenja, Sehmer, Julian (2017): Familiale Autonomie im Kinderschutz. Sozialer Sinn Bd. 18 Heft zwei,S. 203 – 229.

Marx, Karl/Engels, Friedrich (1964): Ausgewählte Schriften, Bd. 1. Berlin: Dietz.

McClung Lee, Alfred (1955): The Clinical Study of Society. American Sociological Review 20, pp. 648-753.

McHugh, Peter (1968): Defining the situation. The organization of meaning in social interaction. Indianapolis, New York: The Bobbs-Merrill Company.

Mead, George Herbert (1969): Philosophie der Sozialität, hrsg. von Blumenberg, Hans u. a. Frankfurt am Main: Suhrkamp.

Meltzer, Bernard N./Petras, John W./Reynolds, Larry T. (1975): Symbolic interactionism. Genesis, varieties and criticism. London, Boston: Routledge & Kegan Paul.

Menand, Louis (2001): The metaphysical club. London: Flamingo.
Merleau-Ponty, Maurice (1959/1986): Von Mauss zu Lévi-Strauss. In: Métraux, Aléxandre, Waldenfels, Bernhard (Hrsg.) leibhaftige Vernunft – Spuren von Merleau-Pontys Denken. München: Verlag Wilhelm Fink, S. 13-28. Urspr.: La Nouvelle Revue Française 7, 82 (1959), S. 615- 631.
Merleau-Ponty, Maurice (1968): Humanismus und Terror, 2 Bde. Frankfurt am Main: Suhrkamp.
Merleau-Ponty, Maurice (1984): Das mittelbare Sprechen und die Stimmen des Schweigens. In:Ders. Das Auge und der Geist. Hamburg: Felix Meiner Verlags, S. 69 – 114.
Merleau-Ponty, Maurice (1984): Die Welt der Prosa. Reihe Übergänge, Bd. 3. München: Fink.
Müller, Hermann (1987): Ist Chestnut Lodge Salz in der wunden Stelle des psychoanalytischen Beitrags zur Behandlung der Schizophrenie? Psychiatrische Praxis 14(1): 22-26.
Müller-Doohm, Stefan (2003): Adorno. Eine Biographie. Frankfurt am Main: Suhrkamp.
Neidhardt, Friedhelm (1979): Praxisverhältnisse und Anwendungsprobleme der Soziologie. Eine integrationstheoretische Analyse. In: Lüschen, Friedhelm (Hrsg.): Deutsche Soziologie seit 1945. Kölner Zeitschrift für Soziologie und Sozialpsychologie, Sonderheft 21. Opladen: Westdeutscher Verlag, S. 324-342.
Odum, Howard W. (1951): American Sociology. The story of sociology in the United States through 1950. New York: Longmans Green.
Oevermann, Ulrich (1978): Probleme der Professionalisierung in der berufsmäßigen Anwendung sozialwissenschaftlicher Kompetenz: Einige Überlegungen zu Folgeproblemen der Einrichtung berufsorientierender Studiengänge für Soziologen und Politologen. Unveröff. Manuskript (12 Seiten).
Oevermann, Ulrich (1981): Fallrekonstruktion und Strukturgeneralisierung als Beitrag der objektiven Hermeneutik zur soziologisch-strukturtheoretischen Analyse. Unveröff. Manuskript (56 Seiten).
Oevermann, Ulrich (1988): Eine exemplarische Fallrekonstruktion zum Typus versozialwissenschaftlichter Identitätsformen. In: Brose, Hanns-Georg/Hildenbrand, Bruno (Hrsg.): Vom Ende des Individuums zur Individualität ohne Ende. Opladen: Leske + Budrich, S. 243-286.
Oevermann, Ulrich (1993): die objektive Hermeneutik als unverzichtbare methodologische Grundlage für die Analyse von Subjektivität. Zugleich eine Kritik der Tiefenhermeneutik. In: Jung, Thomas und Mueller-Doohm, Stefan (Hrsg.) „Wirklichkeit" im Deutungsprozess – Verstehen und Methoden in den Kultur und Sozialwissenschaften. Frankfurt am Main: Suhrkamp.S. 106 – 189.
Oevermann, Ulrich (1993): Struktureigenschaften supervisorischer Praxis. Exemplarische Sequenzanalyse des Sitzungsprotokolls der Supervision eines psychoanalytisch orientierten Therapie-Teams im Methodenmodell der objektiven Hermeneutik. In: Bardé, Benjamin/Mattke, Dankwart (Hrsg.): Therapeutische Teams. Göttingen: Vandenhoeck & Ruprecht, S. 141-269.
Oevermann, Ulrich (1996): Theoretische Skizze einer revidierten Theorie professionalisierten Handelns. In: Combe, Arno/Helsper, Werner (Hrsg.): Pädagogische Professionalität: Untersuchungen zum Typus pädagogischen Handelns. Frankfurt am Main: Suhrkamp, S. 70-182.
Oevermann, Ulrich (2002): Klinische Soziologie auf der Basis der Methodologie der objektiven Hermeneutik – Manifest der objektiv hermeneutischen Sozialforschung. Frankfurt am Main: IHSK, S. 1-32.

Oevermann, Ulrich (2005): Wissenschaft als Beruf. Die Professionalisierung wissenschaftlichen Handelns und die gegenwärtige Universitätsentwicklung. die hochschule 1: 15-51.

Oevermann, Ulrich/Schuster, Leo/Simm, Andreas (1985): Zum Problem der Perseveranz in Delikttyp und modus operandi, Bd. 17. Wiesbaden: BKA.

Onfray, Michel (2015): Im Namen der Freiheit. Leben und Philosophie des *Albert Camus*. München: btb.

Oury, Jean (1986): Le Collectif. Séminaire de Sainte Anne. Paris: Editions du Scarabée.

Park, Robert E. (1928): Human Migration and the Marginal Man. American Journal of Sociology 33(6): 881-893.

Platon (2010): Der Staat. Politeia, hrsg. von Apelt, Otto. Köln: Anaconda.

Plessner, Monika (1995): Die Argonauten auf Long Island. Begegnungen mit Hannah Arendt, Theodor W. Adorno, Gershom Sholem und anderen. Berlin: Rowohlt.

Popper, Karl (1968): Prognose und Prophetie in den Sozialwissenschaften. In: Topitsch, Ernst (Hrsg.): Logik der Sozialwissenschaften, 5. Aufl. Köln, Berlin: Kiepenheuer & Witsch. S. 113-125.

Priebe, Hermann (1985): Die subventionierte Unvernunft. Berlin: Siedler.

Rebach, Howard M./Bruhn, John G. (1991): Handbook of clinical sociology. New York, London: Plenum Press.

Reutter, Peter, Hietel-Weniger, Roswita (2018) Genogrammarbeit in der forensischen Psychiatrie und Psychotherapie. Familiendynamik Jg. 43 Heft 3, S.202-211.

Ricoeur, Paul (1974): Geschichte und Wahrheit. München: Paul List Verlag.

Riemann (1987): Das Fremdwerden der eigenen Biographie. Narrative Interviews mit psychiatrischen Patienten. München: Fink.

Sartre, Jean-Paul (1977): Der Idiot der Familie, Gustave Flaubert 1821 bis 1857. Reinbek bei Hamburg: Rowohlt.

Saunders, Bruce (1991): Assessment in clinical sociology. In: Handbook of clinical sociology, ed. by Rebach, Howard M./Bruhn, John G. New York, London: Plenum Press, pp. 33-47.

Schatzman, Leonard/Strauss, Anselm L. (1973): Field Research – Strategies for a Natural Sociology. Englewood-Cliffs, N.J. :Prentice Hall.

Schütz, Alfred (1971): Gesammelte Aufsätze 1. Das Problem der sozialen Wirklichkeit. Den Haag: Nijhoff.

Schütz, Alfred (1972): Der Fremde. In: ders., Gesammelte Aufsätze 2. Studien zur soziologischen Theorie. Den Haag: Nijhoff, S. 53-69.

Schütz, Alfred (1972): Der gut informierte Bürger. In: ders., Gesammelte Aufsätze 2. Studien zur soziologischen Theorie. Den Haag: Nijhoff, S. 85-101.

Schütz, Alfred/Gurwitsch, Aron (1985): Briefwechsel 1939-1959, hrsg. von Grathoff, Richard. München: Fink.

Schütz, Alfred/Luckmann, Thomas (1984): Strukturen der Lebenswelt, 2 Bde. Frankfurt am Main: Suhrkamp.

Schütze, Fritz (1977): Die Technik des narrativen Interviews in Interaktionsfeldstudien – dargestellt an einem Projekt zur Erforschung von kommunalen Machtstrukturen. Universität Bielefeld, Fakultät für Soziologie, Arbeitsberichte und Forschungsmaterialien, Nr. 1.

Schütze, Fritze (1981): Prozeßstrukturen des Lebensablaufs. In: Matthes, Joachim/Pfeifenberger, Arno/Stosberg, Manfred (Hrsg.): Biographie in handlungswissenschaftlicher Perspektive. Nürnberg: Verl. der Nürnberger Forschungsvereinigung e. V.

Shaw, Clifford R. (1966): The Jack-Roller. A delinquent boy's own story. Chicago: University of Chicago Press.

Simmel, Georg (1908): Soziologie. Untersuchungen über die Formen der Vergesellschaftung. Berlin: Duncker & Humblot.
Simon, Hermann (1986/1829): Aktive Krankenbehandlung in der Irrenanstalt. Bonn: Psychiatrie-Verlag (urspr.: Berlin: de Gruyter).
Soeffner, Hans-Georg (2004): Auslegung des Alltags – der Alltag der Auslegung, 2. durchges. und erg. Aufl. Konstanz: UVK.
Spradley, James P. (1980): Participant observation. New York u. a.: Holt, Rinehart and Winston.
Sprondel, Walter (1981): Erzwungene Diffusion. Die „University in Exile" und Aspekte ihrer Wirkung. In: Lepenies, Wolf (Hrsg.): Geschichte der Soziologie – Studien zur kognitiven, sozialen und historischen Identität einer Disziplin, Bd. 4. Frankfurt am Main: Suhrkamp, S. 176-201.
Srubar, Ilja (2003): Alltagskultur als Hintergrund politischen Handelns. Ein Beitrag der „phänomenologischen Soziologie" zur Analyse des Transformationsprozesses postsozialistischer Länder. In: Ders. Phänomenologie und soziale Wirklichkeit – Entwicklungen und Arbeitsweisen. Srubar, Ilja, Vaitkus, Steven (Hrsg.) Opladen: Leske + Budrich. S. 159 – 172.
Stern, Daniel N. (2004): The present moment in psychotherapy and everyday life. New York: W. W. Norton.
Strauss, Anselm L. (1968): Spiegel und Masken. Die Suche nach Identität. Frankfurt am Main: Suhrkamp.
Strauss, Anselm L. (1994): Grundlagen qualitativer Sozialforschung. München: Wilhelm Fink Verlag (UTB 1776).
Strauss, Anselm L. (1998): Grundlagen qualitativer Sozialforschung. Datenanalyse und Theoriebildung in der empirischen soziologischen Forschung, 2. Aufl. Paderborn: Fink/UTB.
Strauss, Anselm L. (2004): Analysis through microscopic examination. Sozialer Sinn Heft 2: 169-176.
Tanase, Virgil (2010): Camus. Paris: Editions Gallimard.
Tellenbach, Hubertus (1976): Melancholie. Mit einem Geleitwort von Viktor Emil v. Gebsattel, 3. Aufl. Berlin, Göttingen, Heidelberg: Springer.
Tenbruck, Friedrich (1995): Nachwort. In: Weber Max: Wissenschaft als Beruf. Stuttgart: Reclam, S. 47-77.
Thomas, William I./Znaniecki, Florian (1996): The Polish peasant in Europe and America. A classic work in immigration history. Urbana, Chicago: University of Illinois Press.
Tönnies, Ferdinand (1887): Gemeinschaft und Gesellschaft. Berlin: Fues.
van Dyk, Silke/Schauer, Alexandra (2010): „… Daß die offizielle Soziologie versagt hat". Zur Soziologie im Nationalsozialismus, der Geschichte ihrer Aufarbeitung und der Rolle der DGS. Essen: DGS.
Vortkamp, Wolfgang (2003): Partizipation und soziale Integration in heterogenen Gesellschaften – Louis Wirth's Konzeption sozialer Organisation in der Tradition der Chicagoer Schule. Wiesbaden: Springer Fachmedien.
Waldenfels, Bernhard (2003): Der Fremde und der Heimkehrer. Fremdheitsfiguren bei Alfred Schütz. In: Sruber, Ilja/Vaitkus, Steven (Hrsg.): Phänomenologie und soziale Wirklichkeit. Entwicklungen und Arbeitsweisen. Opladen: Leske + Budrich, S. 175-188.
Waldenfels, Bernhard (2005): Heimat in der Fremde. In: Ders., In den Netzen der Lebenswelt. Frankfurt am Main: Suhrkamp, S. 194 – 211.
Weber, Gunthard/Simon, Fritz (1987): Vom Navigieren beim Driften – Die Bedeutung des Kontextes der Therapie. Familiendynamik 37(4): 355-362.

Weber, Marianne (1989): Max Weber – ein Lebensbild. Mit einem Essay von Günter Roth. München, Zürich: Piper.
Weber, Max (1988): Die ländliche Arbeitsverfassung. In: Ders.: Gesammelte Aufsätze zur Sozial- und Wirtschaftsgeschichte, 2. Aufl. Tübingen: Mohr, S. 444-469.
Weber, Max (1995): Wissenschaft als Beruf. Stuttgart: Reclam.
Weizsäcker, Viktor von (1973): Der Gestaltkreis. Frankfurt am Main: Suhrkamp.
Weizsäcker, Viktor von (1999): Krankengeschichte. In: ders.: Krankengeschichte. Biographie Geschichte Dokumentation. Beiträge zur medizinischen Anthropologie, Bd. 2. Würzburg: Königshausen & Neumann. S. 169-183.
Welter-Enderlin, Rosmarie/Hildenbrand, Bruno (2004): Systemische Therapie als Begegnung, 4., völlig überarb. und erw. Aufl. Heidelberg: Carl-Auer.
Welter-Enderlin, Rosmarie/Hildenbrand, Bruno (2016): Resilienz – Gedeihen trotz widriger Umstände, 5. Aufl. Heidelberg: Carl-Auer.
Wernet, Andreas (2000): Einführung in die Interpretationstechnik der Objektiven Hermeneutik. Opladen: Leske + Budrich.
Wieland, Wolfgang (2004): Diagnose. Überlegungen zur Medizintheorie. Warendorf: Johannes G. Hoof.
Wilson, Holly Skodol (1982): Deinstitutionalized residential care for the mentally disordered: The Soteria House approach.
Wirth, Louis (1931): Clinical sociology. American Journal of Sociology 37(1): 49-66.
Wohlrab-Sahr, Monika/Przyborski, Aglaja (2008): Qualitative Sozialforschung. Ein Arbeitsbuch. München: Oldenbourg.
Wulff, Erich (1980): Wie wünscht sich der Sektor-Psychiater die Versorgung seiner Patienten? Eine sozialpsychiatrische Utopie. In: Heinrich, Kurt/Müller, Ulrich (Hrsg.): Psychiatrische Soziologie. Ein Beitrag zur sozialen Psychiatrie? 3. Düsseldorfer Symposium am 14. April 1978. Weinheim, Basel: Beltz, S. 133-138.
Wulff, Erich (2001): Irrfahrten: Autobiografie eines Psychiaters. Köln: Psychiatrie Verlag.
Wyss, Dieter (1987): Der psychosomatisch Kranke. Zwischen Krisen und Scheitern. Neue Wege in der psychosomatischen Medizin, Bd. III. Göttingen: Vandenhoeck & Ruprecht.
Zola, Emile (1983): Germinal. Frankfurt/Main: Insel.
Zonabend, Françoise (1980): Namen – wozu? In: Identität. Ein interdisziplinäres Seminar unter Leitung von Claude Lévi-Strauss. Stuttgart: Klett-Cotta, S. 222-249.

MIX
Papier aus verantwortungsvollen Quellen
Paper from responsible sources
FSC® C105338

If you have any concerns about our products,
you can contact us on
ProductSafety@springernature.com

In case Publisher is established outside the EU,
the EU authorized representative is:
**Springer Nature Customer Service Center GmbH
Europaplatz 3, 69115 Heidelberg, Germany**

Printed by Libri Plureos GmbH
in Hamburg, Germany